The Embedded Corporation
Corporate Governance and Employment Relations
in Japan and the United States

嵌入式世纪企业
——日美公司治理和雇佣关系的实践与比较

[美] 桑福德·M·雅各比（Sanford M.Jacoby）/著

张平淡　刘　荣/译校

经济科学出版社
Economic Science Press

图字：01 - 2008 - 5326

The Embedded Corporation：Corporate Governance and Employment Relations in Japan and the United States by Sanford M. Jacoby

© Princeton University Press 2005
ISBN：0 - 691 - 11999 - 6

图书在版编目（CIP）数据

嵌入式世纪企业：日美公司治理和雇佣关系的实践与
比较／（美）雅各比著；张平淡，刘荣译．—北京：经
济科学出版社，2010.12
 ISBN 978－7－5141－0280－2

Ⅰ.①嵌…　Ⅱ.①雅…②张…③刘…　Ⅲ.①企业管
理－劳动力资源－资源管理　Ⅳ.①F272.92

中国版本图书馆 CIP 数据核字（2010）第 258156 号

责任编辑：金　梅　赵　蕾
责任校对：杨　海
版式设计：代小卫
技术编辑：李　鹏

嵌入式世纪企业

——日美公司治理和雇佣关系的实践与比较
[美]桑福德·M·雅各比（Sanford M. Jacoby）著
张平淡　刘　荣　译校
经济科学出版社出版、发行　新华书店经销
社址：北京市海淀区阜成路甲 28 号　邮编：100142
总编部电话：88191217　发行部电话：88191540
经济理论编辑中心电话：88191435
电子邮件：jjll1435@126.com
网址：www.esp.com.cn
北京中科印刷有限公司印装
787×1092　16 开　15.5 印张　270000 字
2010 年 12 月第 1 版　2010 年 12 月第 1 次印刷
ISBN 978－7－5141－0280－2　定价：34.00 元

《治理译丛》学术委员会名单

总　序

在具有悠久发展历史的企业大家族中，公司治理（corporate governance）只是一个新成员，这个名词的提出迄今不到30年的时间，但提出不久就引发了一场全球性的公司治理浪潮，而且潮头至今不退，这就不能不令人深思了。

一、公司治理理论的发展

公司治理理论的发展可以划分为以下三个阶段：

第一阶段从18世纪中后期到20世纪90年代中期，突出特点是强调对股东利益的保护。

早在1776年，亚当·斯密（Smith，Adam）在其《国民财富的性质和原因的研究》中就指出："在钱财的处理上，股份公司的董事为他人打算，而私人合伙公司的伙员，则纯是为自己打算。所以，要想股份公司董事们监视钱财用途，像私人合伙公司伙员那样用意周到，那是很难做到的……这样，疏忽和浪费，常为股份公司业务经营上多少难免的弊窦。"[①] 显然，斯密已经触及了股份公司因存在经营者和资本所有者之间的利益不一致而引起的代理问题。

但是，在20世纪20年代以前，由于代理的缺陷问题还不突出，因此并没有引起人们的普遍关注。一方面，当时占主导地位的企业形式是个人业主制企业和合伙制企业，在这两种企业形式中，所有者与经营者是合一的，所有者利益与经营者利益完全或基本一致，不会产生任何分歧，从而治理问题也就不会存在；另一方面，实行股份制的企业，原先的所有者仍然拥有该企

---

① ［英］亚当·斯密：《国民财富的性质和原因的研究》（下卷），商务印书馆1974年版，第303页。

业的控股权，利润最大化的企业目标仍可以顺利地贯彻落实。像美国近代企业家摩根、洛克菲勒、卡耐基等，不仅拥有摩根银行、标准石油公司、美国钢铁公司等大型企业的大量股票，而且还积极参与其经营管理，使之坚持利润最大化的企业目标。

　　然而，所有者直接控制公司毕竟不是现代公司制企业的主流，尤其是大规模公司制企业，所有者更是远离企业，而且所有权相当分散，这在客观上为经营者背离所有者的利益提供了可能。20 世纪 20 年代以后的美国，这种可能不仅成为现实，而且已经相当突出。伯利和米恩斯（Berle，A. A. and G. C. Means）在 1932 年出版的《现代公司与私有财产》中指出，所有权和控制权的持续分离可能会使管理者对公司进行掠夺，他们把这种情况称之为"经营者控制"（management control）①。

　　20 世纪 60 年代以来，公司所有权和经营权的分离及经营者支配公司进一步加剧。如在美国，60 年代初，经营者支配公司的资产占 200 家非金融企业总资产的 85%；1970 年，日本 303 家最大非金融公司的 50%、29 家最大金融机构的 90% 被经营者支配；1975 年，英国最大的 250 家公司中有 43.75%、德国 1971 年最大的 150 家制造业和商业企业中有 52% 被经营者支配②。在这些公司的董事会中，经理人员占了多数，不少公司的首席执行官（chief executive officer，CEO）同时又坐上了董事长的宝座，受聘于公司所有者的经营管理者反过来最终控制公司，由此导致的因偏离企业利润最大化目标而造成的各种弊端也越来越引起人们的关注。

　　于是，在 20 世纪 70 年代中期，美国拉开了有关公司治理问题讨论的序幕。1979 年，威廉姆森（Williamson，O. E.）发表《现代公司的治理》，正式提出了"公司治理"这一概念③。1984 年和 1985 年，他又接连发表《公司治理》、《治理经济学：框架和含义》和《资本主义经济制度》等论著，对公司治理进行了较系统的归纳和分析④。此后，詹森（Jenson，M. C.）、麦克林（Meckling，W. H.）和墨菲（Murphy，K. J.）等学者对于公司治理不断向纵深发展做出了积极的贡献。他们一致的观点是强调通过降低代理成

---

① ［美］伯利、米恩斯：《现代公司与私有财产》，台湾银行经济研究室编印，1981 年，第 90 页。

② 云冠平、朱义坤、徐林发：《经营者支配之成因》，载《经济学动态》1998 年第 5 期。

③ Williamson，O. E.，1979，"On the Governance of the Modern Corporation"，*Hofstra Law Review*，8（Fall）：63－78.

④ Williamson，O. E.，1984，"Corporate Governance"，*Yale Law Journal*，93（June）；1984，"The Economics of Governance：Framework and Implications,"*Journal of Theoretical Economics*，140（March）：195－223；1985，*The Economic Institutions of Capitalism*. New York：Free Press，1985.

本（或交易成本），来实现资本所有者的最大化利益①。

　　第二阶段始于 20 世纪 90 年代中期，突出特点是强调利益相关者（stakeholders）在公司治理中的权益。

　　1995 年，布莱尔（Blair，M. M.）在其出版的《所有权与控制：面向 21 世纪的公司治理探索》中，系统地提出了她的利益相关者价值观（stakeholder-value perspective）或利益相关者模型（the stakeholder model），即公司不仅仅要对股东负责，还要对经理、雇员、债权人、顾客、政府和社区等更多的利益相关者的预期做出反应，并协调他们之间的利益关系。② 在布莱尔之前，尽管多德（Dodd，E. M.）和威廉姆森等人也曾强调要关注股东以外的其他利益相关者的利益，但他们分析的落脚点却是对股东利益的保护。布莱尔的贡献在于：她没有从传统的股东所有权入手来假定股东对公司的权利和责任，而是认为公司运作中所有不同的权利和责任应该被分解到所有的公司参与者身上，并据此来分析公司应该具有什么目标，它应该在哪些人的控制下运行，以及控制公司的人应该拥有哪些权利、责任和义务，在公司中由谁得到剩余收益和承担剩余风险。她强调，尽管保护股东的权利是重要的，但它却不是公司财富创造中唯一重要的力量。过度强调股东的力量和权利会导致其他利益相关者的投资不足，很可能破坏财富创造的能量。

　　利益相关者价值观使公司治理从经济学、管理学延伸到社会学、政治学和伦理学等多个学科。近几年的新利益相关者模型进一步扩大了利益相关者范围，按照对于公司的重要性，利益相关者被分为两级：一级（primary）利益相关者是指那些对于公司的生存不可缺少的人或组织，如所有者、客户、职员、社区、政府，有时还包括供应商和债权人等；二级（secondary）利益相关者包括那些与公司生存关系不大的其他组织和个人，但公司的经营对他们的利益有影响，如环境主义者、媒体、学者和批评家、贸易组织，甚

　　① 参见 Jensen, M. and W. Meckling, 1976, "Theory of the Firm: Managerial Behavior, Agency Costs and Ownership Structure", *Journal of Financial Economics*, 3 (October): 305 – 60. Jensen, M. and R. Ruback, 1983, "The Market for Corporate Control: the Scientific Evidence", *Journal of Financial Economics*, 11: 5 – 50. Jensen, M., 1983, "Organization Theory and Methodology," *Accounting Review*, 58: 319 – 39. Fama, E. and K. Jenson, 1983, "Separation of Ownership and Control," *Journal of Law and Economics*, 26: 301 – 25. Jensen, M., 1986, "Agency Costs of Free Cash Flow, Corporate Finance, and Takeovers," *American Economic Review*, 76: 323 – 29. Jensen, M. and K. Murphy, 1990, "Performance Pay and Top-management Incentives," *Journal of Political Economy*, 98 (April): 225 – 64. Jensen, M., 1993, "The Modern Industrial Revolution, Exit, and the Failure of Internal Control Systems," *Journal of Finance*, 48: 831 – 80.

　　② Blair, M. M., 1995, *Ownership and Control: Rethinking Corporate Governance for the Twenty-first Century*, The Brookings Institution, Washington, D. C., 1995.

至竞争者。① 图 1 显示了一个大公司利益相关者的可能情况。

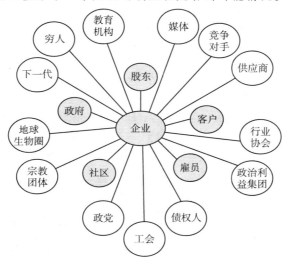

图 1　新利益相关者模型

资料来源：［美］乔治·A. 斯蒂纳（George A. Steiner）、约翰·F. 斯蒂纳（John F. Steiner）著：《企业、政府与社会》，华夏出版社 2002 年版，第 14 页。

新利益相关者模型的倡导者注重于发现新的治理原则，用以指导公司处理与相应的利益相关者的关系。与目前在实践中多数公司经理的做法相比，利益相关者理论要求公司对各种利益相关者的影响给予更多的伦理或道德方面的考虑。为此，应当吸收利益相关者的代表参与公司的控制和公司的决策，② 即通过利益相关者共同治理，使公司战略反映各方利益相关者的利益。

第三阶段始于 20 世纪 90 年代后期，突出特点是公司治理理念向非公司的法人主体，尤其是非营利性组织的延伸，这个时期几乎是与第二阶段同步的。

在非营利性组织治理中，政府往往居于十分重要的位置，它可以影响到非营利组织的决策。理事会是非营利性组织治理的关键，它行使组织决策和领导职能，而且随着非营利性组织的发展，理事会的结构和程序不断制度化和专业化。与营利性的企业组织的治理相比，非营利性组织的治理通常更强调相关参与人的责任机制，因此需要一个更有效的、强有力的、直接的和清晰的治理结构。

---

① Clarkson, Max, 1995, "A Stakeholder Framework for Analyzing and Evaluating Corporate Social Performance," *Academy of Management Review*, January, 106 – 107.

② ［美］乔治·斯蒂纳（George A. Steiner）、约翰·斯蒂纳（John F. Steiner）：《企业、政府与社会》，华夏出版社 2002 年版，第 15 页。

二、全球公司治理浪潮

公司治理浪潮起源于英国。20 世纪 80 年代由于不少英国著名公司相继倒闭，由此而产生了一系列的委员会和有关公司治理的一些最佳准则，其中最为重要的是在卡德伯里（Cadbury）勋爵领导下制定的《卡德伯里报告》（Cadbury Report），关于董事会薪酬的《格林伯里报告》（Greenbury Report），以及关于公司治理原则的《汉普尔报告》（Hampel Report）。在以上三个报告发表之后，伦敦证券交易所和英国会计师公会又进一步推出了将这三个报告的精髓全部纳入其中的《综合准则》（Combined Code）和落实准则中有关公司内部控制和风险管理条款的《腾布尔报告》（Turnbull Report）——《内部控制：公司董事落实〈综合准则〉指引》，以整合和细化上市公司的治理标准。

从 20 世纪 80 年代末 90 年代初开始，世界经济发生了一系列的新变化，如 90 年代日本泡沫经济的崩溃，其后的日本经济衰退，1997 年爆发的亚洲金融危机，德国统一的高昂代价，建立统一欧洲经济体的改革等，这些变化使得从英国起源的公司治理运动迅速在世界各地得到响应，并日益高涨。

从美国来看，虽然在 20 世纪 80 年代以前的美国公司治理很不活跃，但在 80 年代，美国出现了大规模的公司并购浪潮和重组活动。市场敌意收购是对公司的一种重要的约束机制，在其威胁下，许多上市公司纷纷主动进行改革，以免成为敌意收购的对象。进入 20 世纪 90 年代后，美国的公司治理活动又出现了新的变化，金融杠杆和敌意收购大幅度减少。同时，其他的公司治理机制，特别是公司高管人员的股票期权激励以及公司董事和股东积极参与公司治理等，开始发挥更大的作用。此时，美国资本市场的结构发生了根本性的变化，各种机构投资者（包括养老基金、共同基金、保险基金等）持有企业股权的比例，由 1970 年的 12.4%，提高到 1997 年的 48%。股东进一步法人化和机构化的趋势使得在英国、美国等发达国家中股东高度分散化的状况发生了很大变化，机构投资者开始作为战略投资者进行长期投资。这种所有权结构的变化要求实现所有者主权，增强董事会的独立性，强化对公司经理阶层的监督和约束，维护股东的利益，全面改善公司治理。

正是由于上述外部环境的变化，使得公司治理机制成为全球关注的最热点问题，并由此产生了一系列最佳公司治理原则。自《卡德伯里报告》以后，许多国家、国际组织、中介机构、行业协会纷纷制定了自己的公司治理原则。据统计，到 2007 年年底，有 60 多个国家和法律管辖区域推出了近 200 家公司治理准则或类似的文件，另外还有近 20 个国际性的准则。

尤其应当提到的是《OECD 公司治理准则》。1998 年 4 月 27—28 日，经济合作与发展组织（OECD）召开部长级会议，呼吁 OECD 与各国政府、有关的国际组织及私人部门共同制定一套公司治理的标准和指导方针，为了实现这一目标，OECD 成立了公司治理专门筹划小组，于 1999 年出台了《OECD 公司治理准则》（以下简称《准则》）。《准则》面世后，拥有 6 万亿资产管理规模的国际公司治理网络成员（ICGN）以及主要的机构投资者如加州公职人员退休基金系统（CalPERS）即对该准则表示支持。2000 年 3 月，金融稳定性论坛（Financial Stability Forum）把《准则》作为衡量金融体系健全与否的 12 个主要标准之一。《准则》还成为世界银行和国际货币基金组织制定的《标准与准则报告》（*Reports on Standards and Codes*）的公司治理部分的基础。国际会计协会创办的会计准则发展国际论坛（IFAD），也将《准则》作为分析治理和披露制度的工具①。

除了 OECD 之外，其他国际机构也纷纷加入到推动公司治理运动的行列。世界银行在自己的网站上开辟了专门的公司治理栏目，并与 OECD 合作主办了定期性"全球公司治理论坛"、"亚洲公司治理圆桌会议"、"拉丁美洲公司治理圆桌会议"、"俄国公司治理圆桌会议"等论坛或会议。其目的是在公司治理方面加强全球及地区性的对话和信息沟通，分享经验，达成共识，加强协调，一致行动。美国著名的机构投资者 CalPERS 发起建立了民间性质的国际公司治理网络，每年举行一次年会，并开辟专门的网站，系统地推出国内和国际公司治理原则，在世界范围内从投资者的角度出发推进公司治理改革。在欧洲、亚洲也出现了专门的组织，如"欧洲公司治理协会"（即"欧洲公司治理网络"的前身）、"亚洲公司治理协会"和"日本公司治理网络"。

世界上许多重要的证券交易所也越来越关注公司治理，对上市公司的监管内容不仅包括信息披露，而且还越来越强调上市公司的治理结构，世界交易所联盟则起草了有关公司治理准则的指引。

进入 21 世纪，公司治理领域出现了一些新情况、新发展，尤为突出的是接连出现了一些骇人听闻的大公司丑闻事件，如美国安然（Enron）与世界通讯（Worldcom）造假案件、日本雪印食品舞弊案件，以及中国上市公司中诸多不规范的关联交易、大股东侵占上市公司利益等案件，从而再一次引发了人们对公司治理问题的反思。在这种情况下，美国于 2002 年 6 月出台《萨班斯—奥克斯利法案》（Sarbanes-Oxley Act，又称 SOX 法案），该法案的严厉性对美国乃至于全球证券市场的影响不亚于一场强烈的地震。同年，

① 上海证券交易所研究中心：《中国公司治理报告（2003）》，复旦大学出版社 2003 年版，第 274～277 页。

OECD 部长级会议一致同意对 OECD 国家的最新发展进行重新考察，以便根据最新的公司治理发展状况对《准则》进行审查。这项任务由 OECD 公司治理筹划小组承担，该小组的成员包括所有的 OECD 成员国，还包括世界银行、国际清算银行、国际货币基金组织等观察员，为了更好地评估《准则》，筹划小组还邀请了金融稳定论坛、巴塞尔委员会，以及国际证监会组织（IOSCO）等特邀观察员。2004 年，OECD 结合公司治理领域的最新发展情况，同时参考了非 OECD 国家，尤其是那些参加了 OECD 和世界银行共同组织的公司治理地区圆桌会议的俄罗斯、亚洲、东南欧、拉美和欧亚大陆国家的经验，立足于宣扬公司治理的理念，公布了最新的《OECD 公司治理准则》。

新修订的《准则》的基本精神包括以下六个方面：（1）公司法理框架应当促进透明和有效的市场，符合依法原则，并明确划分各类监督（supervisory）、监管（regulatory）和执行（enforcement）部门的责任。（2）公司治理框架应该保护和促进股东权利的行使。（3）公司治理框架应当确保所有股东（包括少数股东和外国股东）受到平等对待，当其权利受到侵害时，所有股东应能够得到有效赔偿。（4）公司治理框架应承认利益相关者的各项经法律或共同协议而确立的权利，并鼓励公司与利益相关者之间在创造财富和工作岗位以及促进企业财务的持续稳健等方面展开积极合作。（5）公司治理框架应确保及时准确地披露公司所有重要事务的信息，包括财务状况、绩效、所有权和公司的治理。（6）公司治理框架应确保董事会对公司的战略指导和对管理层的有效监督，确保董事会对公司和股东的受托责任（accountability）。目前，《准则》已为经合组织和非经合组织所普遍接受，成为公司治理的国际标准，同时也是各国、各地区公司治理准则的范本，用以衡量公司治理的绩效。

从公司治理浪潮，尤其从得到国际社会普遍认可的具有权威性的 OECD 公司治理准则，不难看出公司治理的极其重要性。前任世界银行行长詹姆斯·D. 沃尔芬森（James D. Wolfenson）指出："对世界经济而言，完善的公司治理和健全的国家治理一样重要。"如今，无论是发达国家还是发展中国家，都把完善公司治理看做是改善投资环境、夯实经济基础的必要手段。

中国企业，尤其是国有企业正处于发展的关键时期。近几年，中国公司治理问题频频发生，黄宏生案、陈久霖案、顾雏军案、德隆案、杭萧钢构案、黄光裕案……一案未平，另一案又浮出水面，在这些案件的背后，实际上是治理制度的缺失。我们在推进企业改革时，过多地重视形式，而忽略了相应的治理制度建设。试想一下，我们哪家上市公司没有一个漂亮的公司治理结构呢？但为什么效果不大？关键就在于治理制度不到位。在制度建设中，制度的执行尤其重要。著名学者培根说过，一次不公正的判决，其危害性胜于十次严重的犯罪。通过制度建设，要使违规者违规的成本大大超过违规的收益，或者反过来说，使合规的收益大大高于合规的成本。美国严厉的SOX法案强化的就是这种成本约束，该法案在公司治理理念上发生了质的变化，即假设企业是没有诚信的，只有在一系列制度的约束下，它们才能担负起其对投资者和社会的责任，因此，必须要加强对当事人责任的处罚。

三、关于"治理译丛"

基于以上背景，2005 年年底，我向经济科学出版社金梅女士提出建议，出版一套"治理译丛"，得到了她的积极响应。后来经过经济科学出版社的努力，该丛书列入了"十一五"国家重点图书项目。

我们之所以把该丛书命名为"治理译丛"，而不是"公司治理译丛"，是由于理论界和实际部门对"corporate governance"存在着某种不太正确的理解。"corporate governance"的准确译法应是"法人治理"。"corporate"之所以翻译成"法人"，是因为需要治理的不仅仅是公司，还有非公司的企业法人和非企业的法人，前者如没有公司化的家族企业和国有企业，后者如非营利性组织（non-for-profit organizations）和公共部门（public sector）。而且，将"corporate"翻译成"公司"还经常出现汉语的语病问题。例如，温考普（Whincop, Michael J.）所著 Corporate Governance in Government Corporation，如果翻译成"政府公司的公司治理"，显然不顺；再如，OECD 制定的"OECD Guidelines on Corporate Governance of State-Owned Enterprises"，翻译成"OECD 国有企业公司治理指引"也是有问题的，因为"企业"和"公司"两个词存在着重复。

当然，法人治理问题是始于公司的，法人治理更多地体现在公司制企业中，从这个意义上说，把"corporate"翻译成"公司"未尝不可。但是，考虑到法人治理向非公司制企业和非企业主体（尤其是非营利性组织）的延伸，在分析这些主体的治理时，就只能翻译成"法人治理"。所以，把这套丛书命名为"治理译丛"是再合适不过了。

在"治理译丛"书目的选择上，我们并非一揽子把所有书目选定，而是跟踪该领域的前沿，选择著名出版社的最新版本，随选随译。所选书目以学术著作为主，兼及实务性著作。我们力求通过这套译丛的出版，推动中国公司治理研究向纵深发展，同时能够为国有企业以及其他各类主体的治理改革提供借鉴。

北京师范大学公司治理与企业发展研究中心

高明华

2010 年 9 月

译者序

次贷危机是否再一次捅破了弥漫在部分中国人心中的西方优越性"泡沫"呢？

1840年鸦片战争之后，悲愤的中华民族一直都在努力寻求民富国强之路，在经济发展、企业发展的过程中更是如此。尽管也有"中国模式"的探讨，尽管也有中国企业令世人侧目，可是，哪怕20世纪末亚洲金融危机引发对东亚模式的质疑，哪怕20世纪初美国公司治理丑闻引发对美国模式的抨击，哪怕本轮美国次贷危机引发对美国模式的审判，哪怕丰田制造在安全问题上倒下对日本模式的摧毁……是不是有效仿偶像的内在心理呢？

效仿在于全球化趋同。某一时期的一国经济蓬勃发展，往往会带来对该国模式的推崇和效仿，似乎表明在世界范围内模式是趋同的。

然而，越来越多的研究显示，全球化趋同下的差异性却是一国经济、一国企业建立竞争优势的基础，本书所展现的也是如此。在实地调访和定量调查日美两国企业之后，很容易发现在公司治理方面两国都趋于股东优先发展，在雇佣实践中都在向市场导向化发展。实质上，日美两国企业的差异性不是在缩小而是在拉大。更有意义的是，企业实际上被所处的社会准则所左右，是不是颇有"中学为体，西学为用"的味道？换言之，企业深深"被嵌入"所处的社会，这就是本书书名《嵌入式世纪企业》之由来，"日美公司治理和雇佣关系的实践与比较"只不过是作者研究分析的对象而已。

社会历史观是本书研究的出发点，这是本书的第一个特点。国别比较研究在经济管理领域非常普遍，在对日美企业进行国别比较的基础上，本书更侧重于公司治理和雇佣关系实践的历史梳理，观察公司治理和雇佣关系演变过程中的社会因素，这并不常见，却为得到真知灼见提供了帮助。

　　本书的第二个特点是选择人力资源经理作为研究的切入点，创新性强且颇具心机。是倾向于股东优先型公司治理模式，还是倾向于利益攸关者型公司治理模式，关键之一在于是否将人力资源视为资本，体现在人力资源经理的作用就是业务伙伴模式和企业资源观模式的分野——前者把人力资源经理视为业务部门的建议者，后者则把人力资源经理视为企业资源的投资者。显然，相对应的，业务伙伴模式下的企业更倾向于市场导向型雇佣实践，而企业资源观模式下的企业更倾向于组织导向型雇佣实践。这样，通过研究人力资源经理的地位和作用，可以将公司治理和雇佣关系的实践研究统一起来进行分析，真可谓一窥豹斑。

　　严谨的案例研究和数据调查是本书的第三大特点。按行业分别对日美企业案例进行比较研究，并通过问卷调查获得大量样本数据，使本书研究结论的基础非常坚实。这种严谨的研究方法和态度，应该能为国内的管理研究提供更多的借鉴。

　　三十多年改革开放的实践让我们更加坚定了方向，当前，还需要坚定的就是对"中国模式"的坚定和坚守。全球化趋同是方向，但要牢记的是：趋同之下的差异性是竞争优势之源。这应该是本书带给中国读者的最大启迪！

张平淡

2010 年 10 月

目　录

前　言

　　本书致力于研究大型日美企业的公司治理和雇佣关系的实践。在研究过程中，深入所选 12 家企业的总部，观察在不同产业环境、不同国家背景下的雇佣策略和企业战略是如何制定的，并对日美企业高管进行了大样本的定量调查。

　　本书把企业总部人力资源部门作为研究的切入点，该部门负责人是负责制定人事政策的高管。诸如薪酬、解聘、劳工关系等人力资源政策至关重要，攸关数百万人的生活。锁定对人力资源经理展开研究，看似不着边际，事实上却是洞察企业人力资源政策的突破口。人力资源经理还是雇佣关系与企业战略之桥的节点。分析人力资源经理在企业中的地位，分析人力资源经理与 CEO 的关系，比较人力资源经理与其他部门经理（如财务经理）的职位关系，可以揭示雇佣关系在攸关企业未来的战略决策中所扮演的角色。

　　通常，企业重大决策都要经过董事会的审批，这就意味着公司治理是把人力资源政策与企业战略链接起来的载体。公司治理蕴涵一系列的规则、制度和程序，管理层据此向股东或企业利益攸关者行事、负责。公司治理的内容包括董事职责界定、投融资、高管薪酬、收购或撤资，以及其他一些战略决策。当然，这些不仅对企业本身非常重要，对那些受企业战略决策影响的人也相当重要，如股东、雇员、顾客、供应商，甚至企业所在的社区。无疑，雇员是否应在公司治理中充当重要角色，这是个关键命题，在传统公司治理体系正在变革的日本是如此，在备受公司治理丑闻困扰的美国也是如此。诸如安然（Enron）①、世通公司（WorldCom）②、环球电讯（Global Crossing）③

---

　　① 译者注：通过所谓的能源期权交易，安然通过大量做假账、内部交易等行为实施欺诈行为，被揭露之后股价一路下跌，2001 年 11 月 30 日，股价跌至 0.26 美元，市值由峰值时的 800 亿美元跌至 2 亿美元。2001 年 12 月 2 日，安然正式向破产法院申请破产保护，破产清单中所列资产高达 498 亿美元。

　　② 译者注：世通公司通过有关费用的会计处理而虚增利润，东窗事发之后于 2002 年 7 月 21 日申请破产，申请破产时的资产总值超过 1 000 亿美元，是美国有史以来最大规模的企业破产案。

　　③ 译者注：2002 年 1 月 28 日，美国环球电讯公司向法院申请破产保护，以 224 亿美元的资产、124 亿美元的债务创下了美国电信公司最大的破产案。

以及其他美国公司爆发的公司治理丑闻让美国公司治理体系备受考验。

日美大型企业采取了不同的公司治理模式和雇佣政策。日本企业选择的是利益攸关者治理模式，高度关注雇员和其他利益攸关者；美国企业则将股东置于优先地位。当然，众所周知，大型日本企业倾向于聘用"终身"雇员，并在市场风险中予以庇护；美国企业则提供相对短期的雇佣合同，采取更加市场化的雇佣政策。本书高度关注国别公司治理模式的差异，以及它们是如何影响雇佣关系的。通过分析人力资源经理在企业中的地位，可以对这些主题展开抽丝剥茧的深入研究。

传统意义上的日本企业总部会有一个强势的人力资源管理部门，即使地位不是最高，也非常接近最高阶位；美国企业则不然，与财务和生产等其他部门相比，美国企业的人力资源部门相对弱势。要解释个中缘由，需要站在历史发展的角度予以审视，要立足于两个国家的企业组织发展历程。这种历史视角的研究方法在管理和经济研究中常常被忽视，却为本书所采用。此外，还需要洞察企业与该国非市场机构的独特结合方式，这些非市场机构包括该国的立法结构、社会保障体系、政企关系、劳工组织及其他。从社会和历史的角度来看，作为理性经济体的企业，是其所处历史时间和空间的产物，这在本书中有本质的体现[1]。

经济的全球化、美国经济的霸主地位、日本经济的长期停滞，使得传统日本企业的组织管理方法，无论是人力资源经理的地位，还是雇佣关系，抑或是公司治理，都在向美国模式靠拢。近来，关于模式趋同化可能性的观点已蔚然成风，本书将对此进行实证检验。毋庸置疑，全球化的力量是巨大的。与60年前相比，无论是发达国家，还是发展中国家，都更多接触到了来自其他国家的产品、服务和观念。正如我们所见，全球化正推动着模式趋同，同时也要看到反趋同化的力量——例如，美国的公司治理丑闻和美国经济当下的徘徊不前，让美国模式的光芒失色不少；再如，企业或国家都朦胧地意识到差异化是参与全球竞争的有效方式。因此，本书研究还分析了日美两国的反趋同化思潮。

本书受众广泛，不仅适用于学术研究者，也适用于企业实践者和大众读者。有些读者可能对人力资源经理和雇佣关系感兴趣，有些读者可能对公司治理感兴趣，还有一些读者则会关注模式趋同。只对日美其中一个国家感兴趣的读者可以忽略书中的比较分析部分，不过，关注日美企业之间的异同、关注制度多样性等方面内容的读者，可以从本书的大量比较分析中有所获益。

发达国家正面临许多重大挑战，如把雇员视为短期成本还是长期资产？

如何在股东和其他利益攸关者之间实现平衡？全球化对不同国别模式下的公司治理结构有哪些影响，对企业社会责任会产生哪些影响？显然，研究企业总部正在做些什么，研究人力资源经理在企业中的地位，可以为解答这些挑战提供契机。

参考文献

1. The classic modern statement of this view is Mark Granovetter, "Economic Action and Social Structure: The Problem of Embeddedness" *American Journal of Sociology* 91（1985）, 481 – 510. Also see Geoffrey M. Hodgson, *How Economics Forgot History*（London, 2001）, and, for an institutional classic on corporate governance, Adolph A. Berle and Gardiner C. Means, *The Modern Corporation and Private Property*（New York, 1932）.

第1章

公司治理模式的多样性

20 世纪 90 年代，美国模式看起来欣欣向荣，那时，苏联已经解体，中国正在进行经济体制改革，美国企业家、职业经理人被奉为全球商业领袖。

企业内部组织和公司治理模式是研究人员当下的兴趣点和热点之一。有学者认为，就公司治理模式而言，有三种典型的模式，分别是以美国和英国为代表的股东导向型治理模式（Shareholder-Oriented Governance）、以欧洲大陆为代表的法定利益攸关者型治理模式（Statutory Stakeholder Governance）、以日本和东亚其他国家为代表的自愿利益攸关者型治理模式（Voluntarist Stakeholder Governance）[1]。

经济发展路径不同，公司治理模式自然也有所不同，很难说哪种模式更好更佳。然而，这种论调正在被颠覆。与其主要竞争对手德国和日本相比，20 世纪 90 年代后期美国经济持续繁荣，被誉为一颗永不陨落的恒星，美国公司治理模式也似乎成为全球公司治理的标准和范本，然而，焦点已不再是公司治理模式的多样性了，而转向研究美国公司的监管模式、风险分担和公司治理，以及如何迅速地在世界范围内推广和应用美国公司的治理模式。

日本公司治理模式的变化最值得关注，其他国家的转变都没有这样迅速。要知道，20 世纪 80 年代的日本还被看做是美国经济的赶超者，可是，随着日本经济十多年的停滞，日本又被视为非现代经济道路的反面教材。过去，除了政企间的高度合作之外，日本以其独特的公司治理模式来平衡不同利益攸关者（包括股东、顾客、银行和雇员）的诉求，这是日本公司治理模式的一个主要特征；而在美国，股东则处于优先地位。日本公司奉行的自愿利益攸关者型治理模式与其雇佣关系互为因果，其雇佣关系的特点包括强化培训、长期雇佣、雇佣保障和无处不在的企业别工会等。

日本公司治理模式的另一个主要特征是公司总部人力资源部门的地位。在日本公司内，人力资源部门负责雇佣政策和劳动关系，围绕职位轮换、晋升而展开各项工作。人力资源部门并不直接与公司治理相联系，而只是通过担当董事的人力资源高管与公司治理相对接。在董事会中，担当董事的人力资源高管向董事会其他成员陈述员工雇佣关系，而且，在雇佣关系战略决策中充当员工的"保护神"。

相反，美国公司人力资源经理的位阶通常都不太高，往往处于或接近于基层。不难发现，美国公司人力资源部门的女性员工比例较高，收入相对较低，而生产部门、营销部门一直都是核心部门，近年来财务部门的重要性也在与日俱增。

历史上，美国公司的人力资源部门也有过光鲜的时代。第一次世界大战和第二次世界大战期间，美国劳工运动蓬勃兴起，为了应对挑战，人力资源部门（当时还叫"人事管理部门"）的地位在美国企业内部得到了暂时提升。那时，在有些美国企业内，人力资源经理的职责是雇员的支持者，是劳企双方信息沟通的中转站。20世纪60—70年代，美国政府应对劳工运动出台了许多法令法案，如平权运动（Affirmative Action）①、职业安全与健康法案（Occupational Safety and Health Act）② 等，为了满足政府管制的要求，人力资源部门不得不对雇佣关系进行调整。至于公司治理，当时许多美国大企业相应认为不仅仅应该对股东负责，还要兼顾雇员、顾客和其他利益攸关者，这相应提升了人力资源部门在企业内部的地位。

然而，20世纪80—90年代，美国大企业的金融化趋势非常明显，所有决策都是财务指标导向，首席财务官（CFO）的地位凸显，股票价格牵一发而动全身，股东关注股价甚于企业经营本身。在这个大趋势下，雇员和企业之间的关系开始弱化，人力资源经理不得不接受或被动接受所面临的现状和挑战，他们开始践行弹性雇佣理论，把雇员视做成本，工作重心也转移到如

---

① 译者注：20世纪60年代，随着美国黑人运动、妇女运动的兴起，时任美国总统约翰逊（Lyndon Baines Johnson）在1965年发起了平权运动，主张在大学录取学生、公司招收或晋升雇员、政府招标时，应当照顾少数种族和女性。

② 译者注：20世纪70年代以前，美国每年有超过1.4万名工人死于各种安全事故，将近250万人在事故中致残或受伤，约有30万人患职业病。1970年12月29日，由时任美国总统尼克松（Richard Milhous Nixon）签署通过《职业安全与健康法案》，同时根据该法成立美国职业安全与健康管理局（OSHA）。美国职业安全与健康管理局设在劳工部内，具备独立地制定职业安全与健康标准的权力，并对职业事故拥有裁决权，是以减少职业场所伤亡率和职业病为目的的联邦政府机构。美国职业安全与健康管理局通过采取强有力、公平有效的执行，加强培训、教育和咨询，以及建立战略伙伴关系和发展其他合作项目等行动，来帮助雇主和雇员减少职业伤害、疾病与死亡。

何使人力成本最小化上。不过，也有些美国企业逆势而为，不仅仅寻求通过人力成本最小化建立优势，还从公司独有的资源（如组织流程和知识资本）上寻求建立竞争优势，这种企业资源基础论使日本公司治理模式受到了新的关注。

如今，日本企业正面临压力去追随美国公司的治理模式，采取更加市场化的雇佣政策，这削弱了人力资源部门在公司中的地位和作用。由此可以看出，不妨考察高级人力资源经理在企业中的地位，这为研究日本公司治理模式的变化过程提供了独到的视角。至于在美国，将工作视为毕生事业的人不多了，雇员和雇主间的忠诚度也在下降，取而代之的是股价高低。与此同时，人们也开始意识到人力资源和知识资本正逐渐成为企业最重要的资产。更何况，考察人力资源经理在企业中的地位，也为研究美国企业的雇佣关系、研究全球公司治理演进趋势（趋同或趋异）创造了有利条件。

20 世纪 80 年代，管理思想是东风渐上，"日本化"（Japanization）① 兴起，工会、质量管理体系和产业关系等日本管理模式受到热捧。此一时彼一时，如今可是西风上位，日本（和其他国家）正在深度剖析美国雇佣关系和公司治理模式的利弊，学习和借鉴美国公司治理模式似乎成为必然。紧随全球化的步伐，现在有相当多的文献都在研究全球趋同化，国家治理模式和公司治理模式看起来是越来越趋同了。强调"模式多样性"的人对全球趋同化表示怀疑，而坚信全球趋同化的人则认为，国家商业体系终将完结。除某些明显的分歧之外，这两派都是用纯理论推演的方法进行分析的。应该说，本书研究少了些浮华的理论[2]，多了些重要的实证，即从日美企业人力资源经理在组织中的地位变化来观察公司治理趋同的发展趋势，例如日本公司人力资源部门的地位是否正在下降，进而与美国公司人力资源部门的地位相类似呢？

没有对企业的正确认识，也就无从正确理解人力资源部门在企业中的地位。应该说，企业不只是经济学教科书中所认为的追求利益最大化的经济组织，其实，企业是否应该追求利益最大化，以及怎样追求利益最大化尚存争论。最少有一种争论是分歧颇深的——企业应该在多大程度上重视追求利益最大化，以及利益如何分配。就这一问题，管理层、股东和利益攸关者都是各执己见。雇佣政策不同（例如人力资本是否值得投资），股东与雇员的风险和收益也就不相同。这些分歧如水下冰山，偶尔也会爆发，如 20 世纪 90

---

①　译者注：由于日本丰田等制造业在全球市场的优势，在 20 世纪 80 年代末期，掀起了有关全球生产"日本化"的讨论。

年代的股东价值运动，后安然时代对于企业责任的关注，以及眼下日本企业关于公司治理模式的争论。

另一个分歧就是，哪些战略业务单元（SBU）或职能部门应该左右高层决策。不能排除的是，战略业务单元或职能部门或许利用政治手腕骗取组织内部权力，试图通过权力获得额外收益，提升其在组织内的地位。当然，这个分歧对如何优化企业竞争战略也提出了各种建议，比如强化财务目标、增加市场份额、降低生产成本和提高员工技能等，这些对竞争战略都非常重要。为了获得更多的企业资源配置，不同战略业务单元或职能部门各存心机。显然，财务部门与股东是穿一条裤子的，营销部门强调顾客的重要性，而人力资源部门则与雇员站在了同一条战线上，这些可能仅仅是各执己见，但有时候却可能会使企业危如累卵。例如，20 世纪 20—60 年代，美国通用汽车公司因其 M 型组织设计而饱受争议，实质其实就是权利和资源在管理层和股东之间如何进行分配和划分而已。那时，像财务部门这样的职能部门代表了股东的利益，而其他部门（如运营部门）的利益与管理层保持了一致[3]。

不管是经济学、政治学还是社会学，权利维度在企业组织研究中日益被忽视。然而，从事比较研究和历史研究的学者却不能忽视权利这个维度[4]。对从事企业发展研究的学者来说，也不能忽视社会联盟变迁和管理导向变化之间的相互影响。换句话说，企业管理就是一个小型社会。简言之，只有比较美国企业和其他国家企业游戏规则的不同，才能发现什么能使美国企业"美国化"。当然，一些分析家仍旧认为企业是一个理性决策的"黑箱"，事实上，企业却是一个权力角斗场，社会准则仍在其中约束经理们的所思所行[5]。

近期，管理的比较研究和历史研究蔚然成风，可其缺陷是将企业高管视为雇主的同盟，即假设高管与公司战略和雇佣政策保持高度一致。例如，研究雇佣问题时倾向于把高管视同为"雇主"。事实上，大多数情况下高管并不太关心雇佣关系问题，在危机时他们也并不与"雇主"保持一致。高管的立场选择并没有一定之规，受内外部各种意外因素和偶然因素的影响。

1.1 研究方法

本书研究结合了两种不同层面的分析。一是国内演变分析，分析企业组织演进与人力资源经理地位变化的关系；二是国别比较分析，甄别全球化下日美企业的公司治理是否走向趋同。本书运用历史研究的方法检验人力资源经理的地位变化，并且通过对企业的案例研究和人力资源经理调查分析同一时期日美大企业公司治理的差异。

　　本书的研究对象都是大型企业，人力资源经理也都是这些组织的高层。在日本企业里，这些人力资源经理可能是董事或总经理级高管；在美国企业里，这些人力资源经理可能是向 CEO 直接汇报工作的执行副总裁。在日美企业里，人力资源经理的地位（即有什么样的决策权、职能如何发挥、权利有多大）既受到企业特征因素（如多元化程度、组织文化等）的影响，也受产业因素（如技术因素、劳动力短缺等）和国家制度（如公司治理模式、政府管制、社会准则等）的左右。

　　在日常工作中，人力资源经理负责雇佣关系的政策制定。例如，他们要综合考虑市场因素和内部因素，这将对薪酬、晋升和员工关系产生影响。大多数人力资源经理也会参与企业未来战略决策的制定，需要对公司战略和雇佣关系的影响因素进行判断。这些影响因素（如劳动力短缺、工会威胁或法律约束）的不确定性越大，紧迫感越强，人力资源经理的权力就越大，在雇佣关系对公司战略影响问题上的话语权也就越大。本书研究不仅仅关注人力资源经理地位的决定因素，也关注人力资源经理地位变化对雇佣关系和其他绩效指标的影响。

　　现场研究或实地考察是社会学领域比较成熟的研究方法和技术，在经济学研究中却应用很慢，不过，经济学家们开始逐渐认识到这种研究方法的妙处，特别是用来研究只有少量数据可以收集的一些课题。直接与高管和其他人进行对话，要求他们为研究目标和约束条件提供相关信息，这是形成假设和开展研究的基础[6]。同时，高质量的案例研究和定量化的调查数据研究予以补充，能够在研究方法上互彰其长，尽弥其短[7]。

1.2　日本企业的公司治理模式变革

　　历经十多年的经济缓慢增长，日本陷于对未来经济发展走势的论争中，核心在于公司治理模式和政府经济政策制定。诸如政府放松管制、贸易政策、银行改革等话题的讨论可谓汗牛充栋，本书对此不予以涉及[8]。

　　一直以来，批评家们的攻击焦点集中在大型日本企业的雇佣关系和治理结构上。在战后很长一段时间内，日本大型企业的雇佣关系是建立在所谓的"三大神器"（即终身雇佣制、年功序列制、企业别工会）之上的，有许多雇佣实践因此而兴，如工作组织的灵活性、员工参与管理、对员工培训的高投资。相比英美企业的公司治理模式，这一模式并不把股东置于优先地位，而是通过管理层来平衡雇员、银行、供应商、顾客和其他利益攸关者的利益诉求[9]。

其实在 20 世纪 80 年代，国外观察家们对日本企业的这些治理实践是赞誉有加的，那时日本经济处于高速发展期。可是，当下的日本经济已经开始式微。观察家们认为当前经济形势下的各国工业化进程出现了多元化趋势，尽管第二次世界大战之后几十年中的工业化进程看起来是比较一致的[10]。巴西、韩国，尤其是中国等新兴经济体正在争夺日本的出口市场；同时，美国和欧盟正迅速向生物工程、网络和电信产业等新型新兴产业转移；日本正被迫在一个充满风险和速度的市场上竞争，而这两个方面恰恰都不足以被传统日本企业实践（如共识管理（Consensus Management）①和强势企业文化）所支撑。日本企业因被强势人力资源部门所主导而备受指责，观察家们如今指责人力资源部门动辄就是迁就工会，不愿让雇佣政策更富弹性和更加市场化。

与此同时，日本消费市场和金融市场对国外竞争是大敌国门。日本企业，尤其是那些服务本国市场的企业，感受到降低成本的巨大压力。国外投资者在买下日本企业的全部股份之后，强烈要求这些企业接纳股东优先理论（Shareholder Primacy）②，要求会计透明化，要求日常经营更加关注季报。第二次世界大战后，日本政府的价值观正在被这些英美准则所取代，这也会对雇佣关系产生影响。日本企业发现已经很难按照惯例（如在经济大萧条时期不裁员）行事——忽视股东而保护或讨好雇员，如在公司治理中赋予雇员更多话语权，或给予员工更长期的投资（如终身雇佣和高培训投入）。

有些批评家坚称日本企业可以向 20 世纪 80—90 年代的美国企业学习很多经验，因为当时的美国企业正面临当今日本企业所面临的相同压力，包括全球竞争加强，国内产业增长趋缓，维持竞争优势更加困难。在当时，政府放松管制、公司控制权交由市场控制（业绩不好便更替管理层）等被认为激活了美国企业，其后便是兼并、剥离和重组。新潮流是将重点转移到股东和股价上。伴随着治理模式的变化，通过裁员来削减成本也随之而来，裁掉的并不尽是生产工人，还有中层经理和企业高管。兼职员工和临时用工增加

---

① 译者注：共识管理强调企业、顾客与服务人员三者利益相统一。

② 译者注：公司治理理论最初建立在公司的传统法律模型之上，强调股东权利。这种理论被称为股东中心理论（Shareholder-focused Theory），也称为"股东优先理论"或"股东控制理论"（Shareholder Sovereignty）。

了，尽管企业口是心非地称其并不抛弃终身雇佣政策。

现在，被认为曾经拯救过美国企业的强效药方开给了日本，于是，日本企业被敦促要更加有效地使用资源，不再储备劳动力，停止不相关的和没有收益的投资，向股东发放富余的现金。看来，这场组织变革的最根本要害是改革公司治理模式，董事会成员构成也需要重构，不再是以前由总裁任命或由高管担当。在此之前，董事会的规模也在扩大，甚至达到 50 多人，显然这不利于董事会的决策，也无法对总裁的战略实施进行评估。

长期以来，利益攸关者型治理模式而不是股东导向型治理模式才是日本企业的准则。甚至在 20 世纪 90 年代中期，97% 的日本企业经理都认同企业是为了所有利益攸关者的目标而存在的，并不认为股东应该享有优先权[11]。有批评家认为，利益攸关者型治理模式或许为战后日本的重建提供了必需的精神团结，但现在却阻碍了日本企业去做出一些棘手的决策，比如裁员、破产、砍断经连会（keiretsu）①的联系等。

接下来的变革就集中在日本企业的人力资源部门，这是组织导向型雇佣体系的神经中枢。传统意义上，人力资源部门负责劳工关系和雇员福利，提供终身雇佣的工作，并通过培训、绩效评估、职业生涯规划、轮岗，对员工职业生涯全周期进行管理。经理的晋升也由人力资源部门负责，这些经理还有可能会成为企业领导人或董事会成员。正是在经理晋升中所发挥的作用，人力资源部门也间接影响着日本企业的公司治理。更直接的影响由高级人力资源经理来完成，他往往是董事会成员，在企业战略决策中拥有话语权。

在最近的一本书中，日本经济研究中心（Japan Center for Economic Research）② 会长、经济学家八代尚宏（Naohiro Yashiro）③ 对人力资源部门进行了无情的批判。在那本书中，日本企业的人力资源部门被戏称为上帝和独

---

① 译者注：keiretsu 是日语，已被吸收成为英语。在美国人眼里它是指日本许多大公司的组合（里面包含银行、工业机构、供应商和制造商），其成员持有成员团体的股份，并且相互贷款，从事联合的投资，通常译为"经连会"。

② 译者注：日本经济研究中心成立于 1963 年，是日本最权威的经济思想库之一，是由大藏省、文部省认可的社团法人。日本经济研究中心成立的背景是 20 世纪 60 年代日本经济的高速发展时期，日本正大力推行"国民收入倍增计划"，加速实现外汇和贸易自由化，准备参加经济合作与发展组织（OECD），争取经济大国地位。正是在这种形势下，日本经济界为了促进国内产、学、官三者的结合，加强对国内外财政、金融、经济、产业、经营等各种问题的调查研究，经过充分酝酿成立了这个研究中心。

③ 译者注：八代尚宏是日本东京国际基督教大学（International Christian University）的经济学教授，曾任日本经济研究中心会长。

裁者[12]。八代尚宏声称，有权有势的人力资源经理正在阻碍大型日本企业的内部改革。他认为日本企业应该改革雇佣体系和公司治理模式，使其更加分权化、市场化和股东导向化。其他批评人士认为人力资源经理过于保守，与硅谷和华尔街流行的规则不太相称。日本企业的这种体系被认为是破坏了创造性、个人主义和竞争力[13]。正如我们将要看到的那样，把人力资源部门视为全能官僚机构已是腐朽不堪的陈词滥调。

然而，坚持长期雇佣和利益攸关者型治理模式的守旧者仍在负隅顽抗。在日本，极力主张维护传统或改善既有公司治理模式的不只是人力资源部门，还有学者、劳工领袖和企业高管。他们认为，问题的要害不是一直备受争议的企业，而是其他一些因素，比如宏观经济、政治体制和银行体系[14]。他们还认为，过分强调短期绩效和强调个人主义的英美股东导向型治理模式及相应的雇佣关系并不适合日本企业，因为这种模式与一贯强调企业责任的社会准则相冲突，要知道，这些社会准则是自由主义者和更加保守的民族主义者所一直信奉、推崇的价值观。还有一些坚持长期雇佣和利益攸关者型治理模式的守旧者则认为，如果向英美股东导向型治理模式转型，那就会侵蚀日本企业在客户与供应商关系、产品质量、创新努力、公司人力资本构成和执行速度等方面的组织比较优势。而分权这种备受美国推崇的模式也被批评为是片面的，坚持长期雇佣和利益攸关者型治理模式的守旧者认为，这是一叶障目的认识错误，没有看到日本企业集权所带来的许多结构性优势，如业务部门拆分拆细，这样就可以实现规模经济，依靠总部拟订战略、促进研发和推动革新[15]。

还有人认为，日本公司治理模式变革要"慢慢来"，这些人在20世纪90年代末正面临着重重挑战，最近发生的事件让他们踌躇不前。美国股市大跌及美国公司治理丑闻使人们有所清醒，他们开始质疑先前关于美国股东导向型治理模式内在优越感的假设是否正确。不只是美国网络公司和高新技术企业取得了巨大成功，一些日本企业也取得了成功，这引发了对利益攸关者型治理模式扼杀持续创新假设的怀疑[16]。

日本企业在公司治理模式变革上已经走出多远，在向什么方向前进，这些在本书中都将进行深入分析。本书还分析了全球化、经济萧条和工会式微对日本企业人力资源部门和雇佣关系实践所产生的影响。股东优先理论会在日本成为主导的治理模式吗？日本企业的人力资源部门正在丧失其核心地位和影响力吗？日本企业的员工雇佣正在变得更加市场化吗？日本企业会听从八代尚宏、美国投资者的建议去积极推动公司治理模式变革，还是会选择在既有治理模式之上的渐进式改良呢？

1.3　美国企业的公司治理模式演进

近年来，在美国也出现了关于人力资源部门地位的讨论，但出发点不同。相对于日本企业，美国企业的人力资源部门从来就不是一个很有威望的管理部门，没有几个 CEO 是人力资源背景出身，人力资源经理的薪水也比其他部门经理要少一些。直到 20 世纪 70 年代末期，绝大多数人力资源部门经理不是向 CEO 汇报工作，而是向运营副总或向类似职位的副总裁汇报工作。也只有在某些特定时期，人力资源经理才有些许的话语权，特别是有可能给企业带来不确定性的挑战出现时，如 20 世纪 30—40 年代工会主义的大规模抬头，20 世纪 70 年代美国联邦政府关于雇佣法律法令的增加。尽管在美国，工作从来没有像日本那样看起来稳定可靠，仍有许多企业像对待"终身工作者"那样对待其雇员，在其他很多方面（员工参与管理不在其列）也有类似于日本式的福利资本主义[17]。企业和政府一起分享社会福利，高管认为企业不仅要对股东负责，还要对员工、顾客和社会负责。在 1980年前后，日美大企业在劳工政策和企业文化方面确有许多共同之处[18]。

过去 20 年间，日美大企业的文化出现了分歧。在美国，雇佣和工作变得更加市场化，对知识型工人来讲这是机遇，可对于其他类型雇员来讲，却是极大的不稳定和不安全因素。工会力量在持续下降，规范劳动力市场的推动力也在逐渐消退。从内部来看，美国大企业正在经历一个解构期：更趋于分权，相应总部就越来越小；更依赖外包，相应地赋予运营部门更大的权利。于是，美国企业的公司治理模式迅速转向股东导向型，而雇员使企业利益攸关者的理念遭到了广泛的摒弃。

对美国企业的人力资源经理来说，这些变化至少从一开始就令人神伤。分权，不仅意味着全公司无须一致性的员工福利，也意味着人力资源职能要从公司总部向生产部门经理转移。在新模式下，正如管理学者彼得·卡普利（Peter Cappelli）① 所说："每个部门或店铺的经理，经常站在自己的立场去决策谁应该被雇佣或被解雇，还可以根据当地市场状况灵活地确定雇员工资，灵活地根据绩效情况确定薪酬结构。"[19]老模式的代表是 IBM 公司，有规范的职业生涯规划，有大量的培训，总部还设有一个有权势的人力资源部

①　译者注：彼得·卡普利是美国宾夕法尼亚大学沃顿学院知名教授，是专门研究现代雇佣关系的专家。

门，而新模式的代表则是高度市场导向化的硅谷公司。在这些硅谷公司里，雇员并不期望被长期雇佣，其工作也是被定位为适应瞬息万变的市场。无论是从企业还是从员工来看，忠诚度都被看做是博傻游戏。这些硅谷公司的新员工合同还规定，员工需要努力工作才能获得学习机会；否则就没有什么学习机会，就连沃尔玛这样的企业也是如此。

美国企业人力资源经理正努力重新定义其职责。在财务主导企业决策的模式下，人力资源经理的工作重点是削减成本，是战略业务单元（SBU）负责人的合作者和业务伙伴，也就是说，人力资源经理只是其他经理的建议者而已。也没有解雇一说，离职被演绎成雇员的选择。如果人力资源经理的角色是战略业务单元负责人的建议者或业务伙伴，那么也就意味着人力资源经理已不再需要"安慰不满的雇员"，而是热衷于"向内部顾客提供咨询建议"[20]。管理学著作用了大量的强调词汇来描述人力资源经理应该做什么，可是，人力资源经理的角色假设俨然发生了变化，作为战略业务单元负责人的建议者和业务伙伴，人力资源经理应该做些什么，这真是一个有待研究的课题。

基于对企业利润形成因素的不同理解，企业资源观正在兴起，这种观念并不把股东价值提升的重点放在更低的劳动力成本上，或是更加市场化的雇佣政策上[21]。在企业资源观看来，竞争优势来自于企业独有的资源，源自于企业独有的而其他企业所没有的智力资源或实物资源。相对于市场导向观而言，企业资源观更关注企业内在，认为强化组织流程可以打造竞争优势。企业资源观还认为培育智力资源比从开放市场上获得要更好一些。信奉企业资源观并采取相应战略的企业有美国西南航空公司（Southwest Airlines）①、美国SAS软件研究所（SAS Institute Inc.）② 这样的知识型公司，还有服装零售商男士衣仓（Men's Wearhouse）③ 和好市多（Costco）④ 这样重视成本控制的零售商[22]。

---

① 译者注：美国西南航空公司创立于1971年，是一家总部设在达拉斯的美国航空公司。在载客量上，它是世界第3大航空公司，在美国它的通航城市最多。与国内其他竞争对手相比它是以"打折航线"而闻名，从1973年开始它每年都赢利。

② 译者注：美国SAS软件研究所创建于1976年，是全球最大的私有软件公司。SAS每年都将上一年销售收入的25%～30%投入到产品研发，以保障产品和技术的先进性和高质量，这个投资比例是大型软件公司平均投资的近两倍。

③ 译者注：男士衣仓是北美地区最大的男士精致正装和休闲服饰廉价零售商。

④ 译者注：好市多是一家仓储会员式企业，2003年销售额达417亿美元，拥有47家仓储店，10.3万名员工，2 000万名忠实的会员和4 000万名持卡消费者。好市多是美国排名前列的大型零售商。

在企业资源观下，雇员和人力资源职能本身并不视为一种成本负担，而是作为竞争优势之源[23]。总部人力资源部门负责企业文化建设，鼓励员工忠诚和创新，督促生产部门并确保员工是否得到公平的培训和待遇，制定人力资源政策支持顾客维系和供应关系的改善。所有这些都意味着要有一个组织导向型的人力资源政策，这与传统的日本企业人力资源政策有很多类似之处。实际上，日本的研究人员更早地用企业资源观来解释日本集权式组织是如何利用人力资本来构建核心能力的。在日本企业被树为企业典范的那段时期，这种理念也渗透到美国企业当中。

总体来说，美国企业人力资源职能存在着相互矛盾的发展趋势。有些人力资源经理强调股东优先理论和雇员商品论，有些人则认可利益攸关者型治理模式和企业资源观。哪种模式应该占主导地位呢？它们在实践中都意味着什么呢？值得一提的是，企业资源观和日本企业人力资源部门传统意义上的权力和影响力是一致的，这适合美国企业吗？还有，在高度市场化、分权化的美国公司里，人力资源经理在高层决策中的作用尚不十分清晰，人力资源经理究竟在发挥什么作用呢？

1.4　全球公司治理模式的趋同

过去20年间，由于国际贸易和资本流动的激增，发达国家在经济上的相互依赖程度越来越高。有些人认为，世界经济仍旧是国别性的而不是全球性的[24]，但是，没有人怀疑一国内部的经济一体化相比过去来讲变得更加困难了。这就是全球化的结果。全球化就意味着模式多样性会走向趋同吗？如果是这样，公司治理模式是不是也会趋同于美国治理模式，还是会出现新的混合模式呢？

日美比较是探索这些问题的一个途径。由于全球化，日美企业竭尽全力服务和取悦的是同样的客户和投资人，这就是公司治理模式趋同的潜在缘由。从更普遍意义上讲，公司治理模式趋同是两个经济体的互相融合。美国投资者和咨询顾问在日本很活跃，他们努力说服日本企业采纳美国企业的公司治理模式，就像美国政府在极力要求日本政府仿效其贸易政策、商务政策和知识产权法律一样。与此同时，日本企业在美国也有大量投资，也派驻了大量的在美雇员，这些在美雇员会定期返回日本。作为横跨太平洋两岸的企业，这些在美日两国都有业务的公司会变得更加关注彼此，喜欢互相比较，更有可能互相采纳对方的管理实践方法，尤其是在相互竞争的产业中更是如此。

美国是全球经济的霸主，有些管理实践和思想的传播是单向的。美国价值观是通过大众传媒、广告和其他渠道传播的，日本年轻人会对照美国模式来塑造自我。和他们的父母相比，年轻的日本大学毕业生不再迷恋大企业，更乐于从事冒险和个性化的工作。不同年龄段的日本人比上一代更富有，也更富有个性。与第二次世界大战后的几十年相比，不难发现，现今的日本社会已经没有以前那样团结，而且不太情愿容忍在社会政策和工作方面的平均主义[25]。

大企业中人力资源经理的地位只是研究模式趋同问题的众多切入点之一，以此作为研究切入点，优势是这方面的素材较多，要知道，20世纪80年代之后日美企业在人力资源管理、雇佣关系、公司治理等方面采取了不同模式，最突出的表现就是大企业中人力资源经理的地位变化。

相对而言，日本企业的组织导向型更强一些，雇佣期限更长，员工流动率更低，培训更多，工资和分配更多考虑内部因素（如资历）。利益攸关者型治理模式和企业别工会都支持这种组织导向。所有这些特征都导致了日本企业人力资源部门位高权重的现实。

而在美国，员工聘用更趋于市场导向，特点是短期雇佣、高流动率、低培训成本，薪水和分配都基于现有行情和市场标准。公司治理是股东导向型的，工会要么不存在，要么就是产业别工会。相对于日本而言，在美国一旦对工作不满就更倾向于离职，员工没有什么动力去表达对工作的不满意。相比日本企业来讲，美国企业的人力资源部门并不处于权力核心，影响力也比较缺乏[26]。

20世纪80年代日美企业的雇佣政策和导向各不相同（见图1-1）。不难发现，日美企业有着截然不同的平均值（假设正态分布）。也就是说，它们通常采用不同的模式管理员工。第一种关于模式趋同的假设是日本模式正逐渐向美国模式靠拢。在分析两个国家各自发展的时候，本书研究将会考虑并分析这个假设。

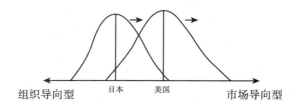

图1-1 20世纪80年代的企业雇佣政策

然而，事实远非如此。尽管日美企业的起点不同，但它们从一开始就有交叉，如图1-1所示。美国有些企业和日本一些企业非常类似，而与它们所在国的平均值相距甚远。随着时间的推移，一国内部模式分布的多样性很有可能继续扩大，国与国之间的交叉会更多，而一国的平均值却改变很小，或者根本不变。这也可以被看做是第一种类型的趋同。

统计分布的动态变化使问题更加复杂化。分布形态和平均值会随时间发生变化。如果两个国家同时向市场导向方向移动，如图 1－1 中箭头所示向右移动，那么两个国家平均值的差距很有可能不会改变。在本书研究的分析中，这是第三种类型趋同，称为"方向性趋同"。

在全球化的现阶段，其他国家仿效的模式也不是唯一存在的。在《经济落后的历史透视》一书中，亚历山大·格申克龙（Alexander Gerschenkron）① 认为，像德国和俄罗斯那样的后进国家可以通过借鉴英格兰等发达国家的思想和制度来加速它们的工业化进程[27]。在日本，19 世纪的明治维新者把眼光更多投向了欧洲而不是美国，学习欧洲国家的建军方略、警察体系、学校教育、立法体系、邮政服务，以及其他社会和政治体制经验[28]。明治维新者挑选了当时公认的"最佳实践"国别模式，但是，他们更注重与日本既有特征的匹配，因此，他们青睐法国政体而不是英国政体，因为前者比较集权而后者相对分权。之后，第一次世界大战后的日本企业在寻求不引发劳资冲突且提高效率的途径时，却把目光转向了美国（当时的美国工业化进程很快却没有激烈的劳工运动），从中学到了诸如科学管理和福利资本主义等管理实践经验[29]。

第二次世界大战后，欧洲和日本都将美国在第二次世界大战中的胜利归结于其先进的经济和政治体系[30]。20 世纪 50—60 年代，美国的社会科学家们也陶醉于美国制度是世界上最先进的，并扬言其他国家最终都会采纳美国模式。现代化理论家们期望这种趋同不仅体现在商业制度上，还会表现在工会体系（美国的工联主义（Business Unionism）② 被认为是成熟的工会体系）、社会文化（个人主义将取代集体主义）和政治体系（多元民主将成为全球标准，极权主义将在工业化进程中被抛弃）上。需要明确的是，美国当时的对外援助和发展纲要（如日本就业和经济复苏）就要求目标国采纳美国的模式或实践[31]。

───────────

① 译者注：亚历山大·格申克龙是 20 世纪西方著名的经济史专家，其对经济学的主要贡献是他凭借渊博的历史知识和深刻的洞察力，对 19 世纪的欧洲经济发展特别是较为落后的巴尔干地区和拉丁语系国家的经济发展问题给予了全新的解说，提出了具有广泛影响的后发优势理论。这一理论的核心思想是，相对的经济落后并非像人们通常所认为的那样，仅仅是一种劣势，它也具有积极的作用，从而可以变成一种优势。详见《经济落后的历史透视》（*Economic Backwardness in Historical Perspective*）。

② 译者注：工联主义指美国劳工组织的目标，主要内容是共同参与改善工资、工作时间、岗位安全和工作条件的谈判。

20 世纪 50—60 年代，日本的工商业者和政府官员会定期去美国学习，学习那些表面上看很先进的美国模式。用经济发展的行话说，这就是"示范效应"（demonstration effect）①。然而，就像明治维新一样，他们仅仅选择适合日本实践的元素，把学到的东西嫁接到日本既有体制上。最明显的结果就是维持既有结构，日本劳动法就是一例[32]。

美国经济的战后繁荣在 20 世纪 70 年代初告一段落。生产率下降，通货膨胀加大，进口占比逐渐加大，加之越战溃败和布雷顿森林体系的瓦解，美国这个经济巨人似乎受到了重创，不再被吹捧为其他国家的典范。正在这时，"模式多样性"的新思潮开始风靡，首先是欧洲经济体，其次是日本，两者都被认为是美国模式的最佳替代选择。20 世纪 80 年代，美国政治经济学家莱斯特·瑟罗（Lester Thurow）②和法国经济学家米歇尔·阿尔伯特（Michel Albert）③预测欧洲的莱茵模式、日本模式、美国模式这三种模式将在全球化市场中争奇斗艳[33]。

日本模式下的追随者对训练有素的工人、高质量的产品和高效的生产系统都印象深刻。合作（工人和管理层之间的合作、供应商和用户之间的合作、企业和政府之间的合作）被认为是日本成功的关键，日本也成为格申克龙后发优势理论的完美代表[34]。到 20 世纪 80 年代，情况就大不一样了，美国工商业者定期跑到日本去学习精益制造的秘密，而日本企业动用富余资金大肆在美国进行不动产投资。正如早期日本结合本国特点汲取美国模式一样，现在的美国正在努力借鉴和学习品质圈（QCC）、准时生产方式（JIT）和劳资合作。不仅在生产制造领域，日本企业在半导体和其他高技术产业方面俨然超越美国，更不用说超越英国了，在 20 世纪 80 年代，英国甚至把自己充当成日本投资者出口欧洲的低薪加工区[35]。然而，当 20 世纪 90 年代日

---

① 译者注：消费者的消费行为要受周围人们消费水准的影响，这就是所谓的"示范效应"。如果一个人收入增加了，周围人收入也同比例增加了，则他的消费在收入中的比例并不会变化。而如果别人的收入和消费增加了，他的收入并没有增加，但因顾及在社会上的相对地位，也会打肿脸充胖子地提高自己的消费水平。这种心理会使短期消费函数随社会平均收入的提高而整体向上移动。

② 译者注：莱斯特·瑟罗曾在约翰逊总统经济顾问委员会工作一年，还曾任麻省理工学院（MIT）斯隆管理学院院长。瑟罗教授在舆论界和政府决策界影响很大。

③ 译者注：米歇尔·阿尔伯特是法国经济学家，曾任法国计划总署署长、法国保险公司总裁。在著名的《资本主义反对资本主义》（Capitalism contre Capitalism，1991）一书中，将莱茵河流域的西欧国家，主要是德国（还有瑞士、挪威、瑞典等国）所奉行的市场经济模式，称为"莱茵模式"（Rhineland Capitalism）。与英美模式相比，欧洲的莱茵模式具有深厚的社会基础和悠久的历史与文化传统，强调社会保障体系的建立，利用税收和福利政策来实现社会的和谐和公正。米歇尔·阿尔贝特断言，在强势的英美模式面前，莱茵模式所包含的"人文价值"和其社会和谐平等的内涵，仍将具有其顽强的生命力。

本经济陷入滞胀时，美国又夺回了领头羊的宝座，日本经济和欧洲经济进入了缓慢增长期，失业率高居不下。

国别模式的简要历史发展表明：一旦某国宏观经济取得成功，就会成为受困于缓慢增长的其他国家的典范。照此类推，20世纪90年代的美国模式又会被当做治疗欧洲和日本经济停滞不前的灵丹妙药。一度有断言说，莱茵模式、北欧模式、地中海模式和东亚资本主义模式等优于美国模式，可是，美国经济在20世纪90年代的卓越表现，尤其是其创造数以百万计新工作的能力，使得这些断言灰飞烟灭。弹性雇佣、股东优先、分权、风险投资，这些美国模式又占据上位，被奉为标杆。

可是，难题是很难找出哪些微观机制导致了宏观经济的卓越表现。因此，仿效美国模式的人几乎无从下手。抱着打造下一个硅谷的希望，有些国家和企业开始模仿美国的会计准则和实践，有些建立了风险投资基金，有些则试图建立产学研合作机制。

有些愤世嫉俗的人则认为，美国没有什么可资效仿的。在他们看来，美国的成功就是撞大运，只不过是依靠信息和网络技术走出困境的第一个国家而已，有所谓的先发优势罢了。另有一些人认为美国的成功归因于国家经济体系，认为经济体系是由无数个经过长期磨合和相互适应的部件组合而成，他们也不太赞同公司治理的趋同。也就是说，"制度互补性"（institutional complementarities）① 论认为移植一种制度并不一定能够取得相同的效果，即使这种制度移植也许可行[36]。例如，硅谷需要的不仅是风险投资和大学精英，还需要雇员的高度流动性和特殊的知识产权保护。那些由于偶然因素相互契合的制度因素是很难再进行复制的[37]。

正是考虑到了这些因素，奉行模式多样性的学者在模式推崇和鼓吹上变得更加谨慎了。现在，对不同国别模式的利弊分析则有了更深入的检验。从好的方面来看，20世纪90年代美国经济的发展创造了数百万份新工作、成千上万个新企业和一个快速发展的产权投资市场，美国公司治理模式采取股东控制或股东优先则意味着企业作为投资者的代表而愿意冒险；从不好的方面来看，工资缓慢增长和分配不均，生产效率与西欧相当，人口增长率却低于其他发达国家（包括日本）。2001年美国的繁荣期过后，随着管理层的自利交易和弱势董事会的新闻曝光，股东导向型治理模式的弊端更是一览无

---

① 译者注：制度互补性，又译为制度补给，是指一个特定制度体系中的各个组成要素是不可分离的。具体而言，在一个经济体中，存在多种制度要素（包括正式的和非正式的），这些制度要素相互结合，相互作用，共同形成一个有机的整体。

遗。尽管如此，美国企业的生产率最近还是得到了快速的发展，如果可以持续的话，那么，美国模式的支持者就又有了吹捧的理由，当然，前提是美国经济不会被国际贸易赤字和国内预算赤字所压垮[38]。

不过，仍有许多事情不甚明了，由技术先发优势而驱动的美国"新经济"是否能够持续太久也说不定。自 20 世纪 50 年代以来，事实上美国似乎在每个发展阶段都享有优势，可是，很快就被来自不同体制下的某个海外经济体所超越。晶体管、集成电路的年代是如此，半导体年代也是如此。接下来历史还有可能会重演，也可能不会重演[39]。任一时点的经济成功往往都是在恰当的时间拥有恰当的资源，或许这就是撞大运。如果不知道是什么导致一国经济的成功，也不知道该国企业为什么能够成功，那么，趋同理论鼓吹者所认为的模仿就会少一些，模式趋同也会少一些。

不妨以公司治理为例，在 20 世纪 90 年代后期，普遍批评"亚洲四小龙"经济不景气和复苏缓慢的原因是其会计"不透明"和任人唯亲的公司治理体系，日本也遭到同样的批评。进行比较后，公司治理的典范都是美国，其股权更为分散，董事会规模更小，外部董事更多，这些特征是造成 20 世纪 90 年代美国股票价格飞涨和经济高速增长的原因。

人们没有看到的是，那时美国公司治理模式与英国、加拿大基本相同，后两者的经济在 20 世纪 90 年代还很落伍。20 世纪 90 年代，英国人均 GDP 水平低于日本，产出增长也落后于德国。从 1980 年到 20 世纪 90 年代末期，英国在全球的人均收入排名实际上是有所下滑的，而当时英国正在仿效美国公司治理模式。加拿大的情况则更糟：尽管以美国的标准来看加拿大公司的治理体系令人羡慕，但同期人均 GDP 却从全球第三位下滑到第七位[40]。

且不论华尔街和美国的骄傲自大，人们注意到，认为股东优先对美国经济发展的贡献更多是基于盲信而非事实，要知道英国和加拿大同样推崇股东优先。公司治理模式对美国经济贡献的内在机理可谓语焉不详，因此，很多国家想仿效美国公司治理模式的热情就大大消退了。

趋同理论还面临着其他挑战。社会学家认为一国主导制度支配模式与经济增长的关联性远没有现实反映的那样紧密。正如经济学家理查德·弗里曼（Richard Freeman）① 所论，假设存在管制企业的最优制度且市场也遵循这些最优制度（经济学家们老是这样假设），那么，经济增长就会达到峰值。

---

① 译者注：理查德·弗里曼是哈佛大学经济系哈伯特·阿舍曼（Herbert Ascherman）讲座教授，哈佛大学贸易联盟项目共同主席，美国国家经济研究局（NBER）劳动研究项目负责人，伦敦经济学院经济绩效研究中心高级研究员。

历史证据表明，模式多样性的经济体系促进了经济的发展，所谓的最优模式是一时狂热而致，后来都被证实是昙花一现。还是以公司治理为例，数据表明不同公司治理类型与人均GDP的变化无关。因此，再次重申，要对只有一种最优制度的断言保持警觉[41]。

趋同理论的另一不足是它往往忽视或忽略了一个国家内的模式多样性。对于小国（小国内部要相对同质化一些）来说，这似乎不是个大问题。可对于大国来讲，则不尽其然。关于趋同理论的研究往往给出的是韦伯式的"理想形式"（Ideal Type）[①]，而不是经济大国内体制的真实描述。主导制度支配模式学派关注国家的平均值却忽略了一国内部的离差（见图1-1）。日本一直就被认为是个地地道道的二元经济实体，其大企业与中小企业的差异很大，如今，日本出口导向型企业与立足于本国的零售企业和建筑企业的差异会更大。美国也是如此，需要进行分类研究，如工会化企业和非工会化企业、私营企业和股份公司、多元化公司和专业化公司等。因此，在日美的某些产业部门，两国企业之间的相似性甚至超过同国企业之间的类似程度，这就导致了如图1-1所示的交叉分布现象。

当然，这也引发了一个思考：是不是全球化导致了全球同一产业内部的趋同，进而使同国企业间更加分散甚至不收敛于一国平均值呢？不妨看看经济学家哈里·C. 卡茨和欧文·达比希尔所著的《趋同中的差异性》[②] 一书，答案是肯定的。他们在欧美电信和汽车业的雇佣体系中找到了证据。过去，在不同的国家体制下，企业有着不同的雇佣方式，如集体谈判（每个国家的法律和惯例不同）。今天，通过卡茨和达比希尔的分析知道，国家体制所带来的影响要比科技和产业竞争水平的影响小得多。但是，产业内的模式趋同与趋同理论的观点仍有很大不同：前者被限制在特定产业部门，暗示宏观层面的国家体制差异性正在缩小。而且，产业内模式趋同反映出一国经济体系正在多个维度进行相互借鉴和仿效，而非趋同于美国模式，例如，欧美汽车企业学习日本，日本金融行业则倾向于借鉴美国的分权工资谈判体系[42]。

趋同性/多样性争论的难点之一就是经济体会以不同方式去适应共同的外界压力。在适应阶段的后期，机制虽然变化了（各国的经济机制都会有所不同），但国家间的差异仍然存在。路径依赖理论对此有详细的解释，国

---

① 译者注：在韦伯（Max Weber）看来，当一位社会学家提出了某个问题，那个问题必然有他所主张的价值观。然而在实际研究时，社会学家则必须要做到客观和超然，但是，无可避免地会有部分的主观存在，这种无法归纳成特定现象的特征被韦伯称做"理想形式"。

② Harry C. Katz, Owen Darbishire, *Converging Divergences: Worldwide Changes in Employment Systems*, Cornell University Press, 1999.

家从不同的起点开始发展，然后沿着各自的轨道前进。随着时间的推移，各国经济制度相互影响，互为补充。想想往复式和回转式活塞发动机：构造不同，可功能、转矩或功率是相同的[43]。

有些国家被经济学家大卫·索斯基称为"合作市场经济"①，并从公司金融、劳资关系、行业内部关系和培训系统四个维度分析这种经济模式的特点。例如，瑞典经济中形成合作的因素或许不同于德国、芬兰和日本，可这些不同因素的目标却是一致的[44]。

对美日的观察也得到了同样的结论。日本常常被批评缺乏像美国那样高度发达的风险投资，这也就是为什么日本软银（Softbank）②的成功在20世纪90年代末期引起震惊的原因。当时，人们还没有清楚地认识到日本有替代机制去支持新的风险投资：在大企业内部进行培育，时机成熟后予以剥离而成为新的实体。公司治理领域也是类似的殊途同归，德日美的公司治理体系大相径庭，但当企业业绩萎靡不振时，在更换高管上却近乎一致。这正是良好公司治理体系所应做出的反应[45]。

外部环境变化时，每个国家体系都会逐渐适应，努力使其与既有体制相匹配。不过，并不能保证在一国行之有效的方法在另一国同样奏效。尽管从理论上一国应该实施一套全新的制度，可历史的沉没成本和未来收益的不确定性却让他们亦步亦趋，更多的是选择渐进改良而不是变革[46]。

以电信产业为例，20世纪80年代的技术创新引发了对当时电信管制的质疑，但是各国（包括美国）都没有全面放松管制。而是采取了渐进适应的政策，这被政治科学家史蒂芬·福格尔③称为"再管制"，而国别间的差异被保留下来，尽管不同国家所采取的不同适应政策是朝着同一方向前进的。钢铁行业也是如此。自20世纪70年代以来，发达国家钢铁行业的产能长期过剩，并受低成本生产者的竞争所困。所有发达国家的钢铁行业都压缩了产能，但达到这个目标所采取的手段却不同，有的是通过裁员和破产来缩减规模，有的是减薪，有的是结合政府补贴来逐渐削减职位等。现有的劳工管理和政企关系左右了调整战略的选择。第三个实例来自于汽车产业。20世纪80年

---

① 译者注：彼得·霍尔（Peter Hall）和大卫·索斯基（David Soskice）在他们编辑出版的《资本主义的多样性》（*Varieties of Capitalism*）一书中，将企业（firm）作为研究不同资本主义模式的中心。他们采用以德国为代表的"合作式"或"协调式"（coordinated market economies）和以美国为代表的"自由式"（liberal market economies）的市场经济来区分不同的资本主义模式，而没有使用英美模式或莱茵模式这两个术语。

② 译者注：日本软银于1981年在日本创立，是全球非常成功的一家IT风险投资商。

③ 译者注：Steven K. Vogel，"International Games with National Rules：Competition for Comparative Regulatory Advantage in Telecommunications and Financial Services"，Working Paper，1996.

代，美国汽车制造商面临质量挑战，最初想模仿日本汽车产业的质量实践，但很快发现在美国模式下难以如愿，最终还是选择了适合本国的模式[47]。

路径依赖同样可以解释日美之间的复杂关系。北半球这两个发达国家产业效率相近，要素禀赋也差不多，高水平的交流合作也非常广泛，那么是什么形成了两国之间的比较优势呢？路径依赖表明，不同国家起点和随后的路径可以引发制度的多样性，有些国家制度的集群效应或许会比其他国家所选择的创新战略和企业战略要更好些[48]。企业，甚至国家，可以在特定类型产品市场上通过专业化而赢得国际市场，这是因为不同制度结构下的竞争者是很难效仿的。以高培训投入人力资本为例，德国强调产业专属技能（craft skills）的培训，日本强调企业专属技能（firm-specific skill）的培训，美国强调通用技能（general skills）的培训。其中，日本的企业专属技能培训强调基于制造的技术培训、逐步改善和全面质量管理，而美国的通用技能培训鼓励人员流动和高额短期回报。路径依赖不仅为北半球发达国家之间的贸易做出解释，还揭示了这样一个宝贵的经验：保持制度多样性能够使各国从国际贸易中持续获利[49]。

趋同理论的含义很简单。总体来讲，正如不同发动机所产生的马力/转矩或许一样，不同的国家制度也可获得相同的结果。更进一步，就像有些发动机更适合汽车，而有些发动机则更适合轮船。事实上，不同的国家制度对应的企业生产效率也有所不同，这能让各国企业占领不同的细分市场。从这个角度看，国家间不仅在结构上相异，在功能上也各自不同，一国成功的借鉴和学习应该可以避免该国既有优势的消失。来自共同外部环境变化的趋同压力兴许可以抵制或形成保持多样性制度的混合形式。

从这些现象可以得出日美企业人力资源经理地位和雇佣实践本质的四个推断：

第一，国别模式趋同的争论。现今，美国是其他国家（包括日本）的模范，因此，可以预期看到日本企业会更加以市场为导向，朝着股东导向型公司治理模式发展，与职员、其他企业和政府的关系会弱化。导致这种趋同的压力可能来自多方面，可能是源于产品市场或金融市场，也可能是立法的结果。不管怎样，日本企业的平均值会朝着美国方向移动，如图1-1所示，结果是日本人力资源部门的职能弱化。

第二，根据趋同性/多样性理论，企业的公司治理模式选择受国别间模式差异性（包括日美）的影响会减弱，更多是受产业间竞争的影响以及企业之间的相互影响。学习和借鉴是双向的，且更多不是国别模式之间的学习和借鉴，结果是国别间平均值都会下降。同时，一国内离差（围绕均值的波动)将会增加。至于人力资源经理,更多的将会成为产业专属商品,在日美企业之间流动,促进观念和实践的借鉴和学习。

第三,根据弱路径依赖推断,一国经济体系将以近似的方式适应共同环境的变化,但这些适应会符合该国既存制度,结果就是出现模式的混合。如图 1-1 所示,国别模式将向相同的方向移动(日美企业都将是市场导向型),但两个国家平均值之间距离可能不会改变。而对于人力资源部门来讲,这或许意味着日美企业都将更加分权化,但因两国企业组织结构不同而会有所不同。

第四,根据强路径依赖推断,一国经济体系将保留各自的特点,以维持其比较优势,因为它们发现要改变复杂的依存状况是要花费不少成本的,或是固有兴趣在阻碍改革的同时也增加了惯性。图 1-1 所示的图形会保持不变,可谓万变不离其宗[50]。

要理解日美企业的发展,要判断模式趋同是否正在发生,需要近距离观察那些影响各国经济命运的大企业。诚然,人力资源经理的地位对于世界各国和企业的发展都是微不足道的,但研究这些经理和他们的所为给观察治理模式的变革提供了独特的视角和特有的优势。人力资源经理在经济环境和企业实践间起着协调作用,所以,其在组织中的地位对众多决策也影响广泛,包括企业战略、雇佣政策和公司治理等方面的决策,这些决策构成模式多样性的核心。

图 1-1 是本书框架的指南。第 2 章分析传统的日本企业体系,帮助大家认识真正的日本企业,也就是 20 世纪 80 年代早期的集权模式,还会分析过去 20 年间的变革压力。第 3 章深入介绍日本大企业进行实地调研的结果,重点是当代日本企业治理模式和雇佣实践的多样性。第 4 章研究美国企业人力资源部门的演进,主要是研究传统的美国企业体系以及 20 世纪 80 年代以来的变化。第 5 章给出美日企业实地调研的一系列对比结果,分析美国企业的多样性,以及日本产业之间的离散程度。第 6 章利用美日两国现阶段集权趋势的调查数据,评估两国平均值的距离有多近(或多远)。第 7 章是本书的总结和结论。

参考文献:

1. Peter A. Hall and David W. Soskice, eds., *Varieties of Capitalism: The Institutional Foundations of Comparative Advantage* (New York, 2001); Mark J. Roe, *Political Determinants of Corporate Governance* (New York, 2003).

2. For example, Mauro F. Guillén, *The Limits of Convergence* (Princeton, 2001); Rafael LaPorta, Florencio Lopez-de-Silanes, and Andrei Shleifer, "Corporate Ownership around the World", *Journal of Finance* 54 (April 1999). 471 – 517.

3. Robert Freeland, *The Struggle for Control of the Modern Corporation: Organizational Change at General Motors*, 1924 – 1970 (Cambridge 2001).

4. For exceptions see Jeffrey Pfeffer, *Power in Organizations* (Marshfield, 1981) and Neil Fligstein, "The Intraorganizational Power Struggle: Rise of Finance Personnel to Top Leadership in Large Corporations", *American Sociological Review* 52 (1987), 44 – 58; James G. March, "The Business Firm as a Political Coalition". *Journal of Politics* 24 (November 1962), 662 – 78; Lucian Arye Bebchuk and Jesse M. Fried, "Executive Compensation as an Agency Problem", NBER Working Paper no. 9813 (July 2003).

5. For an early statement of this view, see Reinhard Bendix, *Work and Authority in Industry: Ideologies of Management in the Course of Industrialization* (New York, 1956).

6. Susan Helper, "Economists and Field Research: 'You Can Observe a Lot Just by Watching'", *American Economic Review* 90 (May 2000), 228 – 32; Kathleen M. Eisenhardt, "Building Theories from Case Study Research", *Academy of Management Review* 14 (1989) 532 – 50.

7. Todd D. Jick. "Mixing Qualitative and Quantitative Methods: Triangulation in Action", *Administrative Science Quarterly* 24 (December 1979), 602 – 11.

8. Michael Porter, Hirotaka Takeuchi, and Mariko Sakakibara, Can *Japan Compete?* (London, 2000); Chalmers A. Johnson, MITI *and the Japanese Miracle: The Growth of Industrial Policy*, 1925 – 1975 (Stanford, 1983); Ulrike Schaede, *Cooperative Capitalism: Self-Regulation, Trade Associations, and the Antimonopoly Law in Japan* (Oxford, 2000).

9. Ronald Dore, *Flexible Rigidities: Industrial Policy and Structural Adjustment in the Japanese Economy* (Stanford, 1986).

10. Richard Katz, *Japanese Phoenix: The Long Road to Economic Revival* (Armonk, N. Y., 2002).

11. Masaru Yoshitomi, "Whose Company Is It? The Concept of the Corporation in Japan and the West", *Long Range Planning* 28 (August 1995), 34.

12. Yashiro Naohiro, *Jinjibu wa Mō Iranai* (Tokyo, 1998).

13. Marie Anchordoguy, "Japan at a Technological Crossroads: Does Change Support Convergence Theory?" *Journal of Japanese Studies* 22 (Summer 1997), 363 – 97.

14. Robert J. Ballon and Keikichi Honda, *Stakeholding: The Japanese Bottom Line* (Tokyo, 2000); Nobuo Tateisi, "Corporate Governance in Tomorrow's Japan", *Glocom Platform* (August 2001).

15. Toyohiro Kono, "A Strong Head Office Makes a Strong Company", *Long Range Planning* 32 (April 1999), 225 – 36. Also see Margarita Estevez-Abe, Peter Hall, and David Sos-

kice, "Social Protection and the Formation of Skills: A Reinterpretation of the Welfare State", in Hall and Soskice, *Varieties of Capitalism*, 145 – 83.

16. It is worth noting that after a decade of being a laggard, Japan's GDP growth rate at the end of 2002 was the fastest among the world's fifteen richest nations, and it surpassed the United States and the Euro area in 2003. On the other hand, although real growth has been positive for eight consecutive quarters, deflation has caused slower growth in nominal terms. OECD, *Quarterly National Accounts*.

17. Sanford M. Jacoby, *Modem Manors: Welfare Capitalism since the New Deal* (Princeton, 1997).

18. William G. Ouchi, *Theory Z: How American Business Can Meet the Japanese Challenge* (New York, 1981); Robert Hall, "The Importance of Lifetime Jobs in the U. S. Economy", *American Economic Review* 72 (September 1982), 716 – 24.

19. Peter Cappelli, "Rethinking Employment", *British Journal of Industrial Relations* 33 (December, 1995), 1563.

20. Louis S. Csoka, *Rethinking Human Resources*, Conference Board Report No. 1124 – 95-RR (New York, 1995), 31.

21. Jay Barney, "Firm Resources and Sustained Competitive Advantage", *Journal of Management* 17 (1991), 91 – 120; Nicolai J. Foss, ed. , *Resources, Firms, and Strategies* (London, 1997).

22. The concept of "efficiency wages" is helpful to understanding the resource based approach.

23. Jeffrey Pfeffer, *The Human Equation: Building Profits by Putting People First* (Boston, 1998).

24. Robert Wade, "Globalization and Its Limits: Reports of the Death of the National Economy Are Greatly Exaggerated", in Suzanne Berger and Ronald Dore, eds. , *National Diversity and Global Capitalism* (Ithaca, 1996).

25. Leonard Schoppa, "Japan: The Reluctant Reformer", *Foreign Affairs* 80 (September-October 2001). 76 – 90.

26. Ronald Dore, "Where Are We Now? Musings of an Evolutionist", *Work, Employment, and Society* 4 (December 1989), 425 – 46; Albert O. Hirschman, *Exit, Voice, and Loyalty: Responses to Decline in Firms, Organizations, and States* (Cambridge, Mass. , 1972). Other terms for labeling these poles are 'status' and 'contract'. Sir Henry Maine's oft-quoted "law of progress" – "the movement of the progressive societies has hitherto been a movement from Status to Contract"-was an apt description of the Anglo-American experience of the nineteenth century. But later it was qualified by the organizational revolution of the twentieth century, which shifted the pendulum back from contract to status through citizenship rights and membership rights of corporate employees. Now it appears that the pendulum is swinging again.

Sir Henry Sumner Maine, *Ancient Law* (London, 1931), 141; Frank Tannenbaum, *A Philosophy of Labor* (New York, 1951); Wolfgang Streeck, "Status and Contract as Basic Categories of a Sociological Theory of Industrial Relations", in Streeck, ed., *Social Institutions and Economic Performance: Studies of Industrial Relations in Advanced Capitalist Economies* (Beverly Hills, 1999).

27. Alexander Gerschenkron, *Economic Backwardness in Historical Perspective* (Cambridge, Mass., 1962).

28. D. Eleanor Westney, *Imitation and Innovation: The Transfer of Western Organizational Patterns in Meiji Japan* (Cambridge, Mass., 1987).

29. Andrew Gordon, *The Evolution of Labor Relations in Japan: Heavy Industry*, 1853 – 1955 (Cambridge, Mass., 1985); Sanford M. Jacoby, "Pacific Ties: Industrial Relations and Employment Systems in Japan and the United States since 1900", in Howell J. Harris and Nelson Lichtenstein, eds., *Industrial Democracy in America* (Cambridge, Mass., 1993), 206 – 48.

30. Jonathan Zeitlin and Gary Herrigel, eds., *Americanization and Its Limits: Reworking US Technology and Management in Postwar Europe and Japan* (Oxford, 2000).

31. Clark Kerr, John T. Dunlop, Frederick Harbison, and Charles Myers, *Industrialism and Industrial Man: The Problems of Labor and Management in Economic Growth* (Cambridge, Mass., 1960); John W. Dower, *Embracing Defeat: Japan in the Wake of World War* II (New York, 1999).

32. William Tsutsui, *Manufacturing Ideology: Scientific Management in Twentieth Century Japan* (Princeton, 1998); William B. Gould, *Japan's Reshaping of American Labor Law* (Cambridge, 1984).

33. Lester Thurow, *Head to Head: The Coming Economic Battle among Japan, Europe, and America* (New York, 1992); Michel Albert, *Capitalism vs. Capitalism* (New York, 1993).

34. Ezra F. Vogel, *Japan as Number One: Lessons for America* (Cambridge, Mass., 1979); Ronald P. Dore, *British Factory, Japanese Factory: The Origins of National Diversity in Industrial Relations* (Berkeley, 1973); William G. Ouchi, *The M-Form Society: How American Teamwork Can Recapture the Competitive Edge* (Reading, Mass., 1984).

35. Robert E. Cole, *Managing Quality Fads: How American Business Learned to Play the Quality Game* (New York, 1999).

36. Henry Chesbrough, "The Organizational Impact of Technological Change", working paper, Harvard Business School, 1999.

37. Alan Hyde. "The Wealth of Shared Information: Silicon Valley's High-Velocity Labor Market, Endogenous Economic Growth, and the Law of Trade Secrets", unpublished ms., Rutgers University Law School, Newark.

38. Richard B. Freeman, "The U. S. Economic Model at Y2K: Lodestar for Advanced Capitalism?" NBER Working Paper no. 7757 (2000); U. S. Bureau of Labor Statistics, various; "The 'New' Economy", *Economist* (13 September 2003), 61 – 63.

39. Leonard H. Lynn, "Technology Competition Policies and the Semiconductor Industries of Japan and the U. S. : A Fifty-Year Retrospective", *IEEE Transactions* 47 (2000), 200 – 210; Jeffrey Macher, David C. Mowery, and David Hodges, "Reversal of Fortune? The Recovery of the U. S. Semiconductor Industry", *California Management Review* 41 (1998), 107 – 36.

40. Freeman, "The U. S. Economic Model at Y2K", 9; "Waiting for the New Economy", *Economist* (14 October, 2000), 70 – 77; "A British Miracle?" *Economist* (25 March 2000), 57; "Desperately Seeking a Perfect Model", *Economist* (10 April 1999), 67 – 68; "Debating the New Economy", *Business Week* (12 July 1999), 26.

41. Richard B. Freeman, "Single-Peaked vs. Diversified Capitalism: The Relation between Economic Institutions and Outcomes" NBER Working Paper no. 7556 (2000); Frank Dobbin; *Forging Industrial Policy: The United States, Britain, and France in the Railway Age* (Cambridge, 1994), 233; Andrei Shleifer and Robert Vishny, "A Survey of Corporate Governance", *Journal of Finance* 52 (1997), 755.

42. Harry C. Katz and Owen Darbishire, *Converging Divergences: Worldwide Changes in Employment Systems* (Ithaca, 2000).

43. Masahiko Aoki, "Unintended Fit: Organizational Evolution and Government Design of Institutions in Japan", in Masahiko Aoki, Hyung-ki Kim, and Masahiro Okuno-Fujiwara, eds. , *The Role of Government in East Asian Economic Development: Comparative Institutional Analysis* (Oxford, 1997), 233 – 53.

44. David Soskice, "Reinterpreting Corporatism and Explaining Unemployment: Coordinated and Non-coordinated Market Economies", in R. Brunetta and C. Dell' Arringa, eds. , *Labour Relations and Economic Performance* (London, 1990). The United States is *not* considered a coordinated market economy, coordination is primarily achieved through market relations.

45. Chesbrough, "The Organizational Impact of Technological Change"; Steven N. Kaplan, "Top Executive Rewards and Firm Performance: A Comparison of Japan and the U. S. ", *Journal of Political Economy* 102 (1994), 510 – 46; Kaplan, "Top Executives, Turnover, and Firm Performance in Germany, *Journal of Law, Economics, and Organization* 10 (1994), 142 – 59.

46. Paul David, "Path Dependence, Its Critics, and the Quest for 'Historical Economics'", in P. Garrouste and S. Ionnides, eds. , *Evolution and Path Dependence in Economic Ideas: Past and Present* (Cheltenham, 2001).

47. Steven K. Vogel, *Freer Markets, More Rules: Regulatory Reform in Advanced Industrial Countries* (Ithaca, 1996); Trevor Bain, *Banking the Furnace: Restructuring of the Steel*

Industry in Eight Countries (Kalamazoo, Mich. , 1992); Robert E. Cole, *Small Group Activities in American, Japanese, and Swedish Industry* (Berkeley, 1989).

48. Richard R. Nelson, *National Innovation Systems: A Comparative Analysis* (Qxford, 1993).

49. Aoki, "Unintended Fit"; Lucian Arye Bebchuk and Mark J. Roe, "A Theory of Path Dependence in Corporate Governance and Ownership", *Stanford Law Review* 52 (1999), 127 – 70; Michael Storper, "Boundaries, Compartments, and Markets: Paradoxes of Industrial Relations in Growth Pole Regions of France, Italy, and the United States", in S. M. Jacoby, ed. , *Workers of Nations: Industrial Relations in a Global Economy* (New York, 1995). Of course, if economic results are not meeting threshold-as in the former Soviet Union-there might be a case for more drastic institutional change, that is, for punctuating an equilibrium.

50. Mancur Olson, *The Rise and Decline of Nations* (New Haven, 1984).

第2章

日本公司治理和雇佣关系的传统模式

关于日本企业人力资源部门的大多数研究肇始于 20 世纪 90 年代初，那时，改革传统公司治理模式和实践的呼声还不够响亮和坚定。20 世纪 80 年代，日本模式的被推崇仍处于巅峰时期，日本大企业的总部设有人力资源部门，编制约为雇员总数的 1%，是同类美国大企业的 2 倍[1]，不仅如此，企业人力资源部门还富有权势，影响力颇大。原因是多方面的，有企业内部因素的影响，如雇佣关系、劳动关系、公司战略和公司治理等，也有日本战后平权思潮等社会因素的影响。本书研究将深入细致地分析这些因素，然后分析日本经济和社会正在发生的变革，这些变革正在挑战日本企业人力资源部门的集权地位。

2.1 组织导向型雇佣政策

大型日本企业人力资源部门之所以如此规模庞大且富有权势，原因之一是企业组织导向意识在企业内部拥有广泛而深远的影响。大型日本企业的人力资源部门非常关注员工利益、培训管理、职业发展、"终身"职业规划等无所不包，还与无所不在的企业别工会展开合作，依据个人因素（如年龄、年资和功绩）而不是市场因素确定员工薪酬标准，集中管理员工培训、职工生活和全员福利（如宿舍、洗衣房、度假设施等）。

造成日本企业人力资源职能无所不包的原因是多种多样的，可能是社会保障的不足，也可能是持续劳工运动导致的技工短缺；有些要追溯到 20 世纪 40—50 年代，有些则源于 20 世纪初。随着时间推移，这些因素之间相互影响，盘根错节。长期雇佣和企业间员工流动缺乏，都相应增大了企业的培训支出[2]。企业别工会尽管会让雇员相信企业专属技能投资会得到公平回报，但也会告诉雇员另谋新路是没有多少可能的。蓝领工作的"白领化"、中层经理加入工会都有助于把工会和企业的利益结合起来。尽管组织内部的提拔主要依靠个人能力，但将薪酬与资历挂钩的做法可以让企业的"终身雇员"形成公平感。长期雇佣为人力资源部门提供了稳定的信息流，这些信息可以帮助人力资源经理判别雇员的能力，并将其安置到适当的工作岗位。因此终身雇佣制、年功序列制、企业别工会这三大雇佣政策支柱能够相得益彰[3]。

企业总部人力资源部门的职责是通过标准化规则和程序来管理企业内部的劳动力市场，同时也负责招募应届毕业生。时间一长，人力资源部门就成为雇员工作经历和能力信息的知识库，有能力来甄别谁更适合在企业某个层级中担任什么样的职务。总部人力资源部门还负责两项劳动密集型工作，即员工培训和福利管理[4]。

通常，企业人力资源部门的权力与该企业工作岗位同质性程度有关。在单一岗位职业占主导的企业中，如汽车业以蓝领组装工人为主或银行业以白领职员为主，可以通过集中管理实现人力资源职能活动（如招募、培训和薪酬等）的规模经济。当然，工作岗位同质性程度与企业本身组织结构有关，也就是与企业选择专业化还是多元化的战略决策有关。

2.2　专业化战略和子会社组织结构

与美国企业相比，日本企业一直都以集权化和专业化而著称。到20世纪80年代中期，3/4以上美国企业采用的是分权的M型组织结构，这种组织结构在第二次世界大战后开始流行。M型组织结构下，事业部在实现总部制定的战略目标和财务指标方面有很大的自主权。然而，当时多数日本企业（55%～60%）都是采用职能型或U型组织结构，销售、财务、计划和人力资源职能都集中在总部，在总部和分部之间没有事业部或其他层级，多元化程度非常低[5]。

有学者把日本U型组织结构的流行看做是经济不成熟的标志。他们没有认识到的是，由于日本企业可以很方便地建立分部或子公司（Kogaisha）①，因此，它们不太需要M型组织结构，对其兴趣也不大。当母公司核

---

①　译者注：在本书中，Kogaisha可以被理解为分部或子公司，但有别于美国集团企业下的事业部。有时，Kogaisha指日本大型株式会社的下级机构。在有些文献中，Kogaisha是指日本汽车制造商的下属供应商。

23 心技术和战略能力与新技术或新细分市场不太匹配之时，日本企业就会进行分拆，这能让母公司只需"自扫门前雪"即可，还可减少规模不经济和范围不经济。同时，分拆之后的子会社比留在母公司内会有更多的独立性。有些子会社最终摆脱了子公司地位而成为一个完全独立的实体，即使母公司仍拥有股权。1988 年，东芝公司旗下拥有 33 家超过 50% 股份的子会社，还拥有 200 多家不到 50% 股份的子会社[6]。子会社或分部通常从事母公司的附属业务，在母公司面临挑战时还会被要求吸纳母公司的富余员工。日美企业的比较显示，大型日本企业的多元化程度并不明显，这可能才是个中原因。打个比方，大型美国企业看起来像是苹果，一个整体，而大型日本企业看起来像橘子，可以分成一瓣一瓣的，而每一片都是完整的[7]。

为什么分拆曾经在（现在也是）日本大型企业中更流行，对此看法不一。有些研究人员认为这是日本资本市场不完善所致，有些研究则认为这反映了日本企业偏爱专业化和基于核心能力展开竞争的管理哲学。在非相关多元化上，后一类研究认为日本企业比美国企业的 U 型组织结构更有效。与结合了 U 型组织结构的子会社组织结构相比，U 型组织结构被认为更官僚，内部竞争更少，更不专注[8]。再有，相对于美国而言，日本企业进行分拆的法律和监管成本都比较低，这部分归因于会计准则的不同。在过去，日本会计准则允许母公司上报不合并财务报表的销售收入，因此，转移到子会社/分部的劳动力成本和其他成本就不会出现在母公司的会计科目中。业绩不佳的母公司可以通过这种方法来转移成本，这是最近几年分拆现象增多的原因之一[9]。

日本企业分拆成本较低的另一个原因是社会控制和声誉约束，这比美国模式下的合同和诉讼能更有效地抑制投机行为，而且，社会控制和声誉约束在日本越来越强[10]。总而言之，子会社组织结构的流行能够降低企业业务的异质性程度，从而能够让高集权变成可行。

20 世纪 80 年代以前，只有 40% ~45% 的日本企业采用了分权制。与美国企业相比，日本 M 型结构下的事业部更少，而且与多元化的关系不大。

24 当日本企业开始多元化时，也只是谨慎地向相关产业扩展。与此同时，总部却在市场营销、财务和人力资源部门更加集权[11]。例如，日本松下电器是一家像美国通用电气公司一样庞大的企业，拥有很多子会社/分部，可其销售、市场营销、研发和人力资源职能仍然集中在总部。这种结构是典型的日本式 M 型企业。这就是为什么日本企业总部员工数以前和现在都比典型的欧美跨国公司要多的原因，甚至有学者认为前者总部员工数是后者的 5 倍之多[12]。

总部庞大的主要优势是能够协调和整合子会社之间在相近市场所从事的

运营活动。子会社各自独立运营，可仍期望在研发和人力资源共享方面、采供战略联盟方面有合作。长期的跨部门团队在日本企业很常见，基于分部绩效的奖励奖金却很少，甚至根本就不存在，而在美国企业内部，根据事业部绩效好坏的奖励奖金却非常可观[13]。

在这样的体系下，通过帮助子会社在营销、生产和研发领域建立专长，总部能够识别和建立企业的核心能力。同其他部门一样，人力资源部门要在整个企业范围内累积和共享知识。最终，企业竞争的是这些无形资产和默会知识，这就是欧美企业中盛行的企业资源观[14]。

庞大总部的职能设置看起来会引发子会社层面的职能重复设置，这不太划算。不过，在日本企业中，子会社的地位和职能有限，这意味着扁平组织结构能够和庞大的总部相共存。如果子会社之间在研发和市场方面有非常紧密的关联，那么，把这些职能集中到总部并因此实现规模经济是可行的[15]。

职能有限的子会社或许就是一家有实力的制造工厂，那么它就是研发和生产专家共同提升的重要场所。日本东芝公司也是一家与美国通用电气公司很像的多元化电子企业，在1949年开始引入子会社组织结构，到20世纪70年代子会社制得以完全确立。然而东芝公司的子会社并没有像通用电气公司的事业部那样享有太多的自治权。就这两家公司而言，负责战略规划和分部间合作的总部职能不太相同，负责生产和应用开发的半自治专门工厂也不太相同[16]。

认为日本企业进行资产分拆完全无效的说法显然是错误的。在东芝，某些重要子会社在总部拥有相当大的话语权，如20世纪70年代的工业电子部门和90年代的半导体部门。而在松下，当电视分部和录像机分部都开始生产VCR时[17]，这种子会社之间的竞争确实是有点儿痛苦。但与美国企业进行横向对比，日本企业子会社无论是在纵向还是在横向上都比美国企业的事业部缺少自治权。

日本企业与美国企业的另外一个不同是日本企业不够多元化，即便是在20世纪80年代，那时日本企业开始将富余现金投到新的不相关业务，因为它们追求的不仅是新市场（在这些新市场中进行收购往往是非常困难的），还要给现有雇员创造新的就业机会。有些新业务投资是成功的，有些则失败了。以雇员为导向的日本投资模式经常受到指责，在那些认为应该将富裕现金分红给股东的人来看更是如此。最终，企业的多元化水平远低于美国企业，在很大程度上这归于日本企业将不相关业务进行独立运营，或是将它们转成独立子公司[18]。

日本企业人力资源部门的集权和其业务所选择的聚集战略、低度多元化这两者之间是相互促进的。在日本企业中，往往期待总部人力资源部门能够采用"柔性"管理手段来维护企业的统一，如强势企业文化、高强度员工培训、标准化的工作环境、不同部门管理人员的轮岗。因为权力集中在总部人力资源部门，即使子会社的人力资源部门有一定的权力，通常也只是处于次要的位置。M 型结构的日本企业在子会社层级配置有人力资源职能的还不到同类美国企业的一半[19]。

抬高了人力资源部门地位的因素，却会弱化了财务部门的地位。子会社因技术共性或市场共性而分立，再加上长期雇佣和内部流动会促进企业专属技能的积累，因此，总部高管对不同子会社有很深入的了解，在决策时无须太多依赖财务部门的支持。子会社的评估指标相当缺乏，还包括子会社之间的协同性和技术共享也是如此。

很多日本企业高级经理人都接受过工程师培训，"做事而非赚钱"[20]的企业文化似乎与生俱来。就像非常注重技术背景的德国企业一样，日本企业高度重视产品质量，哪怕有时意味着增加成本也在所不惜。这种产品至上的理念使得日本企业中工程师背景的经理们对财务部门比较排斥，他们更愿意和人力资源部门结盟，从而保证对员工进行必要的培训，生产出高质量的产品。这样做的直接后果是，在企业内部人力资本投资上，财务部门更多的是资金的支出者，而不是人力资本投资的评判者。批评者认为这些做法会让总部对职能部门目标的实现干涉过多，其实，在典型的 M 型组织中，职能部门的目标之一就是监控各个企业分部，以及确保股东在利益分配中受益[21]。

正是如此，在一项跨国调查中，相对于美国企业高管，日本企业高管并不认为财务部门有多大影响力；相反，日本企业高管认为人力资源部门的影响力更大。也就是说，相对于美国企业而言，日本企业不太重视财务部门及其"硬性"管控，而更加推崇人力资源部门及其"柔性"管理[22]。

2.3　造王者的人力资源部门

日本企业人力资源部门的影响力主要源于其企业造王者（Kingmakers）①的荣誉。大多数日本企业经理人毕生都只是在一家企业里打拼，通常都是很

---

① 译者注。此处的 Kingmakers 指的是日本企业人力资源部门拥有人事任命、晋升大权，以"造王者"涵盖此意。

多年之后才被提拔为企业高管。对于日本企业的经理轮换体系、强化培训和推后提拔，其中的奥妙人们并不是很清楚。表面上来看，这些可以被看做是蓝领工人晋升体系的延伸应用，通过强化训练，蓝领工人的技能会变得更为全面。更本质的是，在长期雇佣的过程中，推后提拔在企业内部实际上形成了竞争，在一系列竞争中脱颖而出者才能晋升至高层，这有利于选拔出最具竞争力的内部员工[23]。

经理早期职业生涯由总部人力资源部门根据轮岗而确定，总部人力资源部门对年轻的经理人员进行评估，匹配到企业不同部门，同时，还要保证每个部门都可以得到年轻的优秀经理人员的青睐。20世纪80年代末的调查显示，在大多数日本企业（65%）中，3~5年的工作轮岗由总部人力资源部门和业务部门领导共同决定，少部分日本企业中这种决策是由总部人力资源部门（15%）或业务部门（13%）独立进行决策。即使是业务部门内也有轮岗计划，一旦企业内其他业务部门需要，总部人力资源部门也可以参与进行协调和调整[24]。

在日本企业中，经理人员要接受非常详细的绩效评估，大多数情况下是每年至少两次。上司对经理人员进行评估，但总部人力资源部门可以干预评估结果，以确保评估的公平性和一致性。在美国企业中，这种自上而下的干涉会遭到业务部门领导的反感，总部人力资源部门会被认为是"多管闲事"。显然，这在日本企业中并不多见，因为日本企业非常看重培训和晋升（业务部门领导要对下属发展和晋升情况进行自我评估），当然，总部人力资源部门拥有职权也可以进行干预[25]。还有，在官僚化的日本企业中，总部人力资源部门的权威正统性受到保护，因此，该部门往往会被视为中立的仲裁者。

在日本企业中，人力资源部门拥有所有企业员工的详细卷宗和档案，有绩效评估信息还有其他信息，无论是董事长还是最底层的雇员，无一例外。知识就是力量，人力资源部门可以左右雇员在晋升序列中的命运[26]。不过，在企业高层管理人员晋升和任命中，人力资源部门的影响力要小一些，毕竟，部门经理或高管的任命决定权还是掌握在董事长和董事会的手里，而不是由总部人力资源部所决定。然而，由于人力资源部门存有所有员工的全部信息，在选择董事会候选人或制定高管后备计划的时候，董事长还是会征求人力资源部门的意见，当然，人力资源部门给出的建议要得到董事长的认可才有可能通令天下[27]。

2.4　企业别工会

助长人力资源部地位和影响力的另一个体制因素就是企业别工会。在日本，企业别工会由"核心"雇员组成，有新进员工，也有中层经理。在大型日本企业中，企业别工会甚至覆盖了80%~90%的正式雇员。

20世纪50—60年代，日本企业优先发展一种暂行架构（modus vivendi），借此把企业别工会和企业结构、企业文化整合起来。第二次世界大战后，许多工会被认为是由具备阶级意识的激进组织所建，其中不乏左翼活动家，他们与企业极其对立。于是，分离这些激进分子、安抚温和派工会领导人就被列上工作日程，这些工作交给了总部人力资源部。人力资源部门抛出的交换条件包括按资历付酬、不裁员保证和其他让步。要知道，20世纪50年代劳资冲突导致裁员此起彼伏，而且人力资源部门还支持建立第二工会（second unions），对忠诚员工给予特殊优待[28]。

这种左派人力资源部门饱受其他经理的批评，人力资源部门也是动辄得咎：走强硬路线会引发罢工，走怀柔路线则过于迁就工会领导人。事实上，工会领导人和总部人力资源经理是共生、共存、共荣关系。工会领导人更喜欢与总部人力资源经理而不是业务部门经理打交道，这是因为企业政策出自总部，而且总部人力资源部门对工会需求的理解要比多数业务部门经理更精道。总部人力资源部门经常与工会领导人分享企业经营信息，工会领导人则以分享员工关心问题的信息作为回报。

总部人力资源经理很清楚地知道，能对其他业务经理施加影响，部分是因为人力资源部门与工会之间的良好关系。有时，这会促使人力资源部门去捍卫工会的地位。甚至，当业务经理们批评人力资源部门太同情工会时，企业高管还是会站在人力资源部门一边，毕竟，工会和企业之间的关系需要认真处理，两者之间的良好关系对企业的健康发展是至关重要的。对企业来说，劳动力成本、劳工和约（Labor Peace）① 和"管理的合理性"（managerial legitimacy）② 非常重要，把劳企关系交给业务部门经理，他们也无从应

① 译者注：20世纪50年代，瑞士即开始实行"劳工和约"，这在很大程度上保证了瑞士具有较高水平的竞争力。这一制度基于各个产业领域的协议，这些协议在修订之前能够在较长时间里确保一个没有劳资冲突的环境。在劳资关系的处理上，德国和瑞典也采取了类似的社会契约方式。

② 译者注：如果一个群体拥有某种权力对公司产生影响，那么把管理时间花费在由于该群体而引起的忧虑上就是合理的，这就是管理的合理性。

对，因此，不得不倚重总部人力资源部门[29]。

始于 20 世纪 50 年代末的"春斗"（shunto）[1] 影响了企业集中的薪酬谈判，对薪酬成本也有影响，而薪酬成本是总部人力资源部门一个特别关键的挑战。虽然大企业一开始反对"春斗"，但也不得不通过合作来予以适应和应对，这样，人力资源部门就被推向了与供应商、消费者、竞争者和经连会企业打交道的境地，处理非常复杂的关系。通常，人力资源经理都会参加由日经连（Nikkeiren）组织的活动。日经连是一个全国性的雇主组织，创立目的之一就是处理劳工关系，其卓越的领导力，媒体的定期曝光，再加上和政府的密切关系，使其声望长盛不衰。同其他国家的雇主组织一样，日经连与国家层面的工会组织相对应。在近些年里，尽管劳工关系仍然是关注的焦点，可日经连的关注范围大大扩大，还包括诸如养老金改革的社会福利政策、"最优人力资源实践"（Best HR Practice）在培训和劳动组织中的扩散[30]。

这些与美国形成了鲜明的对比。在美国，劳工工资的决定权更加分散，在制造业以外工会也不怎么吃香；即使是在一个有工会的企业中，大多数高管也很少与工会打交道。而在 20 世纪 80 年代初的日本，许多中基层经理参与工会活动，很多部门领导、董事甚至有些总裁都曾经是工会成员，甚至还是工会积极分子，有的甚至直接从工会跳到了企业董事会或审查委员会的位置[31]。日经连在 1982 年的调查显示：3/4 的日本企业里至少有一位董事曾经担任过工会的领导，有 1/6 的董事曾经是前工会领导[32]。这些数字并不令人吃惊，因为在工会工作中锻炼出来的人际交往技巧同样有助于其在管理岗位上的发展。因此身经百战的企业重要高管（董事局主席、总裁、董事和部门高管）都明白人力资源部门在劳工关系中的地位和角色，也尊重他们为维持工会关系所做的努力，并且不会像美国企业高管那样成为反工会的典型[33]。

20 世纪 70 年代石油危机后，美国企业以工会化来予以应对。当美国企业采取激进的反工会政策来降低劳动力成本时，日本企业的人力资源部门却可以通过保留工作岗位来换取工会的工资让步，这种做法帮助日本企业渡过了第二次世界大战以来最严重的经济危机[34]。同时，很多日本企业设置了劳工管理委员会，在企业（以人力资源部为代表）和工会间提供咨询和共享信息[35]。

---

① 译者注：日本工会和其大企业就工资问题展开的年度谈判被称做"春斗"，意即"春季攻势"。

2.5 人力资源经理的职业前景

在日本企业中，传统上来讲，希望成为董事会成员的经理们都会有在总部人力资源部工作的一段经历，这相当普遍。1981 年的数据显示，被提拔到董事会的经理中，排在第一位的是市场营销经理，占到所有董事的18%，紧随其后的就是人力资源经理，比例为 12%，财务和会计经理都是 5%[36]。20 世纪 90 年代初的一项调查发现，在职务列表中排名居后半部分的人力资源经理却在高管地位排名中名列前茅，位列市场营销和生产部门之后，却排在研发、工程和海外部门之前[37]。人力资源部门的经历，尤其是作为个人职业生涯来说，这块跳板都是很有帮助的，因为这个部门可以与全公司的经理交流、接触，并可以观察整个企业的大局。有调查报告显示，制造业企业中 1/5 的董事、其他行业中 1/3 的董事，都有过在人力资源部门工作的经历[38]。

人力资源部门的工作经历被认为是企业高管候选人的条件，人力资源高级经理可算做是能够履行各种职责的通才。20 世纪 90 年代初，典型的人力资源高级经理会把 1/3 到一半的时间花在人力资源工作上，剩下的时间花在企业内部的其他部门[39]。通才模式并非人力资源部门所独有，只是人力资源部门更为普遍。例如，20 世纪 90 年代，人力资源部门经理，在日本称之为部长（buchō），在本部门工作和其工作最长部门的年限进行比较，其比率是 41%；市场营销经理的这一比率是 53%，财务经理的这一比率是 70%。也就是说，人力资源部门可能比营销部门更有机会接触到会计、财务和战略规划等工作，可能比财务管理部门更有机会参与到生产和销售工作。这就与英美模式形成了鲜明的对比[40]。在英美模式下，人力资源经理是很专业化的，很少接触其他专业知识，同时也极少有人力资源经理能成为 CEO 或董事。

2.6 利益攸关者型公司治理模式

为了更好理解人力资源部门在日本企业内部的突出地位和雇用实践的独特本质，有必要对公司治理体系进行分析。至少到目前为止，日本企业的公司治理模式是利益攸关者型治理模式，"没有人在意所有人，企业也不是任何人的'财产'，而是一个组织，是一个官僚机构，是人们追求事业而加入其中的公共官僚机构。也就是说，企业更像是一个社团。"[41] 这个社团由董事会运行，尽管企业的关键决策都是由其内设的、通常是董事长领导下的管理委员会做出的，可是，日本企业的董事会规模要比美国企业大得多，规模多达 30~40 人，甚至更多。董事会成员全部由现任经理组成，他们有 2—6 年的交错任期[42]。

　　我们可以通过两种方式来理解这种企业社团（enterprise community）：

　　第一种是广义的理解。企业社团成员不仅包括雇员，还包括企业利益攸关者：顾客、供应商、银行和股东。从这个角度看，董事总经理的工作是平衡不同利益攸关者的利益诉求，并做出一个满足企业整体长期最优利益的决策，而不只是为股东在内的某些群体的短期利益服务[43]。由于需要对企业有形和无形资产进行投资，因此，企业利益攸关者也要从大局着眼。日本企业的股份大都在银行手中，在历史上，银行在公司治理中扮演着很重要的角色，而如今，由于交叉持股，供应商和企业社团成员也是日本企业的重要股东。2001 年的数据表明，金融机构拥有 39% 的股份，而企业社团成员拥有 22% 的股份[44]。近年来，员工持股基金在公司治理中的作用也越来越大。尽管日本的资本市场很活跃，但这些机构持股并不像欧洲那样集中。另外，日本企业的控制权掌握在管理层手中，他们平衡各类利益攸关者之间的关系。这种企业理念要回溯到第二次世界大战以前，且因战时管理而得以强化[45]。

　　第二种是狭义的理解。日本企业是一种劳动管理型企业（labor-managed firm, LMF）①。企业社团的主要成员是正式雇员，即正社员（Seishain）②。在日本企业中，从企业基层员工到董事长都是正社员。在企业社团中，内部平均主义盛行，高层和基层之间的工资差异甚微，实施均一员工政策（经理和非管理雇员享受同样的培训和补贴），经理自愿在员工降薪前降薪等，这些有助于企业在员工中创造一种强烈的共同利益感，而且董事会成员也充分考虑员工的利益[46]。薪酬政策也有助于将员工利益与高管的利益捆绑在一起。研究显示，当雇员奖金增加时，董事们的奖金也会增加，奖励他们在保护就业岗位和维持就业上所做的努力[47]。维持就业相应地因"耐心资本"

---

　　① 译者注：在现代工业化经济中，人们对劳动者集团管理企业的尝试一直没有间断过。在 19 世纪的英国，许多合作性质的生产企业开始出现。劳动管理型企业与西方职工民主管理的合作社应该属于同一类型，在理论上被看做"劳动雇佣资本"而不是"资本雇佣劳动"的企业。

　　② 译者注：Seishain 正社员；Keiyakushain 契约社员；Hakenshain 派遣社员；其中，Seishain 是企业雇佣的全职员工。

（patient capital）① 的存在而加强，这得益于主银行、附属企业和其他机构长期持有企业股份。历史上，稳定的股权结构减缓了员工调整的速度，这是因为具有献身精神的所有者愿意让企业在短期内吸收承载多余雇员的成本，以便企业在恢复期迅速扩张[48]。

根据劳动管理型企业的解释，日本的公司治理体系有助于员工的长期雇佣、企业忠诚和团结感的培育，以及企业专属人力资本的形成[49]。当雇员利益与短期股票表现冲突时，历史事实证明雇员利益会获得最后胜利。20 世纪 70 年代石油危机时，企业做出了很大的努力来保护工作位置，裁员也不是为了保证股东收益，而是为了保留正社员的工作[50]。在某种程度上，20 世纪 80 年代后期资产拆分所带来的增值和不相关多元化的兴起，也都是努力为核心雇员/正社员创造就业机会的结果。另一种支持劳动管理型企业的解释是企业嗜好在裁员前削减红利。

然而，雇员（包括经理）都不能完全逃过风险。他们愿意接受分配给的任何工作，即使让他们到附属子公司/子会社的一个低薪岗位或一个离家很远的供应商处去工作[51]。因为对于他们来讲，真正意义上的薪酬是随企业业绩变化的分红，雇员们愿意以减薪为代价来保全工作[52]。因此，这也支持了企业社团第一种广义的解释：雇员和其他利益攸关者受到了同样的对待。雇员以企业专属人力资本形式对企业所做的投资是真实的，同样分担风险和收益。他们与其他利益攸关者的区别是：他们很难清算自己的投资和退出。

很自然地引出这样的问题：在这种公司治理体系下，谁来监督管理层？由于稳定的交叉持股，经理没有理由担心恶意并购，股价也不会因平庸的短期表现而大跌。另外，董事会不能也不可以忽视持有股权和债务的银行，同时也不能忽视结成很大同盟的其他股东。通过一些监管措施，比如银行审计师（在企业董事会任职）和总裁理事会（由集团企业公司的领导组成），这两类利益攸关者都会对董事会实施监管。如果一家企业表现很差，银行或许会指定它们自己的董事。然而，当银行很穷但又没有人支持时，其监管力度就会下降，它们常常只关注保护自己的现金流而忽视企业业绩[53]。

监督企业董事会的其他力量还包括雇员。1983 年零售商三越百货（Mit-

---

① 译者注：耐心资本也称为长期投资资本，强调机构投资者应该与公司保持长期合作关系，这在德国比较普遍。

sukoshi)① 和 2000 年雪印公司 （Yukijirushi)② 的领导人下课，企业工会和非正式员工都在其中发挥了重要作用[54]。中层经理也已经开始参与对企业高管的监督，认识到未来的晋升、薪酬和养老金都依赖于这些高管们在企业最大化利益面前的表现。高管反过来也会监督董事长和董事会主席以确保他们做出正确的决策。

最后，有很多柔性管理方法来确保经理们不会狭隘到把自己置于其他利益攸关者之上。日本企业的高管们穷其一生都在追求社会化中企业整体利益的最优所在。与美国相比，社会地位（即进入高管层）是比物质奖励更重要的动力。在日本，股票期权和高薪仍然很罕见。在日本模式下，不会出现安然、泰科、世通公司这样的公司治理丑闻，这些公司太过于迎合股东的利益了[55]。

看来，在这种监管模式（被银行、经连会、工会和中层经理等监管）下，监管者和被监管者的关系太过轻松，尤其是与旨在实现高层监管责任的美国相比更是如此。如之前提到的，当股价表现不好或经营亏损的时候，日本（和德国）的高级经理人也会像美国的高级经理人一样失去工作[56]。

人力资源经理如何看待这些公司治理问题呢？有效公司治理即管理层的社会化，共享企业愿景，并在他们当中挑选最好的人来治理企业，这些就是日本企业人力资源部门的重要职责。通过雇员轮岗管理和绩效记录的保存，人力资源经理可以剔除最没有竞争力的人，还能识别在中层经理中谁最有可能、谁又最没有可能为自己谋私利（和潜在的唯利是图者）。个性特征很重要，理想的董事长应该是一个无私、诚实、致力于共同利益且不会滥用职权的人。很多企业领导，当然不会是全部，心怀远大抱负，为企业奉献，并无私心狭利。推后选拔这一措施可以保证人力资源部门识别谁可以献身其中并有能力胜任工作。为了消除隔阂，任何董事会成员的任期都有最长时限，普

---

① 译者注：三越百货创办于 1673 年，总部设于东京，是战前的三井财阀以及后来三井集团的主要构成公司。1982 年，时任三越百货的主席冈田茂涉嫌向其情妇竹久美智所经营的"竹久饰物"给予不当利益，以及动用公司的资金去支付其家中的装修费用等，被董事会动议撤销其主席及董事职务，冈田被撤销职务后的一句"为什么？"成为了当时的流行语。2008 年 4 月 1 日，三越百货和伊势丹百货正式合并，合并后的百货巨无霸年销售额高达 1.58 万亿日元。

② 译者注：雪印乳业创立于 1925 年，后来发展成为日本乳业界规模最大的公司。2000 年度《财富》500 强排名中，雪印乳业排在第 430 位，年营业收入达 120 亿美元。2000 年夏天，日本各地相继出现顾客因饮用雪印乳业公司生产的牛奶而发生中毒事件，中毒人数超过 1 万人。为此，雪印乳业社长石川哲郎被迫引咎辞职，其 21 家工厂被勒令停产进行整顿。受此中毒事件的影响，雪印公司的名声扫地，销量大减，尤其以牛乳类产品为中心的产品销售额急剧减少，出现 586 亿日元的赤字，这是雪印乳业公司自创业以来的最坏水平。

通董事的任期可能会短些。通常，企业领导都想看到继承者也能成功，这个特征在美国的 CEO 中几乎没有，尤其是那些从外部空降过来的 CEO，他们只追求最快的经济收益，然后一走了之[57]。

在公司治理上，人力资源部门还担当将雇员需求传达给高级经理和董事会成员的职责。过去，绝大多数日本企业的董事会，至少有一位成员现任或曾担任过人力资源部门的领导。通常，工会把员工关注的问题反映给总部人力资源部，然后再通过人力资源管理董事将信息上报给董事会。人力资源管理董事同样要求工会报告包括重组、资本支出和新技术等在内的战略性经营问题[58]。那么，人力资源经理一方面在企业董事会上代表正社员的声音，另一方面还充当董事会和工会的协调者。其他部门的经理都为董事会服务，只有人力资源部门在同级中排在第一位，并且几乎不可能被财务总监所左右，这是因为财务部门和财务措施的表现都不会左右企业决策的制定。

2.7 日本公司治理和雇佣实践传统模式的变革压力

正如我们所见，日本企业人力资源部门的权力和地位可以归纳为四个主要原因：组织导向型的雇佣政策、专注和集权的企业总部、企业别工会设置和利益攸关者型公司治理。它们共同形成了一个相互影响的架构。总而言之，终身雇佣、企业别工会和组织导向型雇佣政策造就了资源基础观的企业战略，稳定持股和利益攸关者型公司治理模式促进了组织导向型雇佣政策的实践，而企业资源基础观的战略理念和利益攸关者型公司治理模式得到了总部集权的支持。

在大企业之上的社会福利机制，从避免裁员的政府补贴到学生技能的教育测试（减少了终身雇佣的风险），再到交叉持股实践（稳定了现任管理层）——这些制度的相互制约确保了雇员在企业中的中心地位，以及人力资源部门地位的重要性。这些制度有助于把日本的经营体系看做一个整体结构，即日本公司（Japan，Inc）①。20 世纪 70 年代石油危机中的经历使日本企业增强了克服挑战的必胜信念[59]。

与先前日本企业面临的危机不同，20 世纪 90 年代的经济萧条在于它的

①　译者注：20 世纪 80 年代，美国的汽车及电子产品制造业受到日本的强力挑战。日本公司一词应运而生，意指日本经济兴盛的原因在于其整体合作精神。日本人石森章太郎（Shotaro Ishinomori）于 1988 年出版了一本介绍日本经济的著作即《日本公司》（Japan，Inc），该书被《福布斯》评为 20 世纪最有影响力的 20 本商业图书之一。

持续时间和范围。这次长时间的经济萧条已经影响了日本商业体系的方方面面，增加了量变引起质变的可能性，日本企业曾经的系统因素开始不复存在，曾经强化人力资源地位的影响因素开始被削弱，甚至反向影响人力资源部门的地位。当企业寻求更高效率和更高利润时，企业组织结构和公司治理模式正在发生变化，有些日本企业甚至将运营机构移至亚洲大陆。通货紧缩趋势增大了企业削减成本的压力，同时，社会准则也在发生变化，以至于个人主义价值观和隐私权比以往得到了更多的重视。

34

　　长期的经济停滞使政府开始接纳国外投资者、经济学家和主张改革者的意见，具体来讲，股东应该享有特权，战后形成的利益攸关者型治理模式应该被取代。在追求效率的同时，企业也在努力改变风险和收益的分配准则：金融资本优先于人力资本，主体企业优先于外围企业，经理层优先于普通雇员。难道日本的高级经理人就不渴望拿到美国同行们的高薪和额外补贴吗？为什么我们不能这样呢？不少日本高级经理开始反思。

2.7.1　追求董事会的效率

　　日本模式似乎优点很多，在20世纪80年代和90年代初被广为推崇。这些优点包括：高度信任、高人力资本投资、高质量产品和服务，以及决策的快速执行。十几年之后，这种模式的不足也接踵而来，包括：负担过剩雇员的成本高企、迟钝的决策制定、过度集权、对现有业务的过度投资和新商业形态的低投资回报[60]。

　　日本企业已经看到西方跨国公司的重组对加速决策制定的影响，也希望通过资产分拆、合并等方式来实施重组，使企业也可以变得同样敏捷。境外投资也风起云涌，结果是产业的空洞化，这是20世纪80年代美国企业的重演。但是，日本企业也看到，熟练的日本技工对企业的重要性，远不是第三世界国家低成本劳动力所能替代的。

　　其他刺激效率的企业重组方式也花样繁多。在信息技术上的投资正在增加，这样，企业不再需要那么多的员工和经理。日本企业与美国企业的不同之处就是日本企业的专业化，这在日本很普遍，不过，这种专业化并不利于推动重组，也不利于裁减总部员工数量，因为专业化不只是单纯从财务角度来考虑问题；相反，美国的大型联合企业和非相关多元化更加普遍，大规模的重组时有发生[61]。

　　与此同时，20世纪90年代的经济缓慢增长和清理泡沫经济的失败，导致了日本严重的银行业危机。银行业的反应就是不再长期持有企业股权。主

35 银行监管是以前日本公司治理模式的主要特征，然而，未来由哪个机构代替主银行的监管地位还有待观察。长期来看，日本企业的融资方式正在从债务融资向股权融资转变。一直以来，日本银行的危机为各类机构追求股东利益的诉求提供了契机[62]

希望改变日本公司治理模式的动机很复杂。对于有些人来讲，其主要目的是分配：重新分配企业资源，以便把更多的资源流向股东，更少的成为留存收益和分给雇员。国内外概莫能外，就是关注在某个时间点上谁得到的更多。不过，有些经理和商业改革家真诚地认为通过改变日本公司治理模式，会使日本企业更加高效，会使日本经济更加繁荣。持这种变革动机的机构包括一些组织协会，如经济同友会（Keizai Doyukai）[①]，还有商界名人立石信雄（Nobuo Tateisi）[②]，他们已经建立起一个组织来推广股票期权，推行会计透明化，改组董事会成员和进行其他与英美公司治理模式类似的治理改革。尽管如此，立石信雄和其他一些机构坚持认为在增加股东权利的同时也要保持日本公司治理模式的许多利益攸关者特征。可以把他们称之为"渐进改良主义者"，不是放弃日本公司治理模式，而是扬弃[63]

我们在第3章将会看到，索尼公司在日本最先导入执行官制度，并结合日本特点形成的内部执行官晋升体系（corporate-officer system）已经被广泛接受，东京股票交易所上市企业中有1/3已采纳该体系。索尼公司将董事会规模从50人减少到12人，甚至更少，这其中包括一些外部独立董事，如有声望的大学教授或者商业领袖，例如，汽车行业双CEO卡洛斯·戈恩（Carlos Ghosn）[③]现在也被聘为索尼公司的董事。因董事会规模压缩而离任的索尼公司前任董事有二三十位，大多是各职能部门或分部负责人，现在则组成了一个类似于经营或管理委员会的机构，这样，董事会就可以如大家所

---

① 译者注：日本经济同友会是企业家团体组织，成立于1946年，是社团法人。该组织的成员均来自于日本各个公司的经营者，这些企业经营者作为社会经济活动的主体，在日本经济界起着重要作用。经济同友会是日本四大经济团体之一，对日本政府主管当局、产业界以及社会各界也具有广泛且巨大的影响力。日本经济同友会的特点在于它超越企业和行业间的利害关系，以放宽眼界朝前看的观点，考察日本国内外经济方面的各种问题，与各政党及行政机构开展积极的对话，并在必要时向有关方面提出建议。为实现建设"为世界做贡献的日本"，日本经济同友会积极开展与世界各国和地区的交流活动。

② 译者注：立石信雄是国际知名的企业家，曾任日本欧姆龙（OMRON）公司董事长（1995—2003年）。

③ 译者注：卡洛斯·戈恩，法国人，1996年出任雷诺汽车公司副总裁，1999年6月担任日产汽车公司COO，次年兼任日产株式会社社长，2001年6月升任CEO。在戈恩带领下，把日产汽车从死亡边缘拯救回来，成为全球获利率最高的汽车公司。2005年5月，出任雷诺汽车公司第九任CEO，自此，戈恩成为同时执掌横跨8个时区、相隔近万公里的两大国际汽车巨头的双CEO。

期望的那样专注于战略研究[64]。

2.7.2　社会价值西化

在努力提高董事会效率的同时，日本企业也意识到为适应年轻一代而调整雇佣政策的压力。这群年轻人更个人主义，不再像他们的父母那样迷恋于为大企业工作。很多迹象显示社会价值正在发生变化：有些年轻人（所谓的飞特族（Freetlers）[①][65]）在需要钱的时候才找寻工作，更愿意从事短期工作；离婚率略微上升；战后一代具有的社会团结特征正逐渐减弱[66]。无论如何，这需要认真对待了。例如，最近的一项调查表明，现在日本工人的忠诚度和满足感比美国工人低多了，结论认为，这表明日本人的工作态度"西方化"了。但是，20年前的调查数据却表明了日美之间的差异，而不是现在的趋同[67]。

无论社会变迁明显与否，企业察觉到雇员正在寻求更大的个人认同，这就是绩效评估系统变革的原因之一。如今的绩效评估系统，评估指标已经从资历、年龄转变为个人绩效[68]。进一步，八代尚宏和其他日本人力资源体系的批评者认为，人力资源部门的职业生涯规划过于家长式，与员工逐渐增长的个人主义和过分自信格格不入，年轻的日本人想在自己的工作分配和其他影响自己雇佣的决策上有更多话语权。

2.7.3　工会式微

日本工会中劳动力的绝对比例和相对比例在逐年下滑[69]。工会组织率从1970年占劳动力的35%下降到现在的20%。工会很难吸收到新会员，部分是因为企业别工会没有什么动力去发展新会员。还有，在某些情况下，雇主发现他们更喜欢与非工会咨询组织一起共事。总而言之，观察者们认为，工

① 译者注：飞特族是日本的新造语。Freeters 是典型的"和造英语"，只用片假名书写，中文无法对译，唯有音译它为"飞特族"。词根 Free 是英文（自由），词尾 ter 取自德文的 Arbeiter（工人），直译便是"自由工人"。大概描述的是：追寻人生目的的自由派，代表的就是一种自由的工作方式，他们往往只是在需要钱的时候去挣钱，从事一些弹性很大的短期工作，或者是自己开一家个性的小店，总之，避免"朝九晚五"的拘束生活。日本较早时流行"尼特族"（NEET）一词，是指一群"不上学，不就业，不受训"的"三不"青年。但"飞特族"并非"尼特族"的延续或成长，而是经济不景气，即"平成萧条"带来的特殊产物。这个词还有严格规定，只有年龄介于 15 ~ 35 岁又无正规职业的青壮年才能称为"飞特族"。当初，与其说是个贬义词，不如说是个反映世象的流行语。但后来却证明，这是误导年轻人的陷阱，是社会沉沦的过程，也是贫富悬殊的证明。

会势力下降的主要原因是雇员态度转变和企业别工会主义化特征，而不是雇主的抵制，要知道，企业抵制在美国是一个很重要的因素[70]。

追溯到 20 世纪 80 年代，日本劳工运动可以被分为四类工会组织：分配上推崇员工优先的工会、致力于通过参与管理和合作来提高生产率的工会、前两者类型综合的工会、对前两者都不看好的工会（这多见于小企业）。约70% 的工会属于最后两种，它们所持观点相左。劳工专家普遍认为，既关注生产率又关注分配的工会并不真正在意员工收入分配问题，尽管人们对此有些许异议。一种观点认为工会从管理层处获得企业敏感信息后却选择了罢工，另一种观点认为企业惩罚保护其成员的工会是罢工的原因（工会害怕受到惩罚反而会选择不罢工，这种观点以罢工率下降作为论据）[71]。

工会势力下降的另一迹象是日经连作为一个独立实体的消失。2002 年，日本雇员协会联盟与经团联（Keidanren）① 实施了合并，这是一个关注于政府经济政策的社会法人，其运行类似于英国工业联合会②。这次合并，表明了劳工关系重要性的下降。最近几年，经团联在公司治理方面的态度趋于中立，强调尊重股东和雇员利益的一致性，认为股东和雇员利益可以共存共荣。在雇佣问题上，经团联的态度也相对缓和，对劳工组织较为宽容，并强调就业保障的重要性，支持日本工会联合会（Rengo）③ 为防止裁员而提供工作补贴。不过，经团联同样推崇雇佣政策应该更加市场化，支持临时用工。也就是说，2002 年这次合并可能会导致更为保守的雇佣政策[72]。

2.7.4　分配问题和社会准则

日本工会的式微为那些努力改变日本企业体系的人创造了机会，他们不是强调提高董事会的效率，而是更多地关注分配和意识形态问题。许多致力于对日本公司治理和劳工实践进行改革的人都以复制 20 世纪 80 年代的美国模式为出发点，那时，企业重组不只是为了提高效率，而且通过改变企业资源配置以维持收益，维系股东、高管和其他雇员的利益。普通雇员和中基层

---

① 译者注：社团法人日本经济团体联合会是与日本商工会议所、经济同友会并称的"经济三团体"之一，以东京证券交易所部分上市企业为中心构成，略称日本经团联（Nihon Keidanren）、经团联等。

② 译者注：英国工业联合会（CBI, Confederation of British Industies）是英国工业垄断资本家的联合组织。成立于 1965 年。会员包括 13 000 多家公司、230 多个工业协会及雇主组织。它被认为是英国工业界的代表组织。英国的国有企业也多是它的成员。

③ 译者注：日本工会联合会又译为"联合"，是日本最大的全国性跨行业工会联盟，成立于1989 年。

经理则有所损失，这表明，长期雇佣将不再永恒。随之而来的是企业 CEO 薪酬爆棚，清楚地表明企业重组后的分配结果[73]。证据显示类似的过程正在日本发生。例如，有研究发现，随着外资企业的增加，企业倾向于压缩规模和资产分拆[74]。

在日本，分拆要比美国更棘手，因为日本企业深受日本社会准则的影响，例如雇主对雇员的义务，供应商对客户的义务，以及恶意并购的限制与约束。更普遍地讲，这些社会准则还包括企业理念，这种理念应该超越股东利益和企业存续周期。试图改变社会准则的人都会马上出来反对集体行动，毕竟集体行动者只有在发现每个人都在做同样的事情时才会改变规则。这就为守则的企业家创造了机会，他们寻找机会来制造社会准则正在发生变化的迹象，从而创造一个潮流，社会批评也就变成了自我实现的预言[75]。

谁是守则的企业家呢？最为典型的就是含有外资股东的企业群体，这些外资股东在原有商业体系下没有股份，但他们持有的在东京证券交易所上市的股票份额从 1990 年的 4% 上升到现在的 18%。这个群体中最有名的是美国的共同基金和养老基金，如美国教师退休基金（Teachers Insurance and Annuity Association-College Retirement Equities Fund，TIAA-CREF）① 和加州公务员退休基金（CalPERS）②，它们坚决支持美国股东导向型的公司治理模式，现在又提议变革传统的日本公司治理模式。还有一些其他企业群体，他们不仅坚持从高股价中获得收益，还希望从更多的并购、企业控制权更迭中逐步获利，这些企业群体包括投资银行、其他金融服务和咨询公司。有时，这些守则的机构共同行动，例如加州公务员退休基金、瑞穗证券和洛克菲勒基金会等共同成立了投资者责任研究中心（Investor Responsibility Research Center），其核心目标是说服日本企业采纳美国式的治理模式[76]。

日本最著名的商业出版物是《日本经济新闻》（*Nikkei Shimbun*），相当于美国的《华尔街日报》，其社论经常会为一个新的公司治理模式喝彩，常见的做法是比较日本和美国的经济表现，并假设日本企业采取了美国的公司治理模式，那么，相信日本的经济表现会得到改善。[77]《日本经济新闻》的社论显然会使其主要广告主开心，这些广告主大多是金融服务企业，而《日本经济新闻》最大的读者群就是为这些企业工作的人。

---

① 译者注：美国教师退休基金会是美国最大的保险公司之一，主要服务于教育事业和非营利性的组织。

② 译者注：美国加利福尼亚州公共雇员养老基金是美国最大的公共养老基金。

尽管如此，日本还是有许多经理们仍然推崇雇员优先而不是股东优先，只有少数人会抛开私利而寻求公司治理改革，但路径却比较隐晦；毕竟自利（greed）在美国或许被认为是一种美德，但在日本社会还是无法接受的。最近的一次调查发现，大多数日本高管希望对公司治理体系进行改革，可却与公司治理改革支持者的主流观点相左，分歧在于日本企业董事长未来的工资是否可以比一个基层档案人员多 50 倍。改革支持者更愿意看到这种现象的可能性，对此持怀疑态度的人或许认为那是一种一相情愿的期许[78]。

2.7.5 法制改革

近些年来，第二次世界大战后一直领导日本政治的自民党迎合金融家和投资者而寻求公司治理改革[79]。在日本，立法的首要推动力是政府而非议会。政府比商业组织更趋向于意识形态而较少注重实效，对那些呼吁公司治理体系改革的外国投资者更加敏感。虽然政府想把政府改革作为一种无成本（至少对财政部来讲）的经济复苏刺激方式，但仍要在金融利益的要求下来采取行动。自 20 世纪 90 年代中期以来，这些似乎成了商业法立法的救生圈[80]。

除 2001 年生效的放松金融管制法以外，法制改革还包括 1997 年立法允许企业自己申购自己的股票，从而创造了返还股东盈余现金的另一途径。从那时起，为简化企业并购活动程序，相关法律被重新修订了三次。企业重组也通过立法调整而得到了促进，因兼并审批而必须召开的董事会会议数量减少了，企业允许通过债转股来合并运营。除此之外，战后对企业所有权的禁令也被束之高阁，努力推动大企业朝着 M 型、财务驱动型结构发展。为了使管理层和股东的利益达成一致，关于股票期权的法律被放开了，第一次是在 1997 年，然后依次解禁。在其他旨在将日本企业董事会设计得更加美国化的法律改革中，如果企业设置了 CEO 职位，并且吸纳了外部董事，那么，现在它就可以取消董事会审计。这些变化的直接目标是把日本公司治理推到一个牺牲其他利益攸关者的股东特权方向[81]。

日本政府还在雇佣制度的法律基础上小打小闹。与公司治理相比，政府在这方面没什么突破性进展，部分原因是劳工运动代表的是反对改革的选民，他们的力量强大，而反对改革商务立法的声音太弱小，也太分散。在日本体系下，当法律在到达议会之前，劳工组织有机会对其发表评论，商业部门、政府和劳工组织对雇佣制度和社会政策还在大肆讨论，呈现三足鼎立之势[82]。

　　然而，在"雇佣灵活性"的伪装下，日本政府一直试图推动雇佣政策朝着更市场化的方向发展。最近的第一项改革是 1999 年对《劳务派遣法》(*The Worker Dispatching Law*)① 进行了修订，该法案放开了企业对雇佣临时工人的限制，增加了企业可以雇佣的临时员工数量。在对保留雇佣稳定性准则方面，法律做出了让步，要求雇主对工作一年（或者更长年限）以上的临时员工提供长期工作职位。另外，小泉纯一郎（Koizumi）② 政府出台的法案提出了对解雇的评判标准，并使雇主更加容易解雇有永久性合同的员工，这是一个有争议的被雇主反对的措施。有意思的是，一些雇主反对该立法的原因是害怕立法会真正地阻碍他们借助于裁员手段的能力。这种情况应该提醒了那些外部观察员，在日本，裁员也是可能的，也是肯定会发生的[83]。

　　传统体系下的公司治理和雇佣关系面对这么多的压力，而且一直被多年来缓慢增长的经济所重累，日本企业内部人力资源部门经理该怎样过活？它还是有权威的造王者吗？通过对人力资源部门的考察，我们会对日本企业如何适应变迁中的法律、社会和经济环境有一个理性的认识。

参考文献：

1. Hideo Inohara, *The Japanese Personnel Department： Structure and Functions*（Tokyo，1990）.

2. As mid-career hiring declined and employee mobility fell，employers did not have to worry about the possibility of losing their training investments in general or firm-specific human capital. Kazuo Koike, *Human Resource Development*（Tokyo：Japan Institute of Labor，1997）.

3. On the（fairly recent）origins of the three pillars and other ostensibly "traditional" practices，see Andrew Gordon，*The Evolution of Labor Relations in Japan：Heavy Industry*，1853 – 1955（Cambridge，1985）and Tetsuji Okazaki，"The Japanese Firm under the Wartime Planned Economy"，*Journal of the Japanese and International Economies* 7（1993），175 – 203. Japanese courts in the 1950s and 1960s espoused the doctrine that layoffs to maintain profitability were an abuse of employer power. This made it difficult to conduct mass layoffs，thus rigidifying corporate practices. See Takashi Araki，"Japan"，in Roger Blanpain，ed.，*The Process of*

---

① 译者注：所谓劳务派遣，是指雇佣工人但不使用工人，不招聘工人但使用工人的一种招聘和用人相分离的用人模式。此前，根据《就业保障法》第 44 条规定，工人派遣业务是被禁止的。1986 年 7 月实施《劳务派遣法》时，限定可派遣的工作共十三类。不久后，总数达到十六类。1996 年 12 月，作为政府解除管制政策的一部分，又新增加了十类工作。

② 译者注：小泉纯一郎是第 87～89 任日本内阁总理大臣，2001 年 4 月 26 日—2006 年 9 月 26 日在任。

Industrialization and the Role of Labour Law in Asian Countries (London, 1999), 4 – 83.

4. Note that, prior to the 1990s, Japanese HR departments, like those in the United States, were called either labor relations, industrial relations, or personnel management departments. However. I will use the term *HR* in referring to these units.

The advent in the 1950s of a regularized system for hiring school graduates into blue-collar jobs boosted the role of central HR departments (who designed the new approach) and cast them in the role of "helpers" – working with the young graduates to socialize and train them.

5. W. Mark Fruin, *The Japanese Enterprise System* (Oxford, 1994), 220; Toyohiro Kono, *Strategy and Structure of Japanese Enterprises* (Armonk, N. Y., 1984), 108; Rodney Clark, *The Japanese Company* (New Haven, 1979).

6. Fruin, *Japanese Enterprise System*, 220.

7. Hideki Yoshihara, "Dynamic Synergy and Top Management Leadership: Strategic Innovation in Japanese Companies", in Kuniyoshi Urabe, John Child, and Tadao Kagono eds., *Innovation and Management: International Comparisons* (Berlin, 1988).

8. Hiroyuki Odagiri, *Growth through Competition, Competition through Growth: Strategic Management and the Economy in Japan* (Oxford 1994).

9. Yoshifumi Nakata and Ryoji Takehiro, "Joint Accounting System and Human Resource Management by Group", *Japan Labour Bulletin* 40 (1 October 2001), 5; "Corporate Spinoffs Becoming More Popular", *Japan Labour Bulletin* 40 (1 December 2001), 1. Prior to 1999, Japanese accounting rules did not require consolidated perfor mance statements, allowing companies to shift losses to their subsidiaries.

10. Kiyohiko Ito, "Japanese Spinoffs: Unexplored Survival Strategies", *Strategic Management Journal* 16 (September 1995), 431 – 46; Kiyohiko Ito and Elizabeth L. Rose, "The Genealogical Structure of Japanese Firms: Parent-Subsidiary Relationships", *Strategic Management Journal* 15 (Summer 1994), 35 – 51.

11. Tadao Kagono, Ikujiro Nonaka, Kiyonori Sakakibara, Shiori Sakamoto, and J. K. Johansson, *Strategic versus Evolutionary Management: A U. S. -Japan Comparison of Strategy and Organization* (New York, 1985), 40.

12. Personal correspondence from David J. Collis, September 2000; Michael Goold, David Pettifer, and David Young, "Redesigning the Corporate Centre", *European Management Journal* 19 (February, 2001), 83 – 91; Sumantra Ghoshal and Christopher Bartlett, "Matsushita Electrical Industrial Co., Ltd.," Harvard Business School, 1988. Of course, when comparing headquarters staff adjusted for revenue and employment, one has to somehow control for the fact that Japanese parent companies involve themselves in the affairs of their affiliates, effectively raising the employee base and revenues managed from the parent's headquarters staft. Nevertheless, even when this is taken into account, Japanese firms have larger headquarters than Western companies.

13. Tomohiko Noda, "Determinants of Top Executives' Promotion and Remuneration", in Toshiaki Tachibanaki, ed. , *Who Runs Japanese Business: Management and Motivation in the Firm* (Cheltenham, U. K. , 1998); Kono, *Strategy and Structure*, 296.

14. Hiroyuki Itami, *Mobilizing Invisible Assets* (Cambridge, Mass. , 1987).

15. Toyohiro Kono, "A Strong Head Office Makes a Strong Company", Long *Range Planning* 32 (1999), 225 – 36.

16. W. Mark Fruin, *Knowledge Works: Managing Intellectual Capital at Toshiba* (Oxford, 1997).

17. Ghoshal and Bartlett, "Matsushita".

18. Michael E. Porter, Mariko Sakakibara, and Hirotaka Takeuchi, Can *Japan Compete?* (New York, 2000), 171; personal communication from Tadao Kagono, 2001; Ronald Dore, *Stock Market Capitalism, Welfare Capitalism: Japan and Germany, versus the Anglo-Saxons* (Oxford, 2000), chap. 4. The criticism – that Japanese firms engaged in excessive unrelated diversification in the late 1980s as a result of which the economy became mired in recession – seems wide of the mark. The companies that are cited for becoming too diversified – chiefly the general trading companies (*sōgō shōsha*) and electronic conglomerates (*sōgō denki*) – were already highly diversified in the 1960s and 1970s. Precisely, what constitutes "excessive" diversification and when it is problematic is not well explained by the critics. In the United States, diversification, both related and unrelated (conglomerates), became more prevalent in the 1960s and 1970s, when it was associated with profitability at lower risk. Even with the divestitures of the 1980s, as a result of which U. S. industrial concentration rose modestly, the United States still has more unrelated diversification than Japan. (Some studies actually, show an increase in U. S. diversification in the late 1980s and early 1990s). Companies like General Electric and Berkshire Hathaway were lionized in the U. S. business press in the 1990s, yet they are every bit as diversified as Hitachi or Mitsui. Julia Porter Liebeskind, Tim Opler, and Donald Hatfield, "Corporate Restructuring and the Consolidation of U. S. Industry", *Journal of Industrial Economics* 44 (1996), 53: Cynthia A. Montgomery, "Corporate Diversification", *Journal of Economic Perspectives* 8 (Summer 1994), 163 – 78; Itami, *Mobilizing Invisible Assets.*

19. Kagono et al. , *Strategic versus Evolutionary Management*, 40.

20. Dore, *Stock Market Capitalism*, passim.

21. Kenichi Imai and Hiroyuki Itami, "Interpenetration of Organization and Market", *International Journal of Industrial Organization* 2 (1984), 285 – 310; Oliver Williamson, "Corporate Governance", *Yale Law Journal* 93 (1984), 1197, 1225.

22. Kagono et al. , *Strategic versus Evolutionary Management*, 40.

23. Hideyoshi Itoh, "Japanese Performance Management from the Viewpoint of Incentive Theory", in Masahiko Aoki and Ronald Dore, eds. , *The Japanese Firm: The Sources of Competitive Strength* (Oxford, 1994), 232 – 64.

24. Lola Okazaki-Ward, *Management Education and Training in Japan* (London, 1993), 170.

25. John Storey, Paul Edwards, and Keith Sisson, *Managers in the Making: Careers, Development, and Control in Corporate Britain and Japan* (London, 1997).

26. John C. Beck and Martha N. Beck, *The Change of a Lifetime: Employment Patterns among Japan's Managerial Elite* (Honolulu, 1994); Masahiko Aoki, *Information, Incentives, and Bargaining in the Japanese Economy* (Cambridge, 1988).

27. Andrew Kakabadse, Lola Okazaki-Ward, and Andrew Myers, *Japanese Business Leaders* (Boston, 1996); Jonathan Clarkham, *Keeping Good Company: A Study of Corporate Governance in Five Countries* (Oxford, 1995).

28. Andrew Gordon, *The Wages of Affluence: Labor and Management in Postwar Japan* (Cambridge, Mass., 1998); Charles Weathers, "Japan's Fading Labor Movement", Japanese Policy Research Institute Working Paper no. 25 (July 1997). Second unions were management-initiated entities intended to undermine the existing enterprise union.

29. Gordon, *Wages of Affluence*, 2; Kazuro Saguchi, "The Japanese Employment System and Meritocracy in Historical Perspective", working paper, Tokyo University, 1996. However, many firms also engaged – and still do engage – in joint consultation on a wide range of issues in both unionized and nonunion companies. Joint consultation typically occurs at the unit level, although in unionized firms it is coordinated with companywide collective bargaining. Robert A. Hart and Seiichi Kawasaki, *Work and Pay in Japan* (Cambridge, 1999), 50 – 51; Motohiro Morishima, "Use of Joint Consultation Committees by Large Japanese Firms", *British Journal of Industrial Relations* 30 (September, 1992), 405 – 23.

30. Mari Sako, "Shunto: The Role of Employer and Union Coordination at the Industry and Intersectoral Levels", in Mari Sako and Hiroki Sato, eds., *Japanese Labour and Management in Transition* (London, 1997), 236 – 64; William Tsutsui, *Manufacturing Ideology: Scientific Management in Twentieth Century Japan* (Princeton, 1998); Osamu Koyama, "Flexibilization of the Human Resource Management in Japan", working paper, Sapporo University, 1997.

31. Hiroshi Okumura, *Corporate Capitalism in Japan* (New York. 2000), 99 – 100.

32. Data from a recent survey of very large companiel show that 28 percent of all corporate directors had once been officers at some level of the enterprise union. The figure is not comparable to the Nikkeiren survey, which included a larger proportion of small and mid-sized firms. Nikkeiren data in Inohara, *Japanese Personnel Department*; Research Institute for the Advancement of Living Standards (RLALS), Fujikazu Suzuki, and Takeshi Inagami, "How Top Managers See the Japanese Corporation: An Interim Report of the Survey of Corporate Covernance", in International Industrial Relations Association, 12th World Congress, Special Seminar Proceedings, *Corporate Governance and Industrial Democracy* (Tokyo, 1 June 2000),

99. Also see Takeshi Inagami and RIALS, *Gendai Nihon-no Kōporēto Gabanansu* (Corporate governance in contemporary Japan) (Tokyo, 2000), table 3 – 4.

33. Sanford M. Jacoby, "American Exceptionalism Revisited: The Importance of Management", in Jacoby, ed. *Masters to Managers: Historical and Comparative Perspectives on Employers* (New York, 1991).

34. Richard Freeman and James Medoff, *What Do Unions Do?* (New York, 1984); Nobuhiro Hiwatari, "Employment Practices and Enterprise Unionism in Japan", in Margaret M. Blair and Mark J. Roe, eds. , *Employees and Corporate Governance* (Washington, D. C. , 1999), 275 – 311.

35. Takao Kato, "The Recent Transformation of Participatory Employment Practices", NBER Working Paper no. 7965 (2000).

36. Kono, *Strategy and Structure*, 33.

37. Tachibanaki, *Who Runs Japanese Business*, 4. Because of rotation, the organizational location of a manager's early postings is much less important as a predictor of executive promotion than where the manager is working at mid-career.

38. Inohara, *Japanese Personnel Department*, 12.

39. The generalist career pattern characteristic of HR executives is most pronounced in non-diversified companies, especially in services, while diversified manu facturing firms have a mixture of HR generalists and specialists. In Japan, however, being an HR specialist does not connote the semi-professionalism that it does in the United States or the United Kingdom. Paradoxically, Japanese HR specialists focus on the practices of a single company, whereas HR professionals in the West tend to have broad knowledge of practices in a variety of industries. The former is more appropriate for a career-type labor market and the latter for the high interfirm mobility associated with Western careers. Takao Kato, "The Nature and Scope of Career Development of Managers of Large Firms in Japan and the United States", in Japan Institute of Labor (JIL), *Human Resource Development of Professional and Managerial Workers: An International Comparison* (Tokyo, 1998), 171 – 90.

40. Motohiro Morishima, "Career Development of Japanese and U. S. Managers: Difierences in Career Breadth", in JIL, *Human Resource Development*, 154 – 70.

41. Dore, *Stock Market Capitalism*, 25.

42. Boards also have time limits on how long a top executive may serve.

43. Aoki, *Information, Incentives, and Bargaining.* When the presidents of one hundred top Japanese companies were asked in 1990 to whom the firm should belong, they said shareholders (87 percent), employees (80 percent), and society (69 percent). Ulrike Schaede "Understanding Corporate Governance in Japan: Do Classical Concepts Apply?" *Industrial and Corporate Change* 3 (1994), 285 – 323.

44. Tokyo Stock Exchange, 2001 *Shareownership Survey* (Tokyo, 2002), table 2.

45. Okazaki, "The Japanese Firm under the Wartime Planned Economy".

46. Managing directors average nine times the starting annual salary for a new college gradu-ate; the ratio for CEOs is only eleven times greater. Inagami Takeshi, "From Industrial Rela-tions to Investor Relations? Persistence and Change in Japanese Corporate Governance, Employ-ment Practices, and Industrial Relations", *Social Science Japan Journal* 4 (2001), 231. In the United States, by contrast, the ratio of the pay of CEOs to that of new college graduates was at least two hundred, if not higher. Kevin Phillips, *Wealth and Democracy* (New York, 2002), 153; U. S. Bureau of Labor Statistics, *National Compensation Survey: Occupational Wages in the United States*, July 2002, table 1.

47. Katsuyuki Kubo, "The Determinants of Executive Compensation in Japan and the U. K", working paper, Hitotsubashi University, 2002; Toshiaki Tachibanaki, "Road to the Top", and Tomohiko Noda, "Determinants of Top Executives' Promotion and Remuneration", in Tachibana-ki, ed. *Who Runs Japanese Business.* It would be wrong, however, to think that there is a divide between board members and employees. While board members call themselves *yakuin* (executives of the company), they also call themselves *shain jūgyōin* (employees, or members of the enter-prise). Dore, *Stock Market Capitalism. Shain* is an interesting word because in a legal context it refers to shareholders, whereas in the corporate world it means core employees, thus suggesting some ambiguity as to who constitutes the Japanese corporation's residual claimant. See Ryuichi Ya-makawa, "The Silence of Stockholders: Japanese Labor Law from the Viewpoint of Corporate Governance", *Japan Institute of Labor* (*JIL*) *Bulletin* 38 (November 1, 1999), 1.

48. Masahiro Abe, "Corporate Governance Structure and Employment Adjustment in Japan", *Industrial Relations* 41 (October 2002), 683 – 702. There is debate over the origins of the main bank system and its centrality to the Japanese economic system at different points in time. See Yoshiro Miwa and J. Mark Ramseyer, "The Myth of the Main Bank", working paper, Olin Center, Harvard Law School, 2001, and Juro Teranishi, *Nihon no Keizai Shisutemu* (*The Evolution of the Japanese Economic System*) (Tokyo, 2003).

49. It is difficult to say which came first, long-term employment relations-which, to reduce agency costs, led to managerial-promotion tournaments and bank bloc holding (this is Roe's interpretation) – or long-term creditot and supplier relations, which resulted in bloc holding and career employment as devices to secure relational investments. One thing to bear in mind is that career employment, a feature primarily of large companies, is less widespread than cross-hold-ing and other distinctive goverance features. This would imply that the "fit" between the two is, to some extent, serendipitous rather than causal. Mari J. Roe, *Political Determinants of Corpo-rate Governance: Political Context, Corporate Impact* (Oxford, 2003); Mari Sako, Prices, *Quality, and Trust: Interfirm Relations in Britain and Japan* (London, 1992).

50. Mitsuharu Miyamoto, "Decline of Employment Protection and Trust? The Case of Japan", working paper, Department of Economics, Senshu University, 2000.

51. Michio Nitta, "Business Diversification Strategy and Employee Relations: The Case of the Japanese Chemical Textile Industry", in Sako and Sato, ed., *Japanese Labour and Management in Transition*, 265 – 79.

52. Robert J. Gordon, "Why U. S. Wage and Employment Behavior Differs from That in Britain and Japan", *Economic Journal* 92 (March 1982), 13 – 44.

53. Michael Gerlach, *Alliance Capitalism: The Social Organization of Japanese Business* (Berkeley, 1993); Mark Gilson, "Reflections in a Distant Mirror: Japanese Governance through American Eyes", *Columbia Business Law Review* 1 (1998), 203; Masahiko Aoki, Hugh Patrick, and Paul Sheard, "The Japanese Main Bank System", in Aoki and Patrick, eds., *The Japanese Main Bank System* (Oxford, 1994), 3 – 50; Sako, *Prices, Quality, and Trust*; Ronald J. Gilson and Mark J. Roe, "Understanding the Japanese Keiretsu: Overlaps between Corporate Governance and Industrial Organization", *Yale Law Journal* 102 (1993), 871; Masaru Yoshitomi, "Whose Company is It? The Concept of the Corporation in Japan and the West", *Long Range Planning* 28 (Aug. 1995), 33 – 44; Yishay Yafeh, "Corporate Governance in Japan: Past Performance and Future Prospects" *Oxford Review of Economic Policy* 16 (Summer 2000), 74 – 84. Some claim, however, that the bank role in corporate governance has been exaggerated. See Miwa and Ramseyer, "The Myth of the Main Bank".

54. Michio Nitta, "Corporate Governance, Japanese Style: Roles of Employees and Unions", *Social Science Japan* 20 (March 2001), 6 – 12. A recent Ministry of Finance study similarly finds that the greater the extent to which employees are involved in management. the more active are the firms in adopting corporate governance reforms. Hideaki Miyajima, "The Latest Report on Corporate Governance Reform, 'Progress in Corporate Governance Reforms and the Revitalization of Japanese Companies' by the Ministry of Finance's Policy Research Institute", Research Institute of Economy, Trade, and Industry (RIETI), Tokyo, September 2003.

55. Lucian Arye Bebchuk, Jesse Fried, and David Walker, "Executive Compensation in America: Optimal Contracting or Extraction of Rents?" NBER Working Paper No. 8661 (December 2001).

56. Steven Kaplan, "Top Executive Rewards and Firm Performance: A Comparison of Japan and the United States", *Journal of Political Economy* 102 (1994), 510; Kaplan, "Top Executives, Turnover, and Firm Performance in Germany", *Journal of Law, Economics, and Organization* 10 (1994), 142 – 59.

57. The lapses in corporate governance cited in the Japanese press – the paying of bribes to *sōkaiya* (professional extortionists) and the hiding of bad loans after the bubble's collapse – are examples of illegalities committed in the interests of the firm, not of personal gain at the expense of the company. Dote, *Stock Market Capitalism*. On U. S. corporate leaders, see Rakesh Khurana, *Searching for a Corporate Savior: The Irrational Quest for Charismatic CEOs* (Princeton, 2002).

58. Keisuke Nakamura and Michio Nitta, "Developments in Industrial Relations and Human Resource Practices in Japan", in Richard Locke, Thomas Kochan, and Michael Piore, eds. , *Employment Relations in a Changing World Economy* (Cambridge, Mass. , 1995), 325 – 58.

59. Ronald Dore, *Flexible Rigidities*: *Industrial Policy and Structural Adjustment in the Japanese Economy*, 1970 – 80 (Stanford, 1986).

60. Edward J. Lincoln, *Arthritic Japan*: *The Slow Pace of Economic Reform* (Wash-ington, D. C. , 2001).

61. Robert J. Kramer, *Organizing for Global Competitiveness*: *The Corporate Headquarters Design*, Conference Board Research Report, 1233 – 99-RR (New York, 1999), 10 – 14.

62. Carla Koen, "The Japanese Main Bank Model: Evidence of the Pressure for Change", Wissenschaftszeutrum Berlin (WZB) Working paper, 2000; "Corporations Wince as Shares Unwind", *Nikkei Weekly* (24 December, 2001), 12; "Japanese Banks: Fiddling While Marunouchi Burns", *Economist* (27 January 2001), 67 – 69. The main bank systern is hardly dead, however. Banks continue to play a role in helping distressed clients, as in the rescue package put together in April 2002 for Daikyo, a property developer.

63. Inagami, "From Industrial Relations to Investor Relations", 228; Nobuo Tateisi, "Corporate Governance in Tomorrow's Japan", *Glocom Global Communications Platform*, August 2001. On the economic illogic behind some of these reforms, see Sanford M. Jacoby, "Corporate Governance in Comparative Perspective: Prospects for Convergence", *Comparative Labor Law and Policy Journal* 22 (Fall 2000), 5 – 32.

64. Paul Beamish, "Sony's Yoshide Nakamura on Structure and Decision Making", *Academy of Management Executive* (1999), 12 – 13. There is a resemblance here to the British practice of a two-board system (which, unlike the German system, leaves no role for employee representatives).

65. *Freeter* is a neologism coined from the English word *free* and the German word *arbeiter*.

66. Dore, *Stock Market Capitalism*, chap. 3.

67. "Japanese Workers Least Loyal to Firms, Survey Discovers", *Japan Times* (5 September 2002); James Lincoln and Arne Kalleberg, "Work Organization and Workforce Commitment: A Study of Plants and Employees in the U. S. and Japan", *American Sociological Review* 50 (December, 1985), 738 – 60.

68. Performance-based pay is not new; it's just that its weight in the pay system has increased. Endo Koshi, "Japanization of a Peformance Appraisal System: A Historical Comparison of the American and Japanese Systems", *Sociaf Science Japan Journal* 1 (1998), 247 – 62; Hiromichi Shibata, "The Transformation of the Wage and Performance Appraisal System in a Japanese Firm", *International Journal of Human Resource Management* 11 (April 2000), 294 – 313.

69. In 2001 alone, membership in Rengo, the main labor-union federation, fell by 3 percent. Japan Institute of Labor, *Labor Flash* 11 (January 17, 2002).

70. Charles Weathers, "Japan's Fading Labor Movement", JPRI Working Paper no. 35 (July 1997); Yuji Genda and Marcus Rebick, "Japanese Labour Stagnation in the 1990s", *Oxford Review or Economic Policy* 16 (2000), 85 – 102; Tsuyoshi Tsuru and James Rebitzer, "The Limits of Enterprise Unionism: Prospects for Continuing Decline in Japan", *British Journal of Industrial Relations* 33 (September 1995), 459 – 92.

71. See the excellent discussions in D. Hugh Whittaker, "Labor Unions and Industrial Relations in Japan: Crumbling Pillar or Forging a Third Way?" *Industrial Relations Journal* 29 (1998), 280 – 94, and in Clair Brown, Yoshifumi Nakata, Michael Reich, and Lloyd Ulman, *Work and Pay in the United States and Japan* (New York, 1997).

72. Nikkeiren, *Creating a Society Rich in Choices* (Tokyo, 2001); Inagami, "From Industrial Relations to Investor Relations", 229; "Solution Sought to Employment Mismatch", *Japan Times* (16 March 2001); personal interview with Nikkeiren's Deputy Director General Yano Hironori, 2001; Koyama, "Flexibilization".

73. John C. Coffee Jr., "Shareholders versus Managers: The Strain in the Corporate Web", in John C. Coffee Jr., Louis Lowenstein, and Susan Rose-Ackerman, eds., *Knights, Raiders and Targets: The Impact of the Hostile Takeover* (New York, 1988), 77 – 134.

74. Christina L. Ahmadjian and Gregory Robbins, "A Clash of Capitalisms: Foreign Shareholders and Corporate Restructurings in 1990s Japan", working paper, Hitotsubashi University International School of Corporate Strategy, Tokyo. 2002.

75. Generally, see Cass Sunstein, "Social Norms and Social Roles", *Columbia Law Review*, (May 1996). 903 – 68; Curtis J. Milhaupt, "Creative Norm Destruction: The Evolution of Nonlegal Rules in Japanese Corporate Governance", *University of Pennsylvania Law Review* 149 (2001), 2083 – 2129; Geert Hofstede, *Cultures and Organizations: Softwares of the Mind* (New York, 1991).

76. Tokyo Stock Exchange, 2001 *Shareownership Survey*, table 2; Christina Ahmadjian, "Changing Japanese Corporate Governance", Working Paper no. 188, Columbia University Graduate School of Business 2001; "Making Waves", *Nikkei Weekly* (5 November, 2001).

77. For a typical example of this reasoning, see "Limits Urged on Banks' Shareholding", *Nikkei Weekly* (11 June 2001). Evidence of how the media affects governance outcomes can be found in Alexander Dyck and Luigi Zingales, "The Corporate Governance Role of the Media", working paper, Harvard Business School, August 2002.

78. Takeshi Inagami and RIALS, *Gendai Nihon-no Kōporēto Gabanansu*, table 2 – 20.

79. Ronald Dore. "Time to Revive Incomes Policy", 3 September 2002, http://www.nation-online.com.

80. Dore, *Stock Market Capitalism*, chap. 4.

81. Randall Jones and Kotaro Tsuru, "Japan Corporate Governance: A System in Evolution", *OECD Observer* 204 (1997), 40 – 41, Hiroyuki Takahashi, "Corporate Governance in Japan: Reform of Top Corporate Management Structure", *JEI Repots*, 23 July 1999; Bao Gai, *Japan's Economic Dilemma: The Institutional Origins of Prosperity and Stagnation* (Cambridge, 2001); Sachiko Hirao, "Business Law Changes Just Scratch Surface", *Japan Times* (8 March 2001); "Commercial Code Revised to Allow U. S. -Style Corporate Governance", *Japan Labor Bulletin* 41 (August 2002).

82. Japan Institute of Labor, *The Labor Situation in Japan*: 2001, 92 – 93.

83. "Temp Work System in Change", *Japan Times* (14 March 2001); "Businesses Turn to Alternative Employment", *Nikkei Weekly* (7 January 2002); Japan Institute of Labor, "Rules Governing Employee Dismissals", *JIL Labor Flash* (3 December 2001); Takashi Araki, "A Comparative Analysis of Corporate Governance and Labor and Employment Relations in Japan", *Comparative Labor Law and Policy Journal* 22 (2000), 67 – 96; Mitsuharo Miyamoto, "Decline of Employment Protection and Trust? The Case of Japan", working paper, Senshu University, July 2000.

第3章

大型日本企业雇佣实践和
公司治理的实地研究

要想了解日本公司治理模式正在发生的变化，一个最好的办法就是分析单个企业的雇佣实践特征。我们实地调访了 7 家日本企业，进行了认真的案例研究，访谈了每家企业总部的人力资源部经理和员工。在有些企业，还访谈了分管人力资源部门的董事（董事会成员）和企业财务部门的高级经理[1]。

这些被调访企业涉及多个产业：证券、包裹递送、汽车零部件制造、电气制造、建筑业和电子。在建筑业，我们研究了两家企业，能在更广范围上来审视多业务部门对公司治理实践的影响。我们还对访谈进行了编码，以便对案例企业进行比较、分类和归纳[2]。

从案例研究中能够马上得到的直观结论是，日本企业总部人力资源部门真是千差万别，其权利、职责和影响力各不相同，并且这种差异性与雇佣政策的微妙变化有关。

将多元化企业与专业化的、以相同业务获得大量收入的企业区分开是非常有必要的。前面的研究表明，与多元化企业相比，专业化日本企业的分部/子会社更为弱小，总部更为强势。这一点在所选择的 7 家样本公司中表现得相当明显[3]。

本书案例研究所选取的 7 家日本企业是：（1）多元化日本企业。多元化公司选取的是某日本电子公司（J. Electronics）① 和某日本电气公司（J. Electrical），所处行业多元化非常显著，这两家公司的强势分部由来已久，在内部很有影响力，总部人力资源部门拥有适度的权力。其中日本电子

---

① 译者注：为了隐去公司名称，在原文中作者对日美公司都使用代指。在翻译过程中，为了便于区分，保留了英文代指的名称，方便阅读。

公司（J. Electronics）主要生产电子消费品，日本电气公司（J. Electrical）主要生产大型机电设备、消费电子产品等。

（2）专业化日本企业。专业化企业选取的是某日本汽车零部件制造公司（J. Parts）、某日本快递公司（J. Delivery）和某日本证券公司（J. Securities），后两者是服务型企业，前者是制造企业，这三家公司的总部部门强势（总部 HR 部门就是如此），分部部门相对弱势。

42

（3）混合形态企业。本书研究还选择了日本的两家建筑类企业，很难用专业化或多元化对其进行分类。虽然它们是专业化企业，可其地区分部非常强势，甚至可以挑战总部权威。

3.1　日本大企业的实地调访

组织权力的研究文献认为分部（subunit）① 相对强势的原因有四个：（1）运营权力；（2）集权，或与各职能部门的关系；（3）信息占有；（4）对企业资源分配决策的影响[4]。这些因素与我们所观察的"有权威的"或"强势的"总部人力资源部门的研究相一致：

- 与分部和直线经理相比，总部人力资源部门是一个权威部门。（1）
- 总部人力资源部门决定全公司范围内的评价、奖励和各种政策。（1）（3）
- 总部人力资源部门控制部门编制和雇员配置，如招聘、晋升，以及公司内部的调任和轮岗。（1）（2）
- 总部人力资源部门收集雇员绩效的数据资料。（3）
- 总部人力资源部门在选拔高级经理上发挥主导作用。（2）（4）
- 总部人力资源部门通过董事会、管理委员会和其他渠道来影响企业战略决策（如资产分拆或海外投资）。（4）

接下来，我们将介绍每家样本企业，并考察总部人力资源部门的架构。我们首先看到的是集权人力资源部门的多元化企业，然后是人力资源部门权威较弱的专业化企业。在逐一介绍 7 家样本企业之后，还将回过头来分析每家企业所经历的变革。

---

① 译者注：对日本企业进行案例研究时，使用较多的是分部或子会社，而附属子公司多是指日本企业剥离出去之后又承接母公司相应职能活动的独立实体。而对美国企业进行案例研究时，使用较多的是事业部。

3.1.1 日本证券公司的实地调访

某日本证券公司（J. Securities）是日本国内最大、历史最悠久的投资机构，主要业务是通过日本国内的 125 家零售网点以及 40 家海外办事处网络来提供经纪服务。日本证券公司（J. Securities）还提供一系列全方位的有偿企业服务，包括资产管理和投资银行业务（债券和股票的发行以及保险、并购业务等），这些有偿企业业务近年来成为收入的增长点。日本证券公司（J. Securities）有 9 000 名国内雇员，还有 3 000 名海外雇员，其中，大多数国内雇员都在零售部门工作。日本证券公司（J. Securities）拥有 10 家经营核心业务的全资子公司，其中包括一家银行和一家资产管理公司，还有部分控股的子公司。近年来，公司总收入在急速下滑，亏损时有发生，幸运的是，占公司净收入 3/4 的佣金收入尚能帮助该公司维持业务的正常运营。

投资银行业务和经纪服务在绝大多数日本传统企业中享有盛誉，日本证券公司（J. Securities）也不例外。在我们调访的 7 家日本企业中，日本证券公司（J. Securities）是拥有强大总部人力资源部门的最典型代表。在其多元化的分部中（如投资银行、公司金融和资产管理分部），没有一个分部设置人力资源部门。这些分部由总部所设立，但处于总部职能部门的严密监控之下。各个分部的业务核心是其在国内的零售分支机构。每个分支机构是一个业务中心，直接向高级零售执行董事汇报工作。这种安排能赋予分支机构经理一定的运营自主权。另外，这些零售分支机构没有人力资源部门，总部人力资源部门严格审查各零售分支机构的雇佣决策。

日本证券公司（J. Securities）的总部人力资源部分为两个部门：雇员关系部和人事部。这种部门分置可以追溯到 30 年前。雇员关系部负责全公司范围内的人力资源行政事务，诸如员工福利、康健娱乐和餐饮服务等，同时也负责与工会谈判，并确保遵守日本的相关雇佣法律。所有分支机构经理以下的雇员都归企业工会管理，他们负责与雇员谈判合同，是企业和雇员之间信息沟通的桥梁。工会与企业合作，并为企业所接受。工会的主要办公场所设在日本证券公司（J. Securities）的东京总部。工会领导人的任期通常是 2~3 年，然后再回到雇员序列。日本证券公司（J. Securities）现任董事会成员中，有一位曾经担任过企业工会的主席[5]。

人事部有 35 名雇员，相比于雇员关系部其权力更大，这是因为该部门职权非常广泛，负责招聘、员工配置、绩效考评、轮岗、培训和薪酬设计等。事实上，人事部在确定和取消职位方面的权力非常大。与许多其他大型日本企业一样，日本证券公司（J. Securities）始终保证其管理人员和专业人员的雇佣期限是60岁。重大招聘的决定权掌握在总部人力资源部门手中。尽管公司业务发展平稳，但每年都有年轻雇员被外资金融机构和咨询公司挖走，这些机构急于在日本市场寻找扩张机会[6]。总部人力资源部门负责招聘、雇佣、培训，安排那些年轻毕业生走上他们最初的岗位。以此为开端，雇员与总部人事部保持着紧密的联系。

日本证券公司（J. Securities）的在职培训非常有名，有系统性的正规培训，还包括入职后10～15年的轮岗计划。轮岗计划的首次实施由总部人力资源部门提出，该计划考核员工绩效，并综合考虑不同业务部门的具体情况。轮岗包括在其全资子公司的职位轮换，所以，该公司的员工职业经历可以跨越母公司和控股公司。人事部第一步是将轮岗计划提交给个人发展委员会，该委员会由人力资源部总经理、代表三个主要零售部门的董事会成员和5名来自其他部门的高级经理组成。个人发展委员会调解因各分部争夺最优秀、最有前途的年轻经理而引发的冲突。在个人发展委员会的会议中，人事部负责人尽力缓和部门之间、分部之间的利害冲突，强调公司的整体利益，强调什么是对公司整体有益的，并指出缺乏吸引力的、增长缓慢的部门需要人才输入，希望有才华的经理支持公司业务发展最需要的岗位；还有，快速成长的、利润不错的部门还应该接纳普通雇员，从而实现利益分享而不能自顾自一骑绝尘。也就是说，人力资源部门非常重视并致力于确保公司内部的平等，这种平等包括分部之间的平等，也包括终身雇员之间的平等。尽管日本证券公司（J. Securities）以其能快速挖掘后起之秀而著称，它也会认真考虑那些尽管有天赋但却不太优秀的经理和专业人才的发展。

这种对平等的关注和重视通过总部人力资源经理与非管理雇员的年度面谈而实现。在一年中，每位人力资源经理要走访大约七八百名雇员。面谈在指定地点进行，要么在别府市（Beppu），要么在巴林（Bahrain）。这种方式使总部人力资源部门能够比较和评估所收集的各方对绩效评估和奖金分配的建议。随后，总部人力资源部门就会实施评价，对全部直线经理进行排名，同时检查并确保奖金奖励的公正性。尽管每年大约有六起争端案例会送交个人发展委员会，各部门通常都会接受人事部介入的任何调整。这些面谈也是人事部了解各地运营状况、关注雇员职业规划和倾向性的重要方式。尽管如此，当雇员的倾向性（例如想在东京工作和生活）与公司的需求（依据人事部评估需要派往北海道）发生冲突时，公司需求通常是决定性的，这名雇员将被派到北海道。

人力资源部的职能不仅与各职能部门、各分部联系在一起，也与公司高管联系在一起。人力资源部总经理向人力资源常务董事（公司董事会成员）汇报工作。在董事会会议上，常务董事很重视人力资源两个部门的工作，会把战略性的信息上报给董事长。人力资源总经理是公司众多总经理中的一员，每年会直接与董事长和董事见两次面来讨论公司的战略重点。为强化其影响，人力资源总经理每年需要至少与每一位董事会成员单独见一次面。这种安排并不是赋予人力资源部门一种可以影响公司战略的特权，而只是想使其与其他部门的步调一致。由于人力资源部门的国际性才智和对全职雇员利益的关注，负责人力资源的常务董事有时会比其他董事会成员更具影响力。

尽管人事部在日本证券公司（J. Securities）内部至关重要，但没有一名人事部高级经理曾在人力资源相关职位上有过任职经历。公司政策是每2～4年对经理实行一次部门间轮岗。这种方式非但不会暴露公司人力资源部门职能上的任何缺陷，还体现了公司对经理的通才培养导向，以及短任期制与员工职业发展模式的一致性：后起之秀们被轮换到各个重要的岗位上去，如营销部、销售部、人力资源部、企划部。人事部要与企业很多人打交道，通过轮岗，人事部的角色和职能才能被广泛理解。如有需要，后起之秀就会被派到人事部，并可以快速成长起来。我们实地调访时在任的人事部总经理在该部门工作尚不满一年，曾为固定收入事业部经理，负责投资业务。他的年轻助手们相信，这位人事部总经理是一个为公司着想、顾全大局的杰出领导。从他们的观点来看，人事部是一个了解公司多元化构成、战略方向和组织政策的好地方。

3.1.2　日本快递公司的实地调访

某日本快递公司（J. Delivery）是一家日本领先的隔夜包裹送达快递企业，这个行业在20年前才刚刚起步但却发展迅速。该公司创始人在日本因解决了妨碍私人包裹递送的政府管制而闻名。直到现在，该创始人还积极参与公司的管理。老雇员们对他记忆犹新、偏爱有加，显然，这种忠心和忠诚是企业宝贵的财富。

日本快递公司（J. Delivery）有86 000名雇员，其中很大一部分（40 000名）是兼职员工。日本快递公司（J. Delivery）的业务主要是在日本本土，相应的，其组织结构具有明显的地域性。在日本的每个主要地区，日本快递公司（J. Delivery）都有相应的区域分部。这些分部被依次地划分为一个个基地，向毗邻的中心汇报工作。在日本，日本快递公司（J. Delivery）拥有

2 500 多个地区基地，每个基地都有毗邻的中心。在这样的基本架构下，公司业务几乎可以触及日本国内每一个企业和家庭。尽管遭遇经济衰退，公司的销售额和净收入在近几年仍持续稳步增长。公司正在从其他快递企业，包括从邮政服务手中夺取业务，同时，该公司也在积极开拓新市场，如 B2B 包裹业务、鲜货快递、高尔夫俱乐部特快专递以及滑雪设备快递等专为度假者提供的快递业务。

近几年来，日本快递公司（J. Delivery）历经了一定程度的多元化。例如，凭借其在信息技术和物流方面的专业技术，日本快递公司（J. Delivery）也向一些有物流需求的企业提供解决之道。这种物流管理咨询服务与包裹递送业务有所不同，因此，这项业务最近通过资产分拆而成为一家独立的公司。对于海外递送业务，日本快递公司（J. Delivery）与美国一家企业建立了一家合资公司。尽管如此，相对于日本市场的业务量，国内市场对于航空运输递送的依赖性很小。

这家专业化企业的英雄是司机，他们不仅将包裹递送到家庭和办公室，同时也会招揽新的生意，还可以直接出售产品（快递车顺便装有非耐用消费品，如卫生纸和瓶装水）。作为与顾客联系的关键点，驾驶员不仅要做到高效率，而且要礼貌友好。为了吸引最优秀和最有前途的日本高中毕业生（其数量在不断减少），日本快递公司（J. Delivery）付给驾驶员非常高的薪水，为行业里最高。为提高生产率，日本快递公司（J. Delivery）在信息技术和通信设备上进行了大量投资。这些技术允许顾客选择精确的时间收取包裹；同时，通过移动电话，顾客能够了解到包裹的投递进程。日本快递公司（J. Delivery）希望为网店提供物流服务，以及通过代收款业务而获利，毕竟，还有许多顾客对于网上支付的安全性非常怀疑，不愿意在网上通过信用卡付款而宁愿选择代收款业务。日本快递公司（J. Delivery）的人力资源部在这项新业务的战略制定中涉入很深，其成功的关键取决于驾驶员的技能提升和积极性。

在分拣车间、仓库和后勤部门，日本快递公司（J. Delivery）雇佣兼职人员，成本更低，从而可以弥补驾驶员高收入所带来的高成本。临时员工约为雇员总数的一半以上，这一比例在近十年中稳步上升，增量主要来自每天只工作几个小时的兼职人员。兼职人员中有很多是家庭主妇，她们早晨 5 点到公司，工作 3 个小时，分拣供上午递送的包裹。还有一些兼职人员主要是出于季节性需要，雇佣期一般在 2 个月左右[7]。

由于日本快递公司（J. Delivery）的成功依赖于向顾客提供高质量的个性化服务，因此，集权型人力资源部门在公司运营中占据重要位置也就不足为奇了。该公司人力资源部负责所有有关雇佣、工资、晋升和培训的人事系统。即使是在大阪和东京的最大区域性事业部，依然没有自己的人力资源部门，仍然是要依附于总部人力资源部门。在总部人力资源部门，高级人力资源经理是被委派至此的业务能手，将来会有更灿烂的职业发展前景。这些业务能手在被召回总部之前，已经在各个中心和分支机构轮岗多年。日本快递公司（J. Delivery）总部的人力资源部有 60 名雇员；主要是向人力资源常务董事汇报工作，人力资源常务董事是公司董事会成员，并在其中有很大的影响力，备受尊重。

在日本快递公司（J. Delivery），集权型人力资源部的一个职责是维系公司和企业工会的良好关系。驾驶员士气对于良好的客户关系非常重要，因此，工会在与企业的互动和谈判中就拥有相当重要的作用和地位。工会的组织结构足以反映这些，它在公司的基层组织（包括几个递送中心）、分支机构、总部中都有领导人，同时，在总部大楼的顶层，工会有自己的总部办公室。工会的主要关注点之一就是企业发展对临时员工的依赖性。日本快递公司（J. Delivery）约定不雇佣兼职司机来表明对此问题的重视态度。公司的许多经理曾经在工会工作过，一些职位略低于中层的经理（大约一半的区域运营中心经理）目前在工会任职。集权型人力资源部门通过雇员参与计划和单一身份人事政策而强化了"集权制"[8]。这样，无论是公司的津贴组合还是福利设施，经理和驾驶员之间，或者在白领和蓝领雇员之间，都不会存在歧视现象。总部非常俭朴，公司高管也特别朴素，高级经理和穿制服的驾驶员会在总部食堂里一同进餐。

基层经理可以自由雇佣驾驶员和其他员工，并对他们进行培训、评估，但这仅限于在总部人力资源部门的指导方针范围内进行。新驾驶员雇佣、驾驶员晋升经理的标准化考试、客户反馈和监督、内部评价等都有一整套行之有效的指导方针，而各地员工的大量培训在公司总部进行。像很多其他日本企业一样，日本快递公司（J. Delivery）在员工培训上投入了大量经费，例如，对驾驶员进行培训的讲师配置比例非常惊人，达到了 1:7[9]。基层经理要接受总部人力资源部的培训，至少每年两次。当地的工会领导人可以把对经理的抱怨直接报告给公司总部，这为总部人力资源部监督每个地区分部的运营开辟了另一个渠道。

日本快递公司（J. Delivery）总部人力资源部在挑选分支机构经理方面发挥着重要作用，还负责每年为总部招聘大学毕业生、监督经理们的海外轮岗和晋升工作。得益于该公司的平等主义精神，许多未上过大学的雇员，也已经在晋升排名中不断上升，逐渐成为分支机构或总部的经理。

48

3.1.3　日本汽车零部件制造公司的实地调访

　　某日本汽车零部件制造公司（J. Parts）是一家多元化的跨国公司，原本是一家主要汽车制造商的子公司。日本汽车零部件制造公司（J. Parts）有 14 个分部，其中 12 个分部共同组建成服务于汽车行业的产品集团，主要产品包括汽车动力系统、电机系统和热能系统，另外 2 个分部生产创新工业产品，如遥控设备和记忆棒读卡器。所有分部共同享有一个集权型的人力资源部，一个集权型的研发中心，一个集权型的营销团队和生产线（日本本土的大型生产线及其他几个海外生产线）。日本汽车零部件制造公司（J. Parts）大约有 40 000 名本土核心雇员；加上 70 家分公司和子公司的雇员，国内雇员总人数超过 70 000 名。在 40 000 名核心雇员中，60% 是蓝领工人，40% 是白领（包括文职人员、经理和工程师）。日本汽车零部件制造公司（J. Parts）因高质量产品和精湛技术而享誉海内外。在经历了 20 世纪 90 年代末几年下降之后，近几年该公司营业收入有所攀升。尽管仍能赢利，但利润却在下滑。

　　在同样优秀的生产型企业里，日本汽车零部件制造公司（J. Parts）以其杰出的设计、技术熟练的工人和勤奋工作而更胜一筹。几乎每个员工都是一个"职业军人"，不管是蓝领还是白领，不管是在平级之间（在部门和分支机构之间），还是在上下级之间（在经理、工程师和体力劳动者之间），日本汽车零部件制造公司（J. Parts）都有很强的平等文化。

　　日本汽车零部件制造公司（J. Parts）集权型人力资源部门有三个：招聘与规划部、培训部和福利服务部，总共有 200 多名员工。集权型人力资源部门影响着公司的地域性组织运营。总部办公室也是主要制造分部的所在地。总部办公室和该制造分部合起来共有 1/4 的本土雇员。其他 11 家制造分部相隔不太远，在同一个辖区。地域性考虑是公司有意采取的一项战略，旨在确保生产车间互相接近，且临近主要客户。这使得制造分部车间之间能够相互协调，分享创新，还能保障产品定制化生产，并能协调生产进程中的有关产品研发。

　　人力资源部门的集权化也与公司工会有关。工会曾在 50 年前领导了一次罢工，那时，有些现任经理还没出生，有些则记忆犹新。尽管如今的工会与曾经的"好战"工会相距甚远，但依然在总部和分支机构之间享有相当大的影响力。工会主要关心分部与公司行为的一致性，与公司出发点迥异不

49

同：工会想阻止工厂之间竞相削减工人工资，希望有统一的标准，而公司则

希望自由雇佣和解聘。不过，公司和工会在上下级的平等问题上却近乎一致。对于工会而言，报酬和地位差距的最小化关乎公平；对公司而言，这有助于提升员工忠诚度，有助于建立不同级别之间的信任感。

人力资源部门集权化的结果是形成了一套有关招聘、培训、晋升和奖励的完整体系。招聘是高度集权化的，尽管销售状况不佳，仍要继续招聘，以注入所谓的"新鲜血液"。负责工程师培训的，是工程设计部，而不是人力资源部，公司在这方面给予了该部门极高的优先权。总部人力资源部的首要职能是对管理雇员进行培训和轮岗，负责新入职员工的培训和每年一次的公司培训会议，还负责设计公司的薪酬、绩效考评和工作轮岗体系。当然，这些政策体系的决策有赖于人力资源部门、产品部门和直线经理之间微妙而不断变化的平衡。

在日本汽车零部件制造公司（J. Parts），分部和工厂拥有自己的人力资源部门，可以在总部人力资源部的方针指导下制定一些有关职业规划、绩效考核、工程师和技工晋升方面的决策。直到现在，总部人力资源部门依然有评估经理的最终权威，即使分部或产品集团不同意，它依然可以任命经理到他们认为是最能服务于公司整体利益的岗位。当然，分部可以同总部人力资源部共同决定基层和中层经理人选。即使在现有安排下，分部人力资源部门人员与总部人力资源部门人员也有着密切的联系，部分是出于自身利益考虑，因为总部控制着这些分部人力资源部门工作人员的职业发展。

企业工会在与总部人力资源部的互动中保持着重要地位，他们把一线生产工人关注的问题提交给总部的后台渠道，也就是说，企业工会能对总部和车间这两个中心施加影响。总部人力资源部定期与工会讨论雇佣问题，不包括年度薪资谈判。往届的工会领导人被委任为公司高管：有2名往届的工会领导人在总部人力资源部任职（其中1名是劳动关系专家），另一些人被安排在其他高管位置上。另外，还有1名公司常务理事也曾是工会领导人。工会，尤其是现在的工会，稳健并善于合作，受人尊重，并被认为是公司雇佣关系中的重要组成部分。正如一位高级人力资源经理所说，公司和工会两者之间的配合关系有如车轮和车轴，只有车轮平衡了，这种关系才能被继续推进。

尽管如此，人力资源部和工会的紧密配合却使工会处于非常尴尬的局面。一名高级经理再次以比喻的方式解释说，人力资源部就如公司和工会之间的桥梁。人力资源部把公司意见传达给工会，同时工会意见也通过人力资源部的常务董事反馈给管理层和董事会。为了履行这个职能，人力资源部门必须取得双方的信任。我们了解到，公司高管信任人力资源部门，并理解为什么人力资源部会采取中立或者偏向于工会的姿态；但也听到一些负面信息，说有些年轻经理对这种方式持怀疑态度。

日本汽车零部件制造公司（J. Parts）的人力资源部门有 4 名高级经理，其中，人力资源部门总经理既是通才又是专才，他还是常务董事，有公司规划、采购和生产计划的工作背景，都是"实权"领域。在董事会中，不免有些成员怀疑人力资源部门是外行，因此，有这样在公司董事会上代表人力资源部的"实权"经理，增强了大家对人力资源部门的信任。传统认为，人力资源部的常务董事很有权势，因为工会和雇员被认为是企业的股东。其他 3 名人力资源高级经理也是专家，1 名是教育和职业发展领域的专家，1 名是福利管理领域的专家，还有 1 名是劳动关系经理。

3.1.4 日本电气公司的实地调访

某日本电气公司（J. Electrical）是一家跨国公司，既生产消费品（如手机、笔记本电脑和家用电器等），也生产工业产品（如信息系统、电气设备、电梯、医疗器械和半导体等）。该公司多元化非常明显，有 10 家产品集团，包括 36 个分部，是一家典型的综合性日本电气公司。日本电气公司（J. Electrical）是日本最早采用 M 型组织结构的公司之一，其分部相当独立。在 60 000 名雇员当中，70% 是白领，其中一半是工程师。该公司旗下的 300 多家分公司和子公司在日本及海外还有 140 000 名雇员。近几年母公司的销售不景气，主要原因是对日本市场的持续依赖（大约 60% 的销售额来自日本本土），而且赢利不佳，要么亏损，要么就是赢利极少。

日本电气公司（J. Electrical）总部人力资源部分为两个部门。一个部门有 35 名员工，负责规划工作；另一个部门有 50 名员工，负责员工福利和服务。这种划分类似于日本证券公司（J. Securities），是近年来比较流行的。这种部门划分与设置，反映了公司有意拉大工会与人力资源部在决策制定上的距离，努力使人力资源部的决策更贴近公司战略规划。规划部在公司制度体系的引入上居于主导地位，最近的行动包括新退休金计划的导入、绩效导向的薪酬计划导入，以及对加班薪酬规定的修改。那些被要求采用这些制度体系的分部，几乎没有独立的人力资源政策，只有一个分部是例外，那就是最近公司研发部试行的弹性工作制计划。

经理们的职业轮岗在各个分部内部进行，这些分部都有自己的人力资源部门。同时，在全公司范围内设置了一个委员会来检查各分部的轮岗计划，主要工作就是审定轮岗计划、盖章以示同意或批准。雇员可以通过公司开放的记录系统提出岗位转换，报请总部人力资源部予以审批。过去的几年里，大约有300名工程师和很多经理使用了该系统，但这远不是一个开放的企业内部劳动力市场，因为雇员需获得其所在分部人力资源部的批准。如果不批准的话，那么总部人力资源部门就会尝试去调停，最终几乎都是遵从分部的意愿。当然，如果总部坚持，那分部也不会不给面子。他们或许可以将这样的经理留任1~2年，但是，如一名分部高管所言，"总部人力资源部门终究会得到他们想要得到的东西。"

尽管分部非常强大，但日本电气公司（J. Electrical）最好和最出色的经理还是向往到总部任职，这是总部人力资源部门的权力之源。总部人力资源部门的一个主要职责就是对经理候选人进行评估和排序，之后，交由常设人力资源执行委员会（公司主席所创立）、公司高管和总部人力资源经理共同讨论。每个分部与人力资源执行委员会碰头，讨论涌现出来的新秀，同时也会讨论分部的轮岗计划和继任计划。总部人力资源部帮助董事会制订一套适用于总部高管的继任计划，同时也会向董事会推荐合格人选。

更微妙的趋势是，总部人力资源部门能够影响分部的人力资源部。在多元化经营模式下，工厂和分部的人力资源部员工（超过400人）事实上有双重汇报关系，既要向自己所在分部的领导汇报工作，也要向总部人力资源部门汇报，这是因为总部人力资源部控制着他们的职业轮岗。总部人力资源部员工大多是一些在人力资源部门工作一辈子的专业人士，当然，他们也会去工厂或分部的人力资源部门进行轮岗。分部人力资源经理与总部人力资源经理每月会面一次，讨论一些重大问题，如招聘和工会关系等。有时候，他们会形成推进新项目的强大合力，如同几年前所做的一样，他们设计了一套允许雇员更换姓名、地址和其他个人信息的在线系统。分部人力资源经理及其员工试图与总部人力资源部保持良好关系，期盼最终能到总部工作。这种晋升事实上只是换了一个楼层办公而已，因为多数分部的人力资源部都同总部人力资源部在同一栋大楼里办公。这种便利性增强了总部人力资源部门在全公司范围内发挥影响作用的能力。

3.1.5 阿尔法建筑公司和贝塔建筑公司的实地调访

52

阿尔法建筑公司（Construction Alpha）和贝塔建筑公司（Construction Beta）这两家公司均属于日本五大建筑承包集团，它们为公共部门和私人企业设计并建设大型工程项目，从桥梁到隧道、酒店，再到办公楼，无所不及。他们并不直接雇佣体力劳动者，而是雇佣分承包商来完成项目建设。两家建筑公司都设有总部人力资源部，大约有70名雇员，由一名总经理领导。这位总经理需要向分管人力资源部门的常务董事汇报工作；在这两家公司当中，常务董事是董事会成员。

　　阿尔法建筑公司（Construction Alpha）有11 000名雇员，大约70%是工程师、设计人员和建筑师，且多数在总部工作。公司有3个分部：土木工程部（大部分是公共工程）、东日本建设部（包括东京）和西日本建设部（包括大阪）。这3个分部掌控着许多地区分支机构，负责在辖区内开展业务。阿尔法建筑公司（Construction Alpha）还有几家海外分公司、一个不动产开发部（严重亏损的部门）和81家工程与建筑行业的附属机构。尽管仍然服务于政府公共设施建设，可阿尔法建筑公司（Construction Alpha）在过去4年里所获订单数却一直在大幅下降。

　　贝塔建筑公司（Construction Beta）的组织结构与阿尔法建筑公司（Construction Alpha）类似。有3个主要部门：一个是拥有11家地区分支机构的建筑部门，在财务上是独立的实体；另一个是建筑和工程部；还有一个是不动产开发部。像阿尔法建筑公司（Construction Alpha）一样，贝塔建筑公司（Construction Beta）只雇佣白领工人。在它13 000多名雇员中，2/3的雇员是建筑师和工程师。过去两年里，公司的订单数一直在减少，处于负债经营。贝塔建筑公司（Construction Beta）拥有一些海外子公司和分支机构，业务范围涉及工程设计、建筑出版及旅游休闲。

　　工程师、建筑师和设计师之间的竞争很激烈。两家公司都采取了类似的战略使总部人力资源部免受这种职业冲突。人力资源部的员工没有技术背景，这使他们在小派系的纷争中保持中立角色。尽管他们的资历不够，但也有一定的权威，这是因为他们到人力资源部之前，曾在总部和不同职能部门进行轮岗，掌握员工和一些职位的情况。阿尔法建筑公司（Construction Alpha）人力资源部总经理已经在该部门工作了6年，之前曾在建筑工地工作，再往前是在一家附属子公司的企划部工作；贝塔建筑公司（Construction Beta）人力资源部总经理曾在建筑工地工作过。

　　两家公司的地区分部也同样存在竞争。每个分部都有固定的客户，但是会为了总部的资本和技术支持而互相竞争。分部人力资源部门的权力体现在招聘和轮岗中，没有被集中化。同样，通过充当中立的调停人，总部人力资源部可以发挥自己的一些影响力。例如，阿尔法建筑公司（Construction Alpha）拥有一个全公司范围的职业轮岗规划和晋升委员会。委员会成员主要包括总部人力资源部门的代表、主要分部人力资源部的代表，以及为被总部雇佣的工程师和建筑师服务的人力资源部独立代表。这些成员想通过强调公司整体利益的方式来平衡一些竞争性的利益冲突。尽管如此,与日本证券公司(J. Securities)的安排相反,该委员会不处于阿尔法建筑公司(Construction Alpha)总部人力资源部门的管辖之下,所以,分部在某些时候确实可以将其想要的人才强留下来。

在阿尔法建筑公司(Construction Alpha),每个分支机构在公司董事会中享有席位,所以,分部所享有的独立性和影响力会因此而强化。这种情况在贝塔建筑公司(Construction Beta)也是一样,其11个主要地区分部在公司董事会中均有席位。在轮岗规划时,贝塔建筑公司(Construction Beta)的总部人力资源部遵从分支机构人力资源部门的意见,尽管他们会审查并偶尔提出质疑。这一过程中产生的纷争由人力资源部总经理担任主席的人力资源委员会来处理,但是委员会成员并不经常会面。

在这两家建筑公司中,总部人力资源部门保存有所有雇员档案,从而在实质上拥有更多权力。在阿尔法建筑公司(Construction Alpha),总部人力资源部总经理和分管该部门的常务董事定期向董事长汇报他们的非正式建议,推荐董事会成员或者是高级管理职位人选。相对于日本证券公司(J. Securities)总部人力资源部所拥有的权力,这些非正式建议的影响力要弱得多。

总部人力资源部门另一种维护自己意见的方式是与分部和分支机构的人力资源部建立千丝万缕的联系。这些人力资源部与总部人力资源部之间经常开会,双方都同意员工轮岗,关系也非常友好。1998年,阿尔法建筑公司(Construction Alpha)推行了一项更偏重于个人绩效的薪酬计划,采纳了一项由总部人力资源部门设计并由不同人力资源部经理和工会领导人合力完成的一项计划。同样的事件在次年继续上演,阿尔法建筑公司(Construction Alpha)采纳了一项通过员工辞职、提前退休和削减招聘来实现的裁员计划。

几乎所有的技术人员(工程师和建筑师)都属于企业工会。在贝塔建筑公司(Construction Beta),80%的雇员是工会会员,有的部门负责人也是工会成员。每年总部人力资源部门与工会就年薪问题进行磋商,也在公司年会中特别安排专题会议。尽管如此,仍然是缺乏战斗力,总部人力资源部门和其他高管都非常尊重工会,因为他们中的很多人都曾是工会会员。在贝塔建筑公司(Construction Beta),几位往届工会领导人已在总部人力资源部就职;阿尔法建筑公司(Construction Alpha)现任董事长也曾经是企业工会的领导人。一种感觉是公司高管对员工负有责任感,把工会看成是合理主张的代言人,而且,消弭企业和工会之间分歧的人力资源部门能够获得信任,相对而言,阿尔法建筑公司(Construction Alpha)更注重公平,家长式作风更少。当然，无论是阿尔法建筑公司（Construction Alpha）还是贝塔建筑公司（Construction Beta），其人力资源部都不如前述企业总部人力资源部门那样有权有势、至关重要。

3.1.6 日本电子公司的实地调访

某日本电子公司（J. Electronics）是一家在日本以组织创新而著称的跨国电子企业。在我们所调访的日本企业当中，该公司是分权最显著的，雇佣政策也最具市场导向。日本电子公司（J. Electronics）旗下拥有 5 家产品集团：家用电器、信息技术、电机技术、通信系统和半导体。每个产品集团的运营都像是一个半自治的公司，有权成立自己的分部。这 5 家产品集团共雇佣了 1.9 万名员工，其中 70% 是工程师。日本电子公司（J. Electronics）还拥有 100 多家附属子公司，分布在日本和海外，其中大多数为母公司全资所有并与母公司产品线密切相关。这些附属子公司在日本雇佣了大约 5 万名员工，在海外雇佣了 10 万名员工。近几年公司的销售业绩平平，虽然略有赢利，但一直呈下降趋势。

在 1994 年之前，日本电子公司（J. Electronics）一直是传统的多分部结构，随后开始进行改组，使业务部门与产品市场更为紧密。这事实上是公司权利的下放。原来，总部有一个销售部和 13 家产品集团，改组后成了 8 家（后改为 10 家）产品集团，每个产品集团都有自己的销售部门。这是一种"公司中包含公司"的模式，在很多领域（诸如营销、研发和投资等）具有相当大的自主性，也就是说，这些领域的职能从总部被下放到了新的产品集团中。

那时的改组主要有以下几个原因：第一，日本电子公司（J. Electronics）那时正经历华尔街抛售的冲击。这家公司比其他大多数日本公司拥有更多的海外股东，而海外投资者的抛售导致公司现金流出现严重危机。激进的权力下放是争取投资者的好办法。事实上，这种把外资控股和公司改组关联起来的做法并非日本电子公司（J. Electronics）所独创。第二，经历了由公司创建者和接任者多年的领导之后，公司有了一位年轻的新掌门人。这位新掌门人对董事会进行了吐故纳新，通用电气公司的杰克·韦尔奇（Jack Welch）①，

---

① 译者注：杰克·韦尔奇是著名的明星 CEO。1981 年 4 月，他成为通用电气历史上最年轻的董事长和 CEO，2001 年 9 月退休。在他的领导下，通用电气公司的市值由他上任时的 130 亿美元上升到了 4 800 亿美元，排名也从世界第 10 位提升到第 1 位。他所推行的"6 个西格玛"标准、全球化和电子商务，几乎重新定义了现代企业。

IBM公司的郭士纳（Lou Gerstner）① 和 ABB 公司的珀西·巴内维克（Percy Barnevik）② 都被邀请加盟，他们都是西方公司的管理精英。第三，这位新掌门人希望变革公司战略，从消费型电子产品转向以计算机和网络为导向的数码产品。这种战略企图通过权力下放来实现，新领导人释放"一个小风险投资精神"的信号，希望逐步将公司带入到数码时代。

两年前，日本电子公司（J. Electronics）从权力下放的极端回归，重组为现在的 5 家产品集团。产品集团的数量较少，更容易管理。总部很容易与产品集团互动，产品集团之间也可以互动。每个产品集团规模都很大。以家用产品集团为例，它包括 6 个分部：音像部、视频部、移动电话部、宽带业务部、采购部和销售部，后 2 个部门曾设在总部。总部人力资源部被要求去发现和培养公司的未来领导人，或者帮助实现跨越五大业务集团的战略协同。

20 世纪 90 年代中期，日本电子公司（J. Electronics）总部人力资源部被分成两个子部门：有 10 名雇员的战略部和有 90 名雇员的服务中心。战略部负责开发和制定制度体系，如为新的网络集团设计股票期权计划。在业务战略的制定上该部门没有什么影响力，但它负责制定适应于业务战略所需要的人力资源战略。同日本电气公司（J. Electrical）一样，战略部的目标是统筹人力资源决策与企业战略，服务于战略制定（也许需要缩小规模），并与工会斡旋。服务中心负责公司人力资源部门的日常运营，如招聘、劳资关系、福利服务和国际人力资源管理。总部人力资源部的经理既是通才，又是专才，在人力资源部门内部各个岗位上进行轮岗。

日本电子公司（J. Electronics）五大产品集团都有自己的人力资源部门，在分部这个层面的人事决策上有相当大的自主性。与大多数日本公司的人力资源部门相比，这五大产品集团的人力资源部门更有权力，尽管如此，它们的自主权仍很有限。五大产品集团的人力资源部与总部人力资源部每月召开

55

① 译者注：1993 年郭士纳进入 IBM 公司，接手了一个市场节节下滑、连年亏损的庞然大物。到 2002 年郭士纳退休，IBM 已经重新成为全球 IT 行业的领袖，公司连续保持盈利，股价增长了 10 倍，创造出一个扭亏为盈的经营奇迹。郭士纳在自己的自传《谁说大象不能跳舞》（*Who Says Elephants Can't Dance?*）中，描述了自己在 IBM 的管理和战略决策历程。

② 译者注：1980 年，39 岁的巴内维克出任 ASEA 执行董事兼 CEO。1987 年 8 月，ASEA 和 BBC 公司宣布进行合并，新公司的名字是 ABB（Asea Brown Boveri Ltd），巴内维克担任新公司的 CEO。在巴内维克时代，ABB 共进行了 150 多次收购，业务遍及百余个国家，涉及十余个行业。1996 年 10 月，巴内维克辞任 CEO，转往沃伦伯格家族控股公司的董事长。在离任 ABB 之后，曝出巴内维克牵涉到公司的养老金丑闻。之后，巴内维克还就任过阿斯利康国际公司（Astrazeneca）董事会主席等职。

两次会议，主要商讨有关招聘、薪酬和其他政策问题，另外，为讨论某个专题项目或主题，也会额外召开会议。招聘是总部和产品集团人力资源部门的共同职责。每个产品集团把招聘计划报给总部人力资源部，总部人力资源部平衡各产品集团的需求，制订出一份总体规划，然后提交至公司的"组织委员会"。这个委员会由各个产品集团的常务董事组成，并由总部人力资源常务董事担任主席。在组织委员会里，各个产品集团可以发表不同见解和修改总体规划，人力资源常务董事的作用就是调停人。讨论通过的最终总体规划被移交到总部人力资源部，由其负责招聘应届毕业生。整个流程都是集体决策，这是坚持传统日本企业做法的一个范例。

与招聘不同，轮岗计划的制定主要取决于产品集团。日本电子公司（J. Electronics）没有系统性的分部内部轮岗计划。早些年，总部人力资源部监督轮岗的实施。但在现有制度下，轮岗主要是在产品集团内部进行，并且由产品集团自行制订轮岗计划。总部只在雇员希望到其他产品集团时才会进行干预，出现这种情况时，产品集团会通过它们新的"自由之声"（free voice）体系联系总部。一旦某个产品集团瞄上了其他产品集团的雇员，总部也将进行干预。总体而言，该公司的内部劳动力市场比我们调访的其他日本公司更具流动性和分权性。

最让人意外的是，有 500 名雇员被认为是公司未来的领导者。这些后起之秀（还包括一些非日本员工）由董事长挑选，尽管总部人力资源部是隐藏在背后的决策力量。这些后起之秀由总部人力资源部负责培养，规划他们的职业生涯发展，包括他们的海外派遣。总部人力资源部也有权力去审查从总经理职位升迁到副董事长职位上的考虑人选，尽管这在多数情况下由产品集团提议并由组织委员会来做最终决定。

更显著的独立性存在于母公司和它的子公司之间。日本电子公司（J. Electronics）的子公司有自己的人事政策、轮岗计划和薪酬标准。之所以有这么多子公司，其中一个原因是它们处于薪酬制度与母公司不相符的行业之中。当它们被剥离出去后，就与母公司没有可比性了，并且，这有利于控制成本。母公司和每一个子公司拥有自己独立的工会，并且它们各自与自己的工会进行独立的谈判。

在这样一个持续变革的进程当中，公司治理显得尤为重要，推动公司不断迈上一个新的高度，这给总部人力资源部带来深远影响。直到最近，日本电子公司（J. Electronics）还像大多数日本公司一样被管理着。公司有一个庞大的董事会，有 40 名董事会成员，其中有来自分部的代表和总部各职能部门（如人力资源部）的代表。尽管 20 世纪 60 年代日本电子公司（J. Electronics）

就在纽约证券交易所上市交易，可股价变动从来没有对经营决策产生决定性和实质性的影响。

20世纪90年代中期，情况开始发生变化。国外投资者长期呼吁，要求企业把更多的精力放在股东利益上，要求公司董事会更具责任感，要求加快新商业战略的实施。缩小董事会规模被认为是取得这些目标的一种方式。由于大量外资参股，日本电子公司（J. Electronics）开始对传统日本公司治理模式的批判变得敏感起来。1997年，像索尼公司一样，由CEO推进的董事会规模压缩得到顺利实施，董事会成员从40人削减到12人，3名外部独立董事被引入。CFO的董事席位得以保留，人力资源常务董事（往届工会领导人）的董事席位却被裁撤。如今，同曾经的董事一样，这个人力资源常务董事也成为管理委员会的一员。尽管丧失了制定战略决策的权力，但管理委员会却强化了运营问题的处理权力。股东们通过提高日本电子公司（J. Electronics）的股票价格来表示对公司改革的认可。也就是说，财务上的压力促成了这样的转变。

有人认为，这样一种新董事会制度的推行不过是面子工程，因为权力依然掌握在实权人士手中。事实上，这种新治理体系可以被看做是对以往实践的形式化：通过一个由董事长领导的小型管理委员会来制定重大战略决策，并提交给规模更大一些的董事会批准[10]。但在人力资源部看来，这个新体系却导致了实质性改变，直接削弱了他们的权力。先前的董事会有负责人力资源的常务董事，还有一些董事富有人力资源管理经验，可现在都失去了董事席位。在访谈中，高级人力资源经理说起这些还非常恼火，为什么财务部门保留了董事席位而人力资源部门却失去了董事席位？他们认为这种举措是一种信号，企业文化现在正将大量的注意力转移到财务指标上，而且公司对股东的支持程度超过了对员工的关心程度。

与这种转变相适应，日本电子公司（J. Electronics）正以快于其他日本企业的速度引入股票期权，把管理层与股东的利益统一起来。股票期权可以向下一直延伸到普通经理层，甚至更低。对高级经理人而言，某些情况下他们每年的期权收入比年薪还多，收入丰厚。对低级别经理而言，期权收入不到工资的20%。由于最近公司股票价格下跌，公司又重新考虑大量派发股票期权，将那些"潜水"（Under Water）① 期权兑成现金。这种现象表明，尽管口口声声说要回报股东，但经理们仍然大权在握。

---

① 译者注："潜水"这个词在2008—2009年金融危机中成为一个常见的单词，指的是房屋的价格比贷款余额还要低。

3.2　日本公司治理和雇佣关系的挑战与变革

我们调访的日本企业都在努力使公司总部规模更小、更集权和更有效率。虽然早期的成本削减比成立地区分部所受影响要小，可为了应对持续的经济衰退，总部规模仍在缩小，从而能够对全球市场快速发展和技术迅猛变革做出快速反应[11]。当然，缩小总部规模也是为了希望得到海外股东的青睐，这些海外股东相当关注裁员信息。

不过，还有一些变革正在削弱总部人力资源部的地位。这些变革与股东、经理、雇员和工会之间权力的分配相一致。当下，日本企业的公司治理改革是给予股东更多的权利，转向以财务为导向的决策，这会影响利益攸关者的诉求。如同日本电子公司（J. Electronics）一样，弱势工会对企业人力资源部的影响越来越小。雇佣实践（和支撑这些实践的社会规范）正向着以市场为导向转变。这些变革的结果之一就是，一些公司的人力资源部门深陷焦虑当中，他们担心在公司内的影响力正在被逐渐侵蚀掉。

3.2.1　总部改组

在我们所调访的 7 家日本企业中，总部的职位正在逐步削减，但不是永久性的。阿尔法建筑公司（Construction Alpha）和贝塔建筑公司（Construction Beta）正在把总部员工转移到销售部门，如果建设部从现在的不景气状况中复苏的话，情况可以再逆转。当然，人力资源部并不是必须被分离出来。与总部其他部门一样，日本汽车零部件制造公司（J. Parts）总部人力资源部门有 20% 的员工被裁员，不再新增人手，将雇员向分部转移，这是总部人力资源部实现裁缩的主要途径。

总部人力资源部门把人员分流到分部，一个结果就是决策制定不再头重脚轻。在过去的两年中，日本汽车零部件制造公司（J. Parts）把人力资源部和其他一些职能转移到了产品集团（分部）当中。原来由中层及以上级别经理负责的轮岗计划，现在已经交由产品集团管理了，这些产品集团彼此之间可以直接沟通，不再需要经过总部人力资源部。总部人力资源部门的干预只是用来审查总体规划，以及评估全公司范围内所需人才的职业发展计划。当然，当总部人力资源部在审查升迁和向产品集团推荐人选的时候，总部人力资源部门已不再有权力去否决由产品集团所做出的升迁决定。这两项变革显然赋予了产品集团和分部更大的权力。很大程度上，大多数经理的职业发展依然由"总部规划"，但现在，低级管理雇员的职业发展转向由产品集团（分部）负责。也就是说，总部人力资源部越来越关注想谋求更高职位的高飞者。

由于经济持续萧条和额外预算节约压力的增长，有些人力资源部正被迫更激进地寻求变革，比总部其他职能部门更为激进，这是因为人力资源部太大而不容易推行变革。2001年，日本汽车零部件制造公司（J. Parts）董事长宣布了一项两轮总部裁员计划，这一次裁员比例是50%，数量很大。人力资源部会遭遇裁员，但这个裁员比例仅限于将其福利部门和培训部门剥离为独立的公司。该变革2002年开始实施。福利部管理的娱乐设施、餐馆和医疗设施现在成了J. Part Well公司，这是一家拥有7 600万美元预算的独立实体。新的培训公司拥有150名雇员和2 400万美元的预算，其业务是把服务回售给日本汽车零部件制造公司（J. Parts），当然也希望为其他公司提供服务。

其他公司也在沿着这条路往前迈进。1999年，日本电子公司（J. Electronics）把自己的培训部剥离出来，成立了一家新公司，向日本电子公司（J. Electronics）和其他企业销售培训项目。这种改革，和日本汽车零部件制造公司（J. Parts）一样，都是削减总部工作职位的一种尝试。培训部的雇员可以选择留在母公司（但会被转移到其他岗位上去），也可以选择到剥离出来的子公司，甚至另谋出路。一些另谋出路的雇员辞职后成了独立培训讲师，现在他们与分拆之后的公司签订协议，还会向母公司提供服务。同样的人像以前一样做着同样的事，只不过现在母公司的薪酬册上少了2个部门。至目前为止，这种剥离出来的公司还没有从第三方手中取得销售收入。这一点也不奇怪，因为从20世纪90年代早期就采用这种方式的公司（在重工业和金融服务业中），在寻找新客户上也没有取得什么突破。事实上，日本电气公司（J. Electrical）也在其中。20世纪90年代中期，日本电气公司（J. Electrical）分拆了拥有130名雇员的培训部，但从那开始这家新的独立公司就没有获得除日本电气公司（J. Electrical）以外的任何客户。必须清醒认识的是，剥离出来的独立培训公司仍从母公司获得了大量资金支持，还保持着全面的雇员培训项目。

日本电气公司（J. Electrical）除了剥离培训业务的经验之外，正在计划对福利部门（包括总部和分部雇员）进行拆分，以回应董事长近期进一步裁员的倡议。同日本汽车零部件制造公司（J. Parts）一样，新的福利部门将被分拆成一家独立的公司。尽管我们听到了一些产生外部交易可能性的抱怨，但可以明确的是，拆分而成立子公司的真正目的并不在于获取外部客户。

那么，为什么日本企业愿意剥离福利和培训部门而成立独立的公司呢？

原因主要是出于预算和战略方面的考虑。从预算的角度来看，这种剥离，可以处理一些很难推行的计划。例如，福利部剥离的结果是 3 年裁员 100 人。他们中的一半将会被附属子公司所雇佣（这样也许能获得薪水开支的节约），剩下的一半接近退休年龄，就不会再补充新人。雇主节约了开支（通过本来很难直接实施的总部裁员和减薪），雇员也保全了面子。从战略的角度看，这种剥离还有分权的优势。

另一个原因是，因为很多人都相信福利管理（如酒店和餐馆服务等）与人力资源部的核心职能联系并不紧密，并没有给母公司带来任何竞争优势。不仅福利部这样，还包括保安部、会计部、维修部和其他"服务性"职能部门也将被日本企业进行资产剥离或外包。这也许听起来像"做该做的事"，外包所带来的合理性在美国已司空见惯，但出于战略性目的而进行的资产分拆在日本已有相当长的历史。事实上，对福利和培训部门进行分拆的历史可以追溯到 20 世纪 80 年代初，在本轮经济衰退之前就已经存在了。

最终，剥离对于缩减总部人力资源部的绝对规模非常有效，因为这种方式不需要在人力资源部核心活动，如方针政策制定和规划方面进行裁员。在日本电气公司（J. Electrical），福利和培训部的剥离将总部人力资源部的规模从 100 人缩减到 35 人，并将分部人力资源部的员工从 500 多人削减到 250人左右。与其他比人力资源部门劳动力密集度低的部门相比，这些数字更能与公司的政策保持一致，这使得人力资源部在进一步推行裁员计划的过程中处于更有利的地位。

3.2.2　公司治理模式的转变

越来越多的日本企业开始仿效索尼公司的举措，开始缩小董事会的规模或采用执行官制度①。日本电气公司（J. Electrical）就是一例。该公司于

---

① 译者注：在国外，CEO 是在公司法人治理结构已建立并运转成熟的基础上出现的。执行官制度的原初模式是美国的经理制度，将其最先引进日本的是索尼公司。尽管在当时它还不是商法上的法定制度，但 1997 年起，自发引进该制度的日本企业开始急剧增多，这对此后 2002 年《商法》正式引进该制度产生了巨大影响。2003 年 4 月 1 日日本开始实行新的《商法》，关于执行官制度在 2005 年的《公司法》中予以确认。通过此次修改，股份有限公司的机关设计出现了三个选择。即满足一定法定条件的股份有限公司既可继续沿用以往的公司机关，也可通过修改公司章程设置重要财产委员会公司或设置委员会公司。其中影响最大的是设置委员会公司体制的建立。因为它为大型公司（资本金 5 亿日元以上，负债额在 200 亿日元以上的股份有限公司）或被视为大型公司的公司（资本金 1 亿日元以上但不足 5 亿日元，且在公司章程中注明就公司的会计报表、附属明细表接受审计员审计的股份有限公司）采用执行与监督分离的美国式公司治理结构提供了制度上的可能性。

1999 年推行了企业执行官制度，不再为人力资源常务董事指定董事会席位。尽管人力资源部仍在管理委员会中享有席位，可它已敏锐感觉到董事会地位的丧失。日本电气公司（J. Electrical）的人力资源部最近收到一个好消息，他们的新任常务董事当选为董事会成员，但这并不归因于人力资源部的职责重要，而是因为该常务董事被广泛认可为公司最有才能的执行官之一。这将会保持人力资源部处在企业核心圈，至少只要他还是常务董事，并且允许他享受自己所获得的荣誉，但这对人力资源部门来说是一项自欺欺人的胜利。该执行官大部分职业生涯出身于公司财务部，两年前才刚调任人力资源部。当他被任命为常务董事的时候，他是近期以来第一位没有任何人力资源工作经验的常务董事。人力资源部门热衷于此事，原因就是这能向公司其他部门发出这样一种信号——人力资源部是至关重要的且具有影响力，因为该部门的领导人是公司里最出色的明星执行官之一："人力资源部的职能看上去有点过时，但从财务部门晋升至人力资源部门，使我们看上去非常具有现代气息。"但这种狡辩不应该模糊这样一个事实，即人力资源部存在形象问题，它求助于财务部这样一个公认的、处于不断上升中的优势职能部门来提升自己的声誉。

如果日本电子公司（J. Electronics）是一个先驱的话，那么企业执行官制度或将改变内部的权力平衡。在日本电子公司（J. Electronics），CFO 在董事会中保有席位，这使财务部在预算谈判中有更多的倾斜，还可能证明了对人力资源部有不平衡的消极影响。为什么呢？一个部门的预算最初由财务部拟订，然后经部门总经理和财务部总经理协商。以往，一个部门总是可以要求其常务董事从他在财务部门职位相当的人那里寻求支持的机会，这两个人都是董事会成员并且具有同等地位。丧失在董事会的席位，将会使该部门在预算协商中置于非常不利的位置。同样的问题影响到很多总部职能部门，因为人力资源部对于公司的贡献很难用财务经理所认可的方式予以量化，所以此处于比较危险的境地。

总体上，这项新的安排产生了对于以下假设的质疑，即总部人力资源部代表的不仅仅是狭隘的部门利益，同样也代表全体雇员的集体利益。人力资源部门在董事会的席位丧失发出这样一个信号，尽管他们的利益如此重要，但在董事会上却不值一提。相反，通过 CFO 的董事会席位和外部独立董事的设置，特别是那些学术派经济学家或重要商界人士的安排，股东和投资人的利益正变得日益重要。结果是，当董事会进行战略决策时，将会很少考虑雇员的利益，而会更多考虑股东的利益。日本电气公司（J. Electrical）有一个过渡期，因为它的常务董事都处在董事会非常重要的位置上。当被问及这些董事退休后将会发生什么的时候，人力资源总经理叹气并回答说"将来的事到时再说吧"。

　　即使是在那些还没有采用企业执行官制度的企业，金融市场、投资者关系和股票价格也被给予比以前更为密切的关注。以下一些零散的资料可以证明这个论断：第一，日本证券公司（J. Securities）正计划对董事会成员支付股票期权，并计划在纽约证券交易所上市。第二，阿尔法建筑公司（Construction Alpha）的经理们公开表示，公司的重组计划是出于对财务压力和金融市场的考虑而制订的，该计划将在未来三年削减10%的岗位，通过提前退休和自动离职来实现。第三，在日本快递公司（J. Delivery）（外资控股13%），薪资磋商对于股票价格的影响处于人力资源部和投资者关系部的共同监督之下。人力资源部正努力使工会对这一问题变得更敏感。

3.2.3　工会没落

　　日本企业的工会发现，它们处于比过去30年任何时间都更弱势的位置上。同时，如前所述，这正影响到人们所感知的总部人力资源部职能的重要性；尤其是在制造企业，他们的工会曾经非常强大而且偶尔很好战。在制造业企业里，像日本汽车零部件制造公司（J. Parts）和日本电气公司（J. Electrical），人力资源部与工会的密切关系使得它自身看起来像工会一样，这损害了人力资源部门的自身形象。有关第二次世界大战后一致协作的记忆正在逐渐褪色，有些年轻领导人对工会的必要性持怀疑态度。如我们所见，日本汽车零部件制造公司（J. Parts）的人力资源执行官不得不持续地向非人力资源部经理们解释，人力资源部的角色就如同独立的第三方，存在于工会和企业之间。同样，工人们也正在丧失对工会的兴趣，尤其是在那些主要由管理人员和专业人士组成的企业。

　　20世纪60—70年代，日本电气公司（J. Electrical）有强大的企业工会，由大多数蓝领工人组成，其中蓝领工人的数量占到公司雇员数的2/3。人力资源部发挥着非常重要的作用，它与工会进行谈判，保证工会与公司计划的一致性，同时在一些领域如雇佣安全性方面做出让步。可是，持续的机械化和"产业空洞化"（生产向海外子公司和子承包商的转移），对公司蓝领阶层的利益是个沉重打击，现在蓝领工人的比例不到30%，而且很少再雇佣新的蓝领工人。随着日本电气公司（J. Electrical）公司职位类型的变化，工会开始变得不具战斗性和威胁性，在管理层眼中也不再被重视，同时，随着工会的没落，总部人力资源部也沦为同样的命运。曾经得力于工会影响的人力资源部，现在发觉自己处于指控之中。这种指控是，由于其与工会的关系，使得它落后于使公司更现代化和更具市场导向性的前进步伐。即使在人力资源部内部，那些曾经是部门精英的人（对错综复杂的工会政策和劳动法非常精通的劳资关系专家们），与30年前相比也不再那么重要。

公司治理的改革影响到了企业与工会的关系。以往，董事会批准年度工资谈判的结果；现在，在没有董事席位的人力资源部门——人力资源部执行官会认为，人力资源部门作为公司与工会的谈判者角色更难获得董事会的支持。工会领导人在意识到人力资源部缺乏最终决策能力时，也许会与人力资源部做最终的努力。另外一种可能性是，分权趋势将使企业各个部门在维持原来的地位上也变得更为困难，因此破坏了工会的稳定性。

另外一个重大发展是人力资源部分地成为规划部门和协调劳资关系的服务性部门。一方面，工会对人力资源战略性决策的影响力十分有限；另一方面，在管理层的眼中，人力资源部门的形象得到了改善。以往，这些经理们怀疑，如果没有工会适当的影响，人力资源部将无法推进某项设想。这种推进帮助了人力资源部的自我调整，以适应高管团队的新思路，这些高管的利益与全职雇员的利益是不相符的。当福利和培训职能不再依附于人力资源部门而是被转换为独立实体公司之际，像日本汽车零部件制造公司（J. Parts）和日本电子公司（J. Electronics）一样，总部很少有执行官与工会有联系，或者有在企业工会任职过的背景。

必须牢记的是，高级经理们曾经要容忍工会的意愿，受平等主义的社会规范约束，支持单一雇佣政策，支持工会会员制；但如今，从态度调查数据中可以看到，越来越多的经理受雇于他们的职业生涯中期，对于企业工会没有特别的忠心或同情心[12]。

3.2.4　雇佣实践的变化

63

我们所调访的大部分企业已经或正在改革其薪酬体系，尤其是白领雇员的薪酬体系，以期减少资历而加大个人绩效表现对薪酬的影响。这些改革措施加速了管理层的晋升，尽管这种晋升速度的最快记录因企业的不同而有所不同。日本电子公司（J. Electronics）和日本证券公司（J. Securities）这两家公司有一些年龄在35岁左右的总经理，而日本电气公司（J. Electrical）仍保持对传统年龄制度的敏感性，在达到40多岁的时候才考虑经理人员的安排或者晋升。

绩效奖励在日本并没有什么新意。有所改变的是绩效的权重（与资历、年龄、等级和其他因素相比），变得更大。新的薪酬体系可以在相同的资历和等级的雇员之间拉大薪酬差距。我们在日本证券公司（J. Securities）发现的最大不同是，5 年前奖金最高值与最低值的比率为 2:1，而现在这种比例扩大到了 10:1。日本证券公司（J. Securities）经常需要防御来自国外金融企业的袭击，因为这些企业的高薪并不考虑年龄因素。因此，日本证券公司（J. Securities）新的薪酬体系可以说是市场导向型的，它在设计奖金制度时考虑了市场同业比较（来自调研数据）。这种新型薪酬体系的另外一个影响是，帮助日本证券公司（J. Securities）向专业化轨道方向推进了一步[13]。

尽管如此，其他公司很少或没有面临经理们因更高薪水而跳槽的风险。不过，引入新型薪酬计划在一定程度上是为了适应年轻经理。这些经理的身上有日益增长的个人主义意识；与年长的经理相比，他们更难忍受以年龄为标准的薪酬制度。这种意识也使公司的薪酬计划更具市场导向。当然，基于个人表现的薪酬占总体薪水的比例仍然较低。在日本电气公司（J. Electrical），一个有 5 年工作资历的工程师只能期望其个人表现的薪水占总额的 10%。公司引入这些计划的另一个原因是社会学家所说的"模仿性同构"（mimetic isomorphism，满足各种潮流）：他们只不过希望表现出有所进步，并且恰到好处[14]。

推动基于绩效的薪酬计划的另一个很重要的原因就是，通过控制业绩差的员工的薪水来弥补无解雇制度的损失，当然，这是一个不公开的秘密。节约的部分被分配给"星级"雇员；剩余部分帮助公司付工资给在职雇员而不用解雇员工。薪酬计划更大的不同是保留终生工作岗位的代价[15]。我们在日本证券公司（J. Securities）看到了有关证据，现行改革试图实现无裁员（如果公司不打算填补职位空缺，一些零售岗位会消失）。日本证券公司（J. Securities）坚持认为其雇员数量没有超标。当然，据说最大问题是基本薪酬的标准过高，即给予雇员的最低保障标准过高。在新的以绩效为考核标准的薪酬制度下，那种建立在资历和年龄上的最低工资保障将会有所下降。

对总部人力资源部而言，推动新的薪酬体系可谓喜忧参半。这好歹是总部人力资源部设计和实施的变革活动，不过，对绩效的关注也就意味着更加分权的运营决策，公司内部关于绩效等级的分歧也随之而生。在日本汽车零部件制造公司（J. Parts），总部人力资源部曾将一定比例的员工和工程师归入同一等级，并要求各级经理服从这种框架式安排。现在，分部可以自由给予他们认可的有效表现以奖励，只要薪水总额不超过由总部框定的预算限制。日本证券公司（J. Securities）也在朝此方向努力，其总部人力资源部正准备授权直线经理决策奖金的权利，但这点难以做到，除非人力资源部对直线经理进行了合理评价雇员的培训。尽管越来越要求市场导向，依然有所担心，人力资源部门仍然维持和鼓励部门平等[16]。

有的公司通过缓和岗位移动的集权控制来适应雇员个性化的发展，如日本电气公司（J. Electrical）的"五言"体系一样，日本汽车零部件制造公司（J. Parts）最近采用了一个叫"自由中介"和"开放通路"的类似创新，这给雇员们自身职业生涯更多的自主权。"开放通路"的意思是公布职位空缺，"自由中介"的意思是雇员可以直接申请职位。这种改革取消了"命令和控制"式的职业体系，让员工有更多选择权。人力资源部将其作为"Vision 2005"计划的一部分。"Vision 2005"是企业文化的一部分，由人力资源部规划，宣扬了公司的"开放文化"，即"评估个人绩效并帮助员工实现目标"，这对招聘员工大有吸引力。可以说，在日本汽车零部件制造公司（J. Parts），"个人发展引导公司发展"。

一旦企业内部劳动力市场实现了自由化，那么，对从其他公司跳槽而来的处于职业生涯中期的雇员（全职雇员）就更有吸引力了。日本电气公司（J. Electrical）、日本电子公司（J. Electronics）和日本汽车零部件制造公司（J. Parts）依靠招聘广告和猎头公司寻获技术专家，例如，能设计自动导航系统的音频工程师。处于职业生涯中期的雇员大多是40多岁的工程师，或多或少都会对现有雇主感到不满。大企业可以通过并购来获得技术专家，但并购活动在日本并不常见。

与过去相比，日本企业现在更依赖临时员工和兼职员工，这些人可以在业务不景气时被开除。事实上，在我们的调访中，日本快递公司（J. Delivery）正在解雇临时员工。该公司历史上就非常依赖临时员工和兼职员工，现在更甚，其非核心员工比例从1990年的43%上升到2002年的49%。日本电子公司（J. Electronics）最近将其人力资源的部分职能剥离出去，成立了一个服务于总公司各部门和其他分部的临时机构。但是，如同被剥离出来的培训公司一样，这个临时机构几乎完全从母公司获得订单。这些临时员工多趋向于蓝领工人，但也有一些在公司内部或子公司寻求职位的白领。没有一个人完完全全被淘汰。临时机构的职能与传统人力资源职能不同，主要是将富余员工向子公司和供应商进行转移。加上正常流失和辞职，能够帮助日本电子公司（J. Electronics）实现未来3年削减全球员工10%的目标。公司裁员公布后，受到了投资者的热捧，股票价格也开始上涨，但这些投资者可能不太明白，日本电子公司（J. Electronics）在推进这些举措时是多么的小心翼翼。

同样迂回的方式可以在日本电气公司（J. Electrical）看到，3年规划的裁员目标是15%。公司期望裁员的一半来自自动离职，其余的将通过资产剥离和自愿提前退休而实现。事实上，没有人真正是被解雇或裁减的。

3.2.5　日本企业变革的审视

集权、公司治理、劳资关系和雇佣政策方面的这些变化，对总部人力资源部门而言又意味着什么呢？证据表明，不管哪家公司向哪个维度推进变革，都要求在其他维度上推进更大的变革。以日本电子公司（J. Electronics）为例，他是变革的激进者，在公司治理上转向股东至上，推进以市场为导向的雇佣政策，不过，其总部人力资源部也失去了诸多权力，盛名不再。日本快递公司（J. Delivery）和日本证券公司（J. Securities）则是另一个极端，股东至上和市场导向雇佣方面的改革比较中庸，总部人力资源部的集权也没有多大的改变。

也有中间状态的公司，他们正处于变革过程中。在访谈中，有的抱怨说一切也没什么变化，不知道未来会是什么样。最沮丧的情绪出现在日本汽车零部件制造公司（J. Parts），如前所述，该公司计划削减董事会席位。总部人力资源执行官认为，工会衰弱和运营权力下沉会促使权利向直线经理转移。他们中的一些人担心，如果这个进程持续时间太长，最终将会损害公司优化人力资源的管理能力。总部人力资源部对直线经理的看法是，他们不能站在全公司的视角考虑晋升问题，也不能正确理解公司长期培训的好处。"直线经理不理解其中的微妙关系，所以公司和工会的距离可能会被拉大。"高级管理者对八代尚宏那本人力资源论著都很了解，在谈及这个时也很在理。他们说八代尚宏先生恰恰不理解总部调配（如设计招聘和职业轮岗）的经济逻辑，也不理解将雇员关系置于直线经理手中的风险。

这种评论引发了两个有趣的观点。

第一，那些在日本雇佣制度中的迫切改变显然已触及要害。人力资源部门对未来走向深感不安，又因其观点不再被重视而懊恼。像八代尚宏先生这样的企业家，至少在眼下已经在雇佣政策改革方面为我们提供了例证，做了大量有效的工作。也有人持不同看法。因为人力资源工作不再专业化，已经不再有来自人力资源执行官自身的有组织的回应。人力资源部确实有同盟，但它们是低级群体：相信培训优点的质量经理和生产经理，希望保留职位的工会领导人，以及像丰田公司总裁一样的商业名人[17]。

第二，大部分人力资源执行官都不担心他们自己的职位，他们几乎不可能失去工作，他们担忧的是公司的长期健康发展，内在的担忧是企业竞争优势将会因为三大支柱（即终身雇佣制、年功序列制、企业别工会）的瓦解而不复存在。

3.3 尚在征途中的日本公司治理模式变革

尽管这些日本企业的组织结构甚至总部人力资源部本身都发生了种种变革，但总部人力资源部门的职能仍有一些相当稳定的东西，可以称之为惯性，或者说连贯性。与日本汽车零部件制造公司（J. Parts）令人沮丧的情况不同，贝塔建筑公司（Construction Beta）的人力资源部总经理嘲讽地否定了八代尚宏，说他的著作过于学术，而没有什么实际的商业意义。在他看来，贝塔建筑公司（Construction Beta）没有转移权力给直线经理的想法，也没有重组人力资源部门的想法。他把目前的改革定性为"小打小闹"：基于绩效的薪酬也是形式大于内容，资历、终身雇佣、"家庭主义"、企业别工会和强势企业文化仍然至关重要，而且总部人力资源部仍会继续占据特权位置。在这位人力资源经理看来，保持公平、同工会建立友好关系、建立一个有效的内部劳动力市场，都是非常重要的。他还说，总部人力资源部对基于质量和顾客满意的公司战略非常重要。我们在日本快递公司（J. Delivery）和日本证券公司（J. Securities）也有闻类似的论断。也许，有所不同的是这些公司的业务依赖于雇员所提供的客户服务。

3.3.1 重组持续

一些企业正在经历重组，包括各种部门的剥离和管理体系的分权。举例来说，在日本证券公司（J. Securities），推进了一项新的矩阵式组织架构，各分部不仅获得了以前掌控在总部手里的员工管理职能，同时还获得了与海外子公司和附属子公司进行协调的权利。在这些措施下，各分部而不是总部，将与公司的国内、国际和附属子公司联系在一起。一项正在转交给分部的重大职权是雇员奖金决策。不过，分部直线经理在对员工进行绩效评价和确定排序之后，还要将结果数据报给总部人力资源部，总部人力资源部保留最终排名和晋升的决定权。在重组中，仍然不会在分部设立人力资源部。日本证券公司（J. Securities）在分权过程中依然保留了总部人力资源部的权力。

日本电气公司（J. Electrical）是一家半自治化分部历史悠久的企业，最近加速了其产品集团的独立化发展步伐。两年前这些产品集团被更名为"内部的公司",这是一个意味着更大独立性的术语。同时,根据一项还未生效的计划,每位员工半年奖金中的一部分将取决于分部的绩效,这在日本企业中仍然很少见。尽管如此,该公司没有进一步在分部层面上重组人力资源部门的想法。日本电气公司(J. Electrical)仍然坚信,总部人力资源部门是实现跨部门协作的支柱,是在公司多元化后维系强势企业文化的桥梁。

3.3.2　本土化的咨询顾问

总部人力资源经理们非常自信,他们知道什么对企业最好,而且,那些局外人(如咨询顾问、学者、国外观察者)的确不灵——"不能用他们"。有个谈资,当下,在日本提供人力资源管理咨询服务的越来越多,当问及人力资源经理们对此有何看法时,在调访的各家企业中,我们都听到了相同的答案,它们都曾委托咨询机构来获得人力资源领域方面的建议,正是有了这样的经历,这些企业绝不再想委托咨询公司了。原因何在呢?

我们得到了不同的解释。举例而言,这些日本公司认为自己的变革更快,或者说咨询顾问不清楚日本企业的特点。而且许多咨询顾问所提供的建议很像心理学研究的假设前提,非常个人化,也正因此,不太适应日本企业的集体主义激励体系。年功序列、平等主义依然很重要,因此,智慧人士就会知道去中庸和平衡。"牛仔式的个人主义"是美国式的绩效评价体系,太直接,不够精细,很难为日本企业所接受。当然,随着时间的推移,日本正日益变得更加个人主义化。外国的咨询机构也许有一天会在日本做到兴旺发达,但至少不是现在[18]。

这并不意味着日本企业人力资源部门与外部咨询顾问的分道扬镳。如果有必要的话,企业依然遵循日本企业的规矩,仍然会向日本精英企业网络进行咨询,如日本生产力协会、经团联、经连会等。传统上日本企业坚持认为,竞争对手之间应该共享信息,这有助于提升日本企业的整体利益。因此,日本企业仍然关注工资率、劳动关系、质量系统和其他人力资源话题。显然,这些人力资源话题很重要,可是,它们并不与企业竞争优势相关,与企业利润关系也不大[19]。

通过精英企业网络,人力资源部门可以了解最新发展,而且也能感受到与其他公司保持行动一致的压力,哪怕有些做法是无效或者是不恰当的。我们能够看到在公司和行业中迅速成长的创新,如20世纪60—70年代的质量管理,以及90年代基于绩效的薪酬制度。美国企业人力资源部门的观念经常由咨询顾问所提出，都有特定的计划和提案，与美国人力资源部门的衰落相比，日本人力资源创新却是由政府推动的，或像索尼、丰田和东芝等大型企业率先采用。在日本，人力资源创新模式的传播都遵循类似的模式：大企业带动小企业或者低利润的企业[20]。

可想而知，这种体系也许哪天会发生根本性的变革。举例来讲，如果企业推行了剧烈的改革（废除了终身雇佣，或取消人力资源部门），那么，就有可能发生连锁反应。日产汽车公司在 1999 年宣布大裁员和关闭工厂时，许多记者就预言会出现多米诺骨牌效应，有不少企业会予以仿效。不过，我们所访谈的高级经理人都说，日本公司不会认可日产公司的模式，因为它的所有者（雷诺汽车）和 CEO（卡洛斯·戈恩）都是外国人。最后，日产确实遵循了日本的社会准则。尽管它关闭了在日本的生产线，但在公司内部，都在为被解雇员工提供工作。一位人力资源经理在关闭的工厂说过："我们不会让任何人在外面挨饿受冻"。一些雇员选择了提前退休，还有一些人选择了转岗[21]。

3.3.3 雇佣实践

组织人员调换（Interfirm Employee Transfers）① 和中期职业雇佣的高潮正在使组织边界更加模糊，更容易受到市场的影响。有人也许认为这些变化将抑制组织导向型人力资源部门的发展，可情况恰恰相反，总部人力资源部在员工内部轮岗上更有话语权，从而使企业能够维持既定薪酬体系和晋升规则。

组织人员调换就是员工被转移到另一个组织，至少有三个目的：一是促进技术向供应商、客户或海外合作伙伴的转移；二是与客户或合资企业共同开发产品；三是将富余雇员转移到子公司和供应商中去，使他们分担以前公司无解雇制度的压力。在最后一个目的——暂借（Secondment）中，派遣公司通常需要承担被转移者 60% 或更多比例的薪水。暂借是当前日本员工实现组织人员调换的主要形式，尽管其他两种类型的组织人员调换也在上升[22]。日本汽车零部件制造公司（J. Parts）有两三千名核心雇员是通过组织人员调换而去了其他实体。有富余雇员的工厂由人力资源部门安排组织人员

---

① 译者注：Shukkō 是组织人员调换的意思。以丰田为例，人员在供应商间实现调换，每年丰田汽车会调换约 120 名人员到合作的供应商内部，工程师所学可分享给供应商的生产主管，还可以更加了解供应商的想法及解决问题的经验。

调换，没有人力资源部门的工厂就需要依赖于总部人力资源部。除了与接收公司就薪酬条件、住房福利和其他各种细节进行谈判外，人力资源部还要决定这些分流员工的去向。在日本电子公司（J. Electronics）、日本电气公司（J. Electrical）和贝塔建筑公司（Construction Beta），大多数人员调换是在母公司及其全资子公司之间进行的。这些子公司的薪酬水平与母公司不同，有时就是这个原因才将富余雇员剥离出去，所以，被调换雇员的薪酬水平就是个非常敏感的问题，由人力资源部门负责。这些人员调换大多是准永久性的。在大企业里，超过 1/3 的人员调换会长达 5 年甚至更久[23]。

职业生涯中期的雇佣（全职雇员）也是集权化的，部分原因是传统的招聘归属于总部人力资源部门管辖，部分原因是薪酬公平的挑战，毕竟中期职业雇佣人员的薪酬和组织人员调换一样难以处理。许多公司更倾向于由供应商或薪酬水平低的子公司来接纳这些中期职业雇佣人员。被挖角的公司非常恼怒，因此，总部人力资源部需要据此来缓和或平息，这也是另外一个原因。在日本汽车零部件制造公司（J. Parts）和日本电气公司（J. Electrical），当想要从客户或供应商处招募中期职业雇佣人员时，总部人力资源部门会和其他部门一同进行审查决策。与此相悖的观点是，职业生涯中期雇佣是劳动力市场更开放的标志，但绝大多数全职雇员只是在核心公司的企业网络内进行流动。日本电气公司（J. Electrical）一位高级人力资源经理直率地说："日本仍然没有开放的劳动力市场。"

管理晋升和轮岗决策领域所发生的变革更趋复杂而多元。我们所调访的 7 家企业中，有 4 家的总部人力资源部门对全公司范围内的轮岗进行管控。另外两家，日本电气公司（J. Electrical）和日本电子公司（J. Electronics），是由分部负责和管理相关的轮岗计划，而日本汽车零部件制造公司（J. Parts）正在向这个方向发展。在所有企业中，即使它们正在下放权力，总部人力资源部门也固守对精英经理的职业规划选拔和推荐。之所以坚守更集中的集权控制，是因为这些精英经理们将比同辈们提拔得更早和更快。如同全职雇员和组织人员调换一样，日本公司对现有社会制度的颠覆非常小心翼翼，都在摸着石头过河。日本公司将精英经理置于总部人力资源控制的另一个原因非常直接，那就是这些精英经理们大多很可能最终在总部任职。

还有，有时市场压力对集权化的影响是自相矛盾的。在日本证券公司（J. Securities），早期的精英选拔是为了让他们有一种功成名就的意识，结果却是这些杰出人才跳槽到外国同行公司当中，对企业而言损失颇大。刚启动这个计划时，日本证券公司（J. Securities）遴选了大约 50 名 30 岁出头的经理，他们可以从总部人力资源部门得到特别奖金和职业咨询服务。

　　总部人力资源部门牢牢控制的职能还包括新员工招聘，以及全公司范围内的福利计划设计，招聘更是受到大学生和高中毕业生的长期关注。这两项职能是人力资源部门所依赖的基础制度，即终身雇佣制度，尽管这项制度似乎不会永恒不变。

　　公认的案例研究并不能完美地诠释终身雇佣制度的变化，而我们获得的证据却有力地表明，日本公司正在尽力减少裁员，正在尽力保留受过良好职业生涯培训雇员的职位，即使是那两家最有财务困难的建筑公司，也没有裁员。阿尔法建筑公司（Construction Alpha）有一揽子处理雇员过剩的方法：削减招聘、鼓励提前退休、剥离临时员工、把技术人员和管理人员向销售岗位及子公司转移。在日本公司高管中，占主流的看法仍是终身雇佣制度，他们仍然坚信这是日本经济和公司受益的好政策，相信这项政策能够改善民心、劳资关系、技术保护和社会形象。即使在最具市场导向型的日本电子公司（J. Electronics），我们听到的仍是："今天，有很多人不能卓有成效地开展工作，原因是生产设备转移到了亚洲国家，技术变革也很快，从模拟转向数字，还有很多其他原因。不过，公司不能解雇这些人，因为终身雇佣制度是我们的信念之一。"有意思的是，日本电子公司（J. Electronics）不再在其年报中提及"终身雇佣"，而是试图创设一套新的体系，不过，这些行为被日本社会规范以及限制大量裁员的法庭判决所阻挠。

　　这些发现与来自其他研究的数据相吻合，即日本企业会降低永久雇员的成本，但不会通过解聘来降低劳动力成本。一种做法是对临时员工的使用。在日本，兼职员工的比例从1997年的17%上升到2001年的25%。从1982年开始，临时员工和自由职业者的数量增长了3倍[24]。许多公司实行减薪，要么要求员工选择无薪假期，或者制定董事会薪酬缩减计划，既缩减基本工资也缩减奖金。第二次世界大战结束后，日本工会联合会在第一时间允许企业因保留职位而减薪[25]。日本企业降低劳动力成本的另一种做法是政府为减少雇佣富余员工造成的损失给予雇佣补贴，以及向附属子公司和供应商转移人员的组织人员调换。事实上，这相当于大公司压迫较小企业，失业在二级劳动力市场更有问题。

　　不仅如此，大企业裁员惊人的稀少，而且，当它们宣布裁员时，通常是不直接解雇雇员。一些指定被裁掉的雇员会被安排到附属子公司或其他合资公司。绝大多数职位削减都通过自愿退休或人员自然缩减来实现。谁也不能低估通过这些方法实现的裁员规模。但是，保留下来的雇员拥有相当稳定的工作，也正是这个原因，数据表明大公司中关于雇佣期限缩短的证据很少[26]。与这种稳定性相一致的是最近的调查发现：第一，大多数雇主喜欢在

71

削减职位前削减薪水和分红；第二，大多数雇主期望雇员能为公司工作更长时间，更忠心于公司。但是，希望员工"投之以桃"，公司却并没有"报之以李"。2003 年，企业给长期雇员的奖励比例是 82%，比 1992 年的 92% 低 10 个百分点[27]。

工作职位最稳定的企业是我们所调访的那些规模庞大的、优秀的日本企业。它们雇员数量巨大，对裁员的社会后果和政府呼吁更加警觉，更有可能被工会化，也更有可能因大规模裁员而导致诉讼。毕竟，工会被赋予处理雇员对不公平解聘抱怨的权力。在这样的大型上市公司中，雇员一直被看做是股东，从 20 世纪 90 年代到 2002 年，企业把雇员视做股东来看待的重视程度确实略有增长。但是，社会责任规范趋于弱化，工会更不流行，于是，日本企业也就不太重视日经连关于"以人为本的全球化"（humanizing global-ization/globalization with a human face）① 的呼吁，例如，日经连呼吁雇佣更多的临时员工来弥补雇佣核心雇员的高成本[28]。显然，日本小企业正在承担这些变革所带来的成本。事实上，数据表明，没有声望的小型企业更有可能缩小规模[29]。高失业率的年轻人也承受着同样的压力。如今，日本毕业生发现很难在大的优秀公司获得职位，也就是说，这些日本大公司的低裁员数被低雇佣率所平衡[30]。

3.3.4　工会的变化

拥有强大工会或劳资关系历史悠久的日本公司会认为，在无裁员政策中应当考虑工会的立场。在 20 世纪 80 年代，日本证券公司（J. Securities）和工会发生了冲突。从那时起，人力资源部与工会建立了更为合作的关系，尽管工会不再强势，但人力资源经理对过激的职位削减还是犹豫不决，怕揭旧伤疤而引发新的冲突。并不是每个人都同意人力资源部门所采取的做法。日本电气公司（J. Electrical）一位退休的高级经理就指责人力资源部门对舆论导向过于敏感，阻碍了必要的员工规模"调整"。这位高级经理的大部分职业生涯都是在海外，主要在财务和金融部门任职。到现在为止，日本电气公司（J. Electrical）人力资源部门的做法和其他同行一样，依赖削减招聘、人员自然缩减和解聘临时员工来逐步缩减薪水开支。

在访谈中，工会官员证实了日本电气公司（J. Electrical）的情况。他们

---

① 译者注："以人为本的全球化"，其寓意为全球化的进程不能脱离人的价值，全球化归根到底是为了人，为了每一个人更加平等的、更有尊严的、相互理解的利益。

说，没有人力资源管理工作经验的高级经理会认为，与工会的合作阻碍了公司在一些难题上的变革，如裁员和业务剥离的快速推进。但是，有过工会领导经历的大多数高管仍然推崇与工会的合作，想方设法阻止出现质疑工会的意见。总体而言，有工会背景的高级经理会对其他高级经理施加影响，不过，他们很少考虑股东的意见。尽管管理层对工会的支持正在减弱，高级经理们却始终认为工会是利大于弊。在日本，企业很少听到关于无工会的美国企业运营模式[31]①。

人力资源部门和企业工会的共生关系由来已久。人力资源部高度依赖工会，并将其视为雇员关系体系的一个常规组成部分。例如，阿尔法建筑公司（Construction Alpha）正准备实施新的绩效薪酬计划，用了差不多一年的时间与工会进行讨论，并积极回应工会所关注的重点。不过，对那些最近将劳资关系职能从人力资源部剥离出来的企业而言，工会和人力资源核心职能之间的距离更远了，结果是两者之间的磋商在未来可能会有所减少[32]。

也许，工会遭遇的最大问题不是来自管理层，而是来自于更年轻的雇员，他们服从于一个经理，不知道工会的光辉岁月，而且也不能把经理与公司管理区分开来。这使工会进退两难。为保持工会在管理层的体面地位，工会应该坚持走合作路线，但长久以往会削弱会员对工会的忠诚度。一旦忠诚度下降，管理层就会认为工会越来越没有什么作用，就会质疑与工会的合作。这种情况在一些中小型企业中更为明显，于是，有些企业别工会正在走向衰亡。我们所拜访的大企业依然是涛声依旧：企业工会尽管有所削弱，但依然安全。

3.3.5 公司治理的变化

最近的法律改革通过了各种美国式公司治理模式，与法律变革相比，日本企业本身变革的速度要慢一些。也许，最大的变革是银行股东持股的变化，尤其是大型城市银行持股的下降。到2001年，在东京股票市场（TSE）上，金融机构持股比例由1989年46%的顶点下降到了39%，但这仍高于1980年的比例。当大型城市银行在持续出售股票的时候，信托银行却在大

---

① 译者注：不少美国企业为降低成本而拒绝工会。以沃尔玛为例，该公司是美国最大的私人企业雇主。这家公司历来就因为耍手腕、阻止在美国的员工组织工会而臭名昭著。沃尔玛在美国的130多万名员工中，没有一个是工会成员。沃尔玛曾经辞退参与工会活动的员工，也曾监听员工谈话，禁止讨论工会事宜。不过，在多方压力之下，沃尔玛深国投百货有限公司晋江店工会于2006年7月29日成立，这是沃尔玛在中国的首个工会组织。

量买入。即使银行出售了它们的股票，它们仍在公司治理上发挥作用，就像最近发生的崇光百货（Sogo）① 破产及管理层"洗牌"一样。当然，企业报告说，相比于以前，它们给银行的优先权在 20 世纪 90 年代就少了很多[33]。

在日本，交叉持股一直在持续下降：从 1976 年 26% 的顶点下降到了 2001 年的 9%。像银行持股一样，交叉持股在 20 世纪 80 年代末兴起，公司主要想利用股票市场泡沫的优势。许多今天正在减持的股票来自这个交叉持股，而不是更多的合理性持股。如果一个人着眼于长期持股关系，着眼于更大范围的交叉持股，那么，这种减持将会逐步进行：从 1987 年的 46% 到 2001 年的 30%。在战后日本六大财团（Big Six Keiretsu）② 中，交叉持股实际上在 2001 年要高于 20 世纪 80 年代早期，其他的日本公司在战后也在减持交叉持股。现在就如同在 20 世纪 80 年代，大约 90% 的公司会进行交叉持股[34]。这被持续运用以巩固商业关系，如技术转移，就像近来丰田和雅马哈合作生产发动机一样③。战后日本公司都在重组，寻求新的供应商和贷款人，同时企业也热衷于剥离或者兼并多余分部，于是，合理的重构正在出现，不过进展并不明显。在过去 3 年里，只有 1% 的大型企业更换了其主银行（Main Bank）④，70% 的企业其供应商并没有改变[35]。总之，多数所有权依然集中在财团手中，这样，独立投资者和恶意接管人无从染指公司，无论对公司是好还是不好[36]。

日本公司治理的另一大变化就是股票期权的使用，这让管理层与股东紧密联系在一起。其实，在日本，实施股票期权的压力很大，我们调访的 7 家公司中有 5 家并没有使用或计划使用。与美国企业相比，运用股票期权的日本企业给予极少员工极少的期权。

同样对于企业执行官制度，我们调访的 7 家公司中只有 2 家采用了该制

① 译者注：2000 年 7 月 12 日，负债总额高达 1.87 万亿日元的日本大型百货商店崇光公司向东京地方法院申请破产法保护。这是日本战后首家大型百货商店申请破产法保护，也是日本有史以来最大的非金融机构申请破产法保护。

② 译者注：六大财团，即三井、三菱、住友、富士、三和、第一劝业，是金融资本的代表，在一段时间内，六大财团统治着整个日本经济并决定着日本经济的发展方向。日本六大财团是"以资本为纽带"的"财团型"企业集团，其特点是：各成员企业之间呈环状持股，是"以资本为纽带"的；但是，各成员企业之间只是一种横向联合，主要是为了相互提携业务，因而它只是松散的联合体；虽然集团也有核心（主要以大银行和金融机构为主），最高权力机构是"经理会"，但集团没有统一的管理机构；集团本身不具有独立的法人地位。

③ 译者注：2000 年 3 月，日本主要的汽车制造商丰田汽车公司和摩托车制造商 Yamaha Motor Co. 宣布，两公司决定合作开发和生产汽车发动机，而且丰田汽车将购买 Yamaha Motor 5% 的股权。

④ 译者注：主银行在日本通常持有该企业的股票，并为向该企业贷款的其他银行进行所谓的委托监督（Delegated Monitoring），即代替其他债权人监督该企业的财会制度是否健全。

度，这与日本企业的整体调查数据大体一致，数据表明大约30%的日本企业采用了这种制度。伴随该制度的引入，外籍企业领导人的数量正在合理增长，2003年，日本上市公司中外籍企业领导人占到24%。在我们所研究的7家公司中尚有5家没有采用企业执行官制度，在这5家企业中，董事会仍然由内部员工组成，来自人力资源部门的常务董事仍然享有董事席位，他们并不想改变公司董事会结构，尽管其中有2家说他们会压缩董事会规模，抑或引进外部董事。研究数据表明，一半的日本公司正在压缩董事会规模，尽管在20世纪70年代董事会规模有所上升。有人认为，压缩董事会规模主要是为了限制管理层的职权，并不意味着公司治理模式的改变。我们认为，限制人力资源部门（和其他公司利益群体）的影响力，缩减董事会规模，推行企业执行官制度或其他，这些确实会对企业管理、公司治理产生影响[37]。

在日本，以财务指标为导向的决策体系还没有完全建立起来。在公司层面上，财务经理事实上仍然是坚定支持传统的管理制度。日本快递公司（J. Delivery）的财务执行官告诉我们，他们高度关注"员工利益和股东利益的平衡"，认为这是至关重要的，这并不是对财务导向这种潮流的否定。他们认为，公司是一个服务提供者，"顾客是上帝。基于这个认识，人力资源管理对我们公司来说太重要了。"在阿尔法建筑公司（Construction Alpha），集权型人力资源部门确实需要同财务部门磋商他们的年度预算安排，但这是象征性的走走程序而已，就像大学同学聚会一样。更确切地说，这种磋商是财务部门和人力资源部门常务董事之间的沟通，他们地位相当，都向董事会汇报工作。

虽然人力资源部门有详细的海量数据，如员工的工作记录、绩效薪酬等，可是，在调查中，我们没有发现这些数据与部门预算之间的关系，也没有发现这些数据与培训软成本之间的关系。财务部门一直质疑员工培训的作用，认为这些难以评估。例外的是日本电气公司（J. Electrical），在该公司中，以财务标准作为决策导向越来越受到重视，其他公司也纷纷仿效，原因是海外股东的增加。尽管这时海外股东不过持有日本企业约18%的绩优股。一些海外投资者，包括美林证券退出了日本市场，并关闭了其在日本国内的分支机构。在200家最大的日本公司中，外国投资者的持股比例只有绩优股的5%。以日本电气行业为例，有一些继续延续原有的运营方式，有的则与日本电气公司（J. Electrical）所为相距甚远。丰田汽车是日本传统公司的代表，原董事会规模庞大，有58人之多；而如今，也推行了企业执行官制度，压缩了董事会规模，降至27人，尽管这些人都是丰田汽车的管理人员，这被《日经周刊》奉为圭臬，要知道，《日经周刊》一直自奉为外国投资者利益而鼓吹[38]。

与此同时，新的加强公司控制和股东价值的制度正在产生，员工持股计划就是如此。员工持股计划非常新颖，鼓励员工购买公司投票，购买量以员工贡献为准，从 20 世纪 70 年代以来稳步增长，更受欢迎。在阿尔法建筑公司（Construction Alpha），员工持股计划基金拥有公司 3% 的股票份额，日本快递公司（J. Delivery）也是这样，员工持股计划基金是其第六大股东。也许，这些数字看起来微不足道，不过，这却是公司重视耐心投资者的表现，也是吸引多变投资者的稳定力量[39]。

3.4　本章小结

基于对这 7 家日本企业的观察，可以发现，在公司治理领域日本企业表现出相当大的多样性，例如，在授权／分权上，总部人力资源部门就非常不同，有高度集权的公司，如日本证券公司（J. Securities）、日本快递公司（J. Delivery）和日本汽车零部件制造公司（J. Parts），也有的是中度集权，如日本电子公司（J. Electronics）、阿尔法建筑公司（Construction Alpha）和贝塔建筑公司（Construction Beta），也有的是合理分权，如日本电气公司（J. Electrical）。集权这种传统模式与许多相关政策是相匹配的，如集权性的战略制定、组织导向型的雇佣政策、平等主义的薪酬制度，以及对公司专属技能进行高额培训等，相对应的是集权型人力资源部门及其合作伙伴企业别工会。

与此相反，更加分权的公司则倾向于更具市场导向的雇佣实践，要求雇员掌握的技术比公司专属技能更综合，公司文化也将更有不同。随着分部和产品集团自主性的增加，对集权型人力资源部门的需求就更小。在我们的研究中，分权与股东优先的重视程度密切相关，执行官制度、员工持股计划也是如此。分权越明显，工会就越弱小，结果就是使人力资源部门丧失原有的影响力。

尽管如此，全球化导致公司治理模式转型，进而导致人力资源部门的分权化和人力资源政策变革，确实存在这种必然的因果关系吗？可以看到，日本证券公司（J. Securities）全球化程度很高，可是，还保留了强大而集权的人力资源部门。像日本快递公司（J. Delivery）一样，日本证券公司（J. Securities）是一个劳动密集型的服务提供商，其商业战略必定要考虑人力资源方面的影响。尽管这些公司的商业模式倾向于英美模式，可是，这些公司很难摆脱传统的方式，其重点仍放在公司专属技能上，其原因是这些取决于所奉行的顾客导向战略。在日本快递公司（J. Delivery）和日本证券公司（J. Securities），集权型人力资源部门在制定战略上发挥作用，这种作用可能是直接的，如参与新产品决策、业务剥离决策等，也有可能是间接的，如人力资源部门在董事会拥有董事席位。不过，人力资源部门所发挥的战略角色非常有限。在最初阶段，战略形成由规划部或总管理处负责。即使在日本快递公司（J. Delivery），人力资源部门在战略领域所起的作用越来越间接，更多的只是咨询性的了。

雇员任期的数据更能显示日本企业的公司治理多样性。在日本，房地产业的平均就职年限是 8 年，制造业是 10 年，而公共部门长达 17 年。在我们进行案例研究的 7 家公司，没有调查其雇员任期时间的数据，不过，对上述平均就职年限我们持保留意见。在案例研究中，我们掌握了这 7 家公司的财务绩效数据，例如，日本快递公司（J. Delivery）和日本电气公司（J. Electrical）有些许利润，日本证券公司（J. Securities）、阿尔法建筑公司（Construction Alpha）和贝塔建筑公司（Construction Beta）还在盈亏平衡线上挣扎。众所周知，在 20 世纪 90 年代，日本一些行业（如汽车制造业、机械制造业、制药业）的平均绩效水平尚好，虽然个别公司的业绩已经下滑[40]。

退一步说，如我们在第 2 章所提及的，趋异在逐渐淡化，更多的是公司治理模式趋同。即使在日本电气公司（J. Electrical），在这样一家最具市场导向和分权的公司里，雇佣政策的主要趋势仍是组织导向而非市场导向。公司收益率非常低，核心雇员还是终身雇佣，与临时员工迥然不同，培训虽然依靠外包职能来实现但费用还是非常高，而且主要是公司专属技能的培训，雇员多是新手，一入职场就被雇佣，尽管职业中期的全职雇员正在逐渐增多，同时，公司还需要承担雇员福利和其他开支。虽曾有过解聘，但公司仍希望通过再培训和辞职来控制其负面影响。应该说，日本电气公司（J. Electrical）不是一个典型的遵循日本礼俗的企业，可是，它仍保持了很强的委员会意识，以及全职雇员的约束关系[41]。

改革正在日本电气公司（J. Electrical）进行，它们一直不太认可集权型的人力资源部门。尽管如此，与典型的美国公司相比（这与典型的日本公司截然不同），日本电气公司（J. Electrical）的人力资源部门看上去更具日本特色，而非美国特色。日本电气公司（J. Electrical）更趋向于组织导向型的雇佣体系，趋向于股东导向，并且人力资源部门在管理层中享有良好口碑，尽管负责人力资源的高级经理已经丧失了在董事会中的席位。

不仅如此，即使日本电气公司（J. Electrical）的变革代表了日本企业未来可能的发展趋势，可是，该公司仍拥有大多数日本公司所不具备的特征。最近一项调查实质性地区隔了两类公司：一类公司是"日本公司类型"，倡导内部提升，即使削减经理层薪水也不解聘非管理雇员，股东持股相对稳定，并不推崇股东优先。另一类公司与此迥异。整体来看，82%的公司都是很明显的日本公司类型，18%的公司比日本类型公司弱一些[42]。

总之，大型日本公司正发生的变革并不意味着必然的趋势，也不代表着流行潮流。公司治理正在缓慢变革，有时，形式上的变革要大于实质。工会权力的削弱是一个长期缓慢的变革过程，大型企业的变革要更慢一些。而且，许多日本企业认为，绩效在薪酬中所占的比重，以及高跳槽都是更具市场导向的改革。这些改革更像是增量改革，是一些微小的变动，在某些情况下这些改革，无论是薪酬体系改革还是公司治理变革，却因行政性原因被采用，并没有改变组织的"深层结构"[43]。结果是，日本公司体系的核心因素并没有因环境变化而变异，被完整保留下来了。

这些，是怎么影响总部人力资源部门的呢？总体而言，20世纪60—70年代，人力资源部门地位显要，之后便慢慢式微，但仍占据着公司备受尊敬的地位。像日本电气公司（J. Electrical），尽管已经从组织导向转向了市场导向，可仍保有日本企业的核心要素。大多数日本公司正在缓慢变革，趋向于市场导向和股东导向，基于绩效的薪酬体系、员工持股计划等也被引入，可是，这些从美国公司学到的东西，并没有出现与美国相似的实践，还涌现出了许多新的实践情形。

尽管如此，当下并没有观点认为这些新的实践情形是什么混合形态，也不是传统优势模式的替代。对人力资源部门来说，这只是意味着公司总部人力资源部门的职能更加多样化了，有的公司增加了对各级经理的培训和监督职能，如日本快递公司（J. Delivery），有的增加了企业专属技能的培训，如日本汽车零部件制造公司（J. Parts），有的则增加了各级经理间的协调职能和抚慰职能，如阿尔法建筑公司（Construction Alpha）和贝塔建筑公司（Construction Beta）。总之，并没有出现新的混合形态，不过，相当多的公司还在寻找不同的方式，希望传统惯例能够适应来自市场、投资者和雇员的压力。

参考文献：

1. The interviews on which this chapter is based were conducted jointly with Professor Kazuro Saguchi.

2. Charles Ragin, *The Comparative Method: Moving Beyond Qualitative and Quantitative Strategies* (*Berkeley*, 1987).

3. Toyohiro Kono, "A Strong Head Office Makes a Strong Company", *Long Range Planning* 32 (1999), 225 – 36.

4. Jeffrey Pfeffer, *Power in Organizations* (Marshfield, 1981); Jeffrey Pfeffer and Gerald Salancik, *The External Control of Organizations* (New York, 1978); James G. March, "The Business Firm as a Political Coalition", *Journal of Politics* 24 (November 1962), 662 – 78.

5. Given the occupational homogeneity of finance and insurance companies, it comes as little surprise that firms in this sector have the highest proportion (46 percent) of senior executives who previously held leadership positions in the enterprise union. Takeshi Inagami and the Research Institute for the Advancement of Living Standards (RIALS), *Gendai Nihon-no Kōporēto Gabanansu* (*Corporate Governance in Contemporary Japan*) (Tokyo, 2000), table 3 – 4.

6. One sign of the company's insularity and commitment to its "lifers" is the fact that it makes very few mid-career hires (*chūto saiyō*) and has no plans to change this.

7. Naoki Tsuchiya, "Diversification of Labor Patterns and Labor-Management Relations in the Trucking Industry". *Proceedings of the International Industrial Relations Research Association* (Tokyo, 2001).

8. Single-status policies do not discriminate between production, clerical, and managerial employees with respect to benefits or facilities (e. g. , a single cafeteria for all).

9. A sign that training is taken seriously is the fact that the company's finance department keeps close track of training expenditures and considers these figures to be sensitive. confidential information.

10. Takeshi Inagami, "From Industrial Relations to Investor Relations? Persistence and Change in Japanese Corporate Governance, Employment Practices, and Industrial relations", *Social Science Japan Journal* 4 (2001), 231; Christina L. Ahmadjian, "Changing Japanese Corporate Governance", Working Paper no. 188, Graduate Business School. Columbia University April 2001.

11. In the past, shareholders viewed staff cuts, which were considered a signal of declines in product demand, as "bad news". This changed in the 1990s in the United States, which in turn led U. S. investors to pressure Japanese companies to restructure and downsize. The latest research on Japan shows positive share price reactions to announcements of labor shedding in 1999, as in the United States. Henry Farber and Kevin Hallock, "Have Employment Reductions Become Good News for Shareholders?" Working Paper, Princeton University, September 2000; Christina L. Ahmadjian and Gregory Robbins, "A Clash of Capitalisms: Foreign Shareholders and Corporate Restructurings in 1990s Japan", working paper, Hitotsubashi University, International School of Corporate Strategy, Tokyo, 2002; Noriko Tanisaka and Fumio Ohtake, "Impact of Labor Shedding on Stock Prices", *Japan Labor Bulletin* 42 (January 2003), 6 – 12.

12. Inagami and RIALS, *Kōporēto Gabanansu*, table 3 – 4.

13. These findings are consistent with more-aggregate data showing declining returns to tenure and rising return to market experience in the 1990s. See, for example, Ken Ariga, Giorgio Brunello, and Yasushi Ohkusa, *Internal Labour Markets in Japan* (Cambridge, 2000), or Motohiro Morishima, "Pay Practices in Japanese Organizations", *Japan Labor Bulletin* 41 (April 2002), 10, which finds that 41 percent of employers report that pay disparities have increased over the last five years. In addition, the pay ratio between top and bottom deciles of male employees has widened from 2. 6 to 2. 8. However, this is still below the U. S. ratio of nearly 4. 5. And when demographic changes are controlled for, the data show little or no widening of wage inequality. "Show Me the Money", *Economist* (16 January 2002), 56; Takehisa Shinozaki, "Wage Inequality and Its Determinants in the 1980s and 1990s", *Japan Labor Bulletin* 41 (August 2002), 6 – 12.

14. Paul DiMaggio and Walter Powell, "The Iron Cage Revisited: Institutional Isomorphism and Collective Rationality in Organizational Fields", *American Sociological Review* 48 (1983), 147 – 60.

15. A similar observation is made by Hiroyuki Fujimura, "Changes in the Spring Wage Offensive and the Future of the Wage Determination System in Japanese Firms", *JIL Labor Bulletin* (1 May 2003), 6 – 12.

16. Survey data show that performance-based pay is being integrated into, not replacing, the traditional pay system based on factors such as age, tenure, skill, and education. Only 6 percent of employers surveyed in 2001 used "market value" as the basis for pay raises for nonmanagerial employees. Morishima, "Pay Practices", 8 – 13.

17. Robert Ballon and Keikichi Honda, *Stakeholding: The Japanese Bottom Line* (Tokyo, 2000); Ronald Dore, William Lazonick, and Mary O' Sullivan, "Varieties of Capitalism in the Twentieth Century", *Oxford Review of Economic Policy* 15 (Winter 1999), 119.

18. Geert Hofstede, *Cultures and Organizations: Software of the Mind* (New York, 1997).

19. Christopher L. Erickson and Sanford M. Jacoby, "The Effect of Employer Net works on Workplace Innovation and Training", *Industrial and Labor Relations Review* 56 (January 2003), 203 – 43.

20. Robert E. Cole, *Small Group Activities in American, Japanese, and Swedish Industry* (Berkeley, 1989).

21. "Saying Sayonara", *Business Week* (7 September 2001), 109.

22. Yoshifumi Nakata and Ryoji Takehiro, "Joint Accounting System and Human Resource Management by Company Group", *Japan Labor Bulletin* 40 (October, 2001), 5 – 11. Consolidated accounting-which took effect in 1999-reduces the ability of companies to shift losses to subsidiaries, but these labor transfers are completely legal.

23. "Recent Trends in Transferring Employees", *Japan Labor Bulletin* 40 (1 December,

2001). Also see Hiroki Sato, ed. , *Promotion and Allocation of White-Collar University Gradu-ates* (*Tokyo*, 2001).

24. "Life Employment Ends Prematurely for Some", *Nikkei Weekly* (3 September 2001); Stephanie Strom, "A Shift in Japanese Culture Aids Some Workers Who Want to Go It Alone", *New York Times* (16 November 2000).

25. "Pay Hikes Not on Union Agenda", *Nikkei Weekly* (14 January 2002), 2; *Japan Labor Bulletin* 41 (January 2002), 3. In an opinion poll, 70 percent of Japanese executives said that they planned to cut salaries in 2002. James Brooke, "Bush to Encounter a Much Less Formidable Japan", *New York Times* (17 February 2002).

26. "Uncut", *Economist* (20 July 2002), 57; Takao Kato, "The End of Lifetime Employ-ment in Japan? Evidence from National Surveys and Field Research", Colgate University, August 2001; Yuji Genda and Marcus Rebick, "Japanese Labour in the 1990s: Stability and Stagna-tion", *Oxford Review of Economic Policy* 16 (2000), 85 – 102; Noriko Tanisaka and Fumio Ohtake, "Impact of Labor Shedding on Stock Prices", *Japan Labor Bulletin* 42 (January 2003), 10; Michio Nitta, "Employment Relations after the Collapse of the Bubble Economy", in Banno Junji, ed. , *The Political Economy of Japanese Society*, vol. 2 (Oxford, 1998), 267 – 84.

27. Takeshi Inagami and RlALS, *Kōporēto Cabanansu*, table 6 – 1; *JIL Labor Flash*, 1 November 2001, 15 March 2002; *JIL Labor Flash*, 1 August 2003.

28. Curtis J. Milhaupt, "On the (Fleeting) Existence of the Main Bank System and Other Japanese Economic Institutions", working paper, Columbia Law School, November 2001; Takashi Araki, "A Comparative Analysis of Corporate Governance and Labor and Employment Relations in Japan", *Comparative Labor Law and Policy Journal* 22 (2000), 67 – 96; Ni-kkeiren, *Creating a Society Rich in Choices* (Tokyo, 2001); Hideaki Miyajima, "The Latest Report on Corporate Governance Reform, 'Progress in Corporate Governance Reforms and the Revitalization of Japanese Companies' by the Ministry of Finance's Policy Research Institute", RIETI, September 2003.

29. Christina L. Ahmadjian and Patricia Robinson, "Downsizing and the Deinstitutionaliza-tion of Permanent Employment in Japan", *Administrative Science Quarterly* 46 (2001), 622 – 54.

30. Strom, "Shift in Japanese Culture"; "Businesses Turn to Alternative Employment", *Nikkei Weekly* (7 January 2002); Hiroyuki Chuma, "Employment Adjustments of Japanese Firms during the Current Crisis", *Industrial Relations* (October 2002), 653 – 82.

31. Inagami and RLALS, *Kōporēto Gabanansu*, tables 6 – 2, 2 – 20.

32. Survey data support this finding. Most companies continue to have joint consultation com-mittees (JCCs), which are composed of senior union officials and top executives and are a vehicle for two-way communication – upward, employee concerns are conveyed to headquarters, and, downward, confidential information about corporate plans and performance reaches employees. On

the other hand, there is evidence that managements are sharing somewhat less information with unions, and fewer senior managers are participating in conferences with them. Motohiro Morishima, "Use of Joint Consultation Committees by Large Japanese Firms", *British Journal of Industrial Relations* 20 (1992), 405 – 23; Takao Kato, "The Recent Transformation of Participatory Employment Practices in Japan", working paper, Department of Economics, Colgate University, September 2000; Inagami and RLALS, *Kōporēto Gabanansu*, tables 6 – 5, 6 – 6.

33. Michio Nitta, "Corporate Governance, Japanese Style: Roles of Employees and Unions", *Social Science Japan* 20 (March 2001), 6 – 11; Tokyo Stock Exchange, 2001 *Shareownership Survey*, table 2; Hideaki Miyajima, "The Latest Report on Corporate Governance Reform", 2003.

34. Hideaki Inoue, "The Accelerating Dissolution of Stock Cross-Holding", *NLI Research* (March 2000), 133; Fumiaki Kuroki, "Cross-Shareholdings Decline for the Eleventh Straight Year", *NLI Research* (October 2002), 4 – 8; Douglas Ostrom, "The Keiretsu System: Crackling or Crumbling?" *JEI Report* (7 April 2000); Hiroyuki Takahashi, "Corporate Governance in Japan: Reform of Top Corporate Management Structure", *JEI Report* (23 July 1999); Ryuichi Yamakawa, "The Silence of Stockholders: Japanese Labor Law from the Viewpoint of Corporate Governance", 38 *Japan Institute of Labor Bulletin* 1 (1 November, 1999); "Japan's Keiretsu: Undone", *Economist* (22 March 2003), 56. Note too that, in a recent survey, Inagami and RLALS found that stable shareholdings accounted for more than 50 percent of ownership in 719 out of 731 Tokyo Stock Exchange firms surveyed in 1999.

35. "Japan's Keiretsu Regrouping", *Economist* (25 November 2000), 74; "Japanese Companies Forge New Business Relationships: The Nissay Business Conditions Survey", NLI Research Institute no. 146 (2000).

36. Managers feel that this insulation is a good thing. They favor the system of stable shareholding because they think it facilitates a long-term perspective on business decisions. Inagami and RIALS, *Kōporēto Gabanansu*, table 2 – 10.

37. Inagami and RIALS, *Kōporēto Gabanansu*, table 2 – 19; *Sangyo Shimbun* (25 September 2000), courtesy of Suzuki Fujikazu; Ronald Dore, *Stock Market Capitalism*, *Welfare Capitalism: Japan and Germany versus the Anglo-Saxons* (Oxford, 2000), 119; "More Listed Companies Inviting Outside Directors on Board", *Nikkei Weekly* (13 October 2003), 3.

38. "Foreign Institutions Snap Up Greater Share of Japanese Firms", *Nikkei Weekly*, (16 July 2001); Brian Bremner, "How Merrill Lost Its Way in Japan", *Business Week* (12 November 2001), 104; "Toyota Board Gets Even Bigger", *Nikkei Weekly* (30 July 2001); "Toyota Steers Own Course by Picking Managing Officers", *Nikkei Weekly* (30 June 2003), 2.

39. Derek Jones and Takao Kato, "The Productivity Effects of Employee Stock Ownership Plans: Evidence from Japanese Panel Data", *American Economic Review* 85 (1995), 391 – 414.

40. Yoshiro Miwa and J. Mark Ramseyer, "The Myth of the Main Bank", working paper, Olin Center, Harvard Law School, 2001; Michael E. Porter, Hitotaka Takeuchi, and Mariko Sakakibara, *Can Japan Compete*? (London, 2000).

41. Ronald Dore, "Where We Are Now: Musings of an Evolutionist", *Work*, *Employment*, *and Society* 3 (December, 1989), 425 –46; Hirokuni Tabata, "Community and Efficiency in the Japanese Firm, *Social Science Japan* 1 (1998), 199 –215.

42. Inagami and RIALS, *Kōporēto Gabanansu*, table 2 –3.

43. Often it is the most prosperous companies that are attuned to their public image and able to afford making faddish changes to pay systems and to corporate governance. Hence it is very difficult to estimate whether these reforms contribute to improved performance or whether causality runs in the opposite direction. See, for example, Hideaki Miyajima, "The Latest Report on Corporate Governance Reform", 2003. For an analysis of this issue with U. S. data, see Barry Staw and Lisa Epstein, "What Bandwagons Bring: Effects of Popular Management Techniques on Corporate Performance, Reputation, and CEO Pay", *Administrative Science Quarterly* 45 (2000), 523 –56.

第4章

美国公司治理模式和
雇佣实践的演变

与日本不同，美国企业人力资源经理已经形成了自己半专业化的独特发展历史。标准的美国企业人力资源管理历史是一部管理技术和管理哲学的发展史，并不考虑其所处的历史背景，也很少涉及人力资源经理在企业内部的地位和角色，没有涉及人力资源经理和其他经理的关系，更没有涉及人力资源经理对企业战略的影响[1]。

对美国公司治理模式和雇佣实践的研究，需要从不同的角度剖析人力资源经理及所处的雇佣企业。应该说，人力资源经理在美国企业内部所扮演的角色、地位和影响力非常依赖于企业外部因素，这些因素包括劳动力市场、政府管制、工会和"公平"就业理念的社会准则等。一旦遭遇劳动力短缺，或者是必须遵守的新法律法规出台，或是来自工会的威胁时，也就是当外部环境变得不确定时，人力资源经理会发现他们马上就能大权在握，有实质性的预算，还能在战略决策中发挥重要作用。但是，这些情况很少发生。当外部环境变得稳定、变得可以预测时，人力资源经理就像是一个橡皮章。

与日本企业的人力资源经理相比，为什么美国人力资源经理作为一个群体在公司治理中如此弱势呢？

第一，在美国，人力资源经理是在一个以定量为主导的商业文化中处理定性（或软性）问题。要知道，在日本企业每件事都不是定量的。第二，在人力资源管理这个领域，人力资源经理从来就没有提出过一个有效范式或惯例，也许他们会利用既有模型开展工作，但他们最多是半专业性的，这与其他职能部门（如工程和会计等）有所不同，那些职能部门都有很强的专业特征，更加协调一致，内部权威性更强。在日本企业中，专业化导向相对薄弱，经理们通常不会一生只专注于一个专业，因此，其技能是全面的而不是专一的。第三，一直以来，美国企业的雇佣实践要比日本企业更具市场导向性，雇佣时间更短，缺乏培训，对行政法规和组织雇佣惯例的妥协较少等。第四，美国人力资源经理的地位在一定程度上取决于企业内部员工的地位。根据现行公司治理理论的解释，股东是组织的主要成员，经理是其代理人，而员工是一种生产要素，并不是像日本全职员工（kaishain）① 那样享有"股东权利"。也就是说，在美国企业中，员工处于底层位置；相应的，人力资源经理的地位也就高不到哪儿去。众所周知，股东优先时不时会受到工会和管理层的挑战，显然，这类事件的发生已经和人力资源经理权威的增强联系在了一起。

4.1 美国早期的人力资源管理

19 世纪末，美国开始进入工业社会，那时的企业，即使是大型企业，也很少因为员工管理而采用系统性的管理方案。大多数企业满足于把日常生产和雇佣决策推给一线的生产主管，即工头（foremen），有时甚至把部门运营或管理责任都推给工头。但是，随着科技的进步和组织变得更加复杂，这种分权方式出现了问题，例如，因缺少部门间的协调而导致产品物流在内部受阻，成本数据难以保存或者被不规范地收集。结果是，企业发现很难提高生产效率。正如企业史学家小阿尔弗雷德·钱德勒（Alfred D. Chandler, Jr.）② 所说，生产效率是企业成长和大规模生产与销售的关键所在[2]。

1880—1920 年间，系统管理方法运动兴起，泰罗（Frederick Taylor）③ 的科学管理理论就是其中之一，开始把新的协作和控制方法引入企业，工头

---

① 译者注：kaishain 照字面意思理解是"公司职员"，在日本文化里，员工是公司的一员，而不是像美国公司那样，员工是像资本一样的另外一种生产投入要素。当然，在许多情况下，是把 kaishain 翻译成"全职员工"。

② 译者注：西方学术界流传着这样一句话："在企业史领域的钱德勒之前"，生动地表达了小阿尔弗雷德·钱德勒对企业史研究的巨大开创性贡献。在他之前，企业史研究大多是关于个别企业和个别企业家的故事。而小钱德勒在众多案例的基础上，提炼出具有一般性理论意义的主题，"将企业史建立成了一个独立且重要的研究领域"，并对经济学、史学、管理学、社会学等产生了广泛而深远的影响。

③ 译者注：弗雷德里克·泰罗（1856—1915）被誉为"科学管理之父"，是美国古典管理学家、科学管理的主要倡导人。

和技术工人被告知如何安排生产和履行订单，还包括成本核算，创建负责处理技术和行政事务的部门。但总的来说，并没有触及工头对雇佣、解雇和决策工人工资的控制权[3]。

不久，工头们遭遇到了两股力量的冲击。其一，工业工程师制订出各种各样的工资激励计划，希望以此来提高生产率，结果是充分提高工资水平，以期减少各种劳资纠纷。其二，一些企业把工业工程方法应用到了生产过程中，如流程规划、精确记录和行政部门管理等，并把它们应用到雇佣实践中，创造了所谓的雇佣部门，负责面试新的员工，记录有"问题"的员工，选派新员工到需要他们的部门。这些部门最早出现于1900年，由固特异公司（Goodyear）①所成立[4]。

在美国和欧洲，19世纪末和20世纪初是一个再现政治动荡和劳动动乱的年代。美国的社会主义和无政府主义思想不仅在移民中被广为接受，也在美国国内的工人和农民中得以广泛传播。行业工会年复一年地卷入与雇主们的激烈争端中，没有参与工会组织的工人们有时罢工，或者辞工去寻找更好的工作。用现在的标准衡量来看，那时的人员流动率已经非常高，再加上企业可以轻易雇佣和解雇员工，人员流动状况就变得更加恶化。为了寻求解决问题的办法，出于中产阶层的改革者在宗教、世俗观念和法律的鼓舞下，在欧洲开始了改革试点[5]。

许多企业开始践行被称为是"福利工作"（Welfare Work）的政策，它囊括了从金钱激励到更直接的工人关怀的各种方案，金钱激励有诸如分红、养老金计划、股权激励计划等，工人关怀有诸如节俭俱乐部、公民教育、企业文娱活动、企业住房和企业医疗设施等。为了推进这些计划，企业聘用了具有社会工作、安置工作、新闻和行政背景的福利工作者。为了寻求在所雇佣企业中拥有更大的影响，早期的福利工作者开始通过行业组织（如全国公民联盟（The National Civic Federation，NCF）②）使其行为变得专业化[6]。

福利工作者很少参与企业日常招聘、解雇和员工工资的雇佣决策，其关注点是员工工作以外的生活，尤其是家庭生活。在福特公司和其他企业中，福利工作者进行"家访"。他们到员工的住所检查疾病，提供卫生和家务方面的建议，把企业关怀带到家庭。在那个时期，几乎所有高管和经理都是男

---

① 译者注：固特异公司始建于1898年，是世界上最大规模的轮胎生产公司。

② 译者注：成立于1894年的芝加哥市民联盟（the Chicago Civic Federtion，CCF）和1900年取代它成立的全国公民联盟是与地方、州和联邦政府部门建立正式的机构性联系的第一批研究机构。

性，而女性作为福利工作者的现象则非常普遍，部分原因是她们能够照料年轻的工人和其他的女性，部分原因是因为福利工作被认为是地位低下的、"辅助性"职业，像社会工作一样[7]。

美国参与第一次世界大战之际，人事管理运动在国内风起云涌。那时，人事管理运动把重点放在了效率、行政专业化，以及美国大中型企业如何给予员工更多的关怀。这场运动所坚持的理念是雇佣专业化，受过良好教育的员工将使工作更人性化，这开启了一个更开明的时代。可是，在第一次世界大战以前，只有很少数的企业践行着这种理念，大多数企业仍然采用传统的工场管理方法。那时，劳动力很廉价，容易获得，大多数大企业都没有人事部门，而且人事主管们常常听命于没有经验的大学毕业生，这很不得人心。具有讽刺意味的是，虽然福利工作者认为自己是员工的拥护者，但是，员工对他们的干涉行为仍然感到不满，认为这些是雇主专制作风的表现和延伸。

1915 年之后，随着劳动力市场的紧缩，雇主们面临着一系列问题，尽管不全是新的问题，但有些问题严重到让他们不得不重新考虑对传统雇佣管理方法的依赖性。失业率降到了 1880 年以来的最低点，可员工流动率却在激增。同时，尽管政府尽力阻挠，但罢工已变得十分普遍。劳动力动乱蔓延开来，生产率不断下降。在随后的几年内，各种挑战（劳动力短缺、劳动力动乱和政府管制）都非常严重，这迫使雇主们不得不去建立新的人事部门，或者提高既有人事部门的地位，扩大他们的职权。

1916—1920 年，人们见证了一个真正的"人事部门热潮"，美国企业大都快速创建了人事部门，能够帮助它们雇佣和留住工人，维持劳动秩序，遵守政府法规。1915—1920 年间，在员工人数超过 250 人的美国企业中，拥有人事部门的企业比例从大约 5% 上升到了 25%。这种快速增长似乎在一夜之间创造了一个新的职业。1917 年举办的第一届全国人力资源经理会议只有 500 人参加，而到了 1920 年，大约有 3 000 人出席。这些新任人事经理以前的工作背景各不相同，有些人是社会工作者或是教育工作者，但是大多数人都有一定的职业背景，有些人是福利工作者、安全专家，还有些人是销售人员或律师。不可避免的，人事经理发现他们已经被卷入到各方的争端中，包括直线经理，尤其是工头，还有工程师和产品主管，这些人并不愿意改变传统的人事管理方式，很快，他们就指责人事经理推动了成本上升，与员工交往中也表现得过于"软弱"。人事经理则通过组建专业性的组织来巩固他们的地位，并回应这些指责。这些专业性组织包括国家人力资源经理协会，该组织几易其名，于 1923 年更名为美国管理协会（American Management Association）①8。

　　尽管面临阻力，新的人事经理们在与工头争夺控制权方面取得了实质性胜利，其权限包括建立雇佣办公室，制定纪律规定（常需要人事经理的参与）、开除员工、雇佣记录、工资、更系统化的培训、绩效评估和晋升等。一些企业引入了规范的工作分析法，用来帮助企业进行员工选择，使不同岗位的工资率更加合理化。几百家企业主动建立了自己的员工代表制度，其他企业由于全国战时劳工委员会（National War Labor Board）② 和其他政府组织的压力而不得不随从之。由于这些变革，企业发现他们能够更好地留住员工和控制成本，还能提高员工士气。工人们开始感觉与企业的联系更加紧密，不再仅仅只是工作，而更像是一段职业生涯。大多数棘手的问题都不存在了，工会动乱的潜在性大大降低，并且，许多工会组织在公司内部得以复制。

4.2　福利资本主义时代的人力资源管理

　　在狂热的年代里，一些大企业的雇主们感觉应该更加果断地推动改革，并且应为人事运动设定一个更加适当的方向。结果之一是 1916 年在通用电气公司马格努斯·W. 亚历山大（Magnus W. Alexander）的努力倡导下成立了全美产业协会（National Industrial Conference Board）③，亚历山大是第一批论证劳动力流动的存在并且成本昂贵的专家。另一个结果则是 1919 年特别会议委员会（Special Conference Committee，SCC）的成立，它由来自 10 家美国主要工业企业的高级经理人（CEO 和人力资源经理）组成9。

　　特别会议委员会与洛克菲勒家族有着紧密的利益关系。克拉伦斯·希克斯（Clarence J. Hicks）在 1919—1933 年担任特别会议委员会的主席，在此

---

　　① 译者注：美国管理协会是全球最大的管理教育机构，1923 年成立于纽约，在全球多个国家拥有培训分支机构，每年参加其培训的人数超过 20 万人。早期，该机构曾用名为国家人力资源经理协会（National Association of Employment Managers）。

　　② 译者注：1918 年初，时任美国总统威尔逊（Thomas Woodrow Wilson）接受内政部长莱恩（Franklin Knight Lane）的建议，成立了以劳工部长威廉·威尔逊（William Bauchop Wilson）为首的战时劳工署，根据该署建议，并于 4 月 8 日设立了全国战时劳工委员会。战时劳工委员会由 11 名成员组成，5 名雇主代表和 5 名雇员代表，并由雇主和雇员认可的 1 名公众利益代表担任委员会联合主席。战时劳工委员会的主要职能是解决战时的劳资争端。

　　③ 译者注：美国产业协会是一个私人机构。

期间他也担任新泽西标准石油公司（Standard Oil of New Jersey）① 的人事部主管。早期该委员会采用了小约翰·洛克菲勒（John D. Rockefeller Jr.）② 的主张：唯一在企业层面的团结是联合所有相同业务部门的团结[10]。每一个加入特别会议委员会的企业都实行了员工代表制度，该制度被视为一种对行业和企业工会的统合主义选择。这些企业也是引进福利计划（养老金计划、带薪休假、健康保险、分红）的先驱者，这些策略相对于传统的福利来说少了专制的成分。最后，加入特别会议委员会的企业都有人事部，它们不仅能够确保员工有稳定的工作，而且能使员工在相似的工作上获得相似的报酬，能够受到合理公平的对待。

特别会议委员会强调，人事经理的工作是为直线经理提供可利用的工具，希望把人事运动从自由主义流行思潮中分离开来，即人事经理是一个可以否决直线经理而支持员工的独立岗位。特别会议委员会支持人事权利回归到工头手里，不过，在他们看来，工头经过培训才能使用这些权利。这反映了试图通过分权化方法进行企业管理的愿望。员工代表制度、福利计划、职业生涯、工头培训和按岗进行人事管理，这些特性的集合体构成了大型进步企业渴望达到的标准[11]。

83

然而，在 20 世纪 20 年代，大多数雇主没能效仿特别会议委员会所树立的榜样。第一次世界大战之后，曾经促进建立人事部门的同样力量变得截然相反：劳动力市场疲软、劳动力动乱减退、政府放松了战时管制。那些增加人事部门和采用不同改革作为临时手段的企业开始缩减其预算，终止福利计划。那些抵制人事改革趋势的其他压力开始得到缓解，直到 20 世纪 20 年代的变革才开始得到重新审视。到 1929 年，在雇佣人数超过1 000人的工业企业中，40% 的企业有人事部，但许多已不像在第一次世界大战期间那么有权力。人事经理动辄援引数据证实员工流动率高企且招聘成本高居不下，并

①　译者注：1870 年 1 月，洛克菲勒（John D. Rockefeller）创设的标准石油公司（Standard Oil Company）成立。1911 年它被强制解体，分解成为 34 家公司。其中新泽西标准石油公司持有原公司几乎一半的资产，仍是当时美国和世界最大的石油公司。标准石油公司被拆分后，原俄亥俄标准石油成为了现在英国石油公司的一部分；原印第安纳标准石油改名为阿莫科石油（Amoco），后来成为现在英国石油公司的一部分；原纽约标准石油改名为美孚石油（Mobil），现在是艾克森美孚公司的一部分；原新泽西标准石油改名为艾克森石油（Exxon），是现在艾克森美孚公司的一部分；原加利福尼亚标准石油改名为雪佛龙石油（Chevron），现在是雪佛龙德士古公司的一部分；原肯塔基标准石油被加利福尼亚标准石油并购，现在是雪佛龙德士古公司的一部分。

②　译者注：洛克菲勒是美国最富有的家族。约翰·洛克菲勒（John D. Rockefeller，1839—1937 年）是这个家族的创始人，他也是人类有史以来第一位亿万富翁。这位美国石油大王把其财富的一半用于慈善事业，他开创的石油王朝在美国的垄断地位达 85 年之久。他的第二代小洛克菲勒（1874—1960 年）在维持家族事业的同时，把主要精力用在了老洛克菲勒留下的慈善事业上。

以此捍卫或增加部门预算，却没有得到什么实质性的回应。

4.3 动荡时期的人力资源管理

《国家工业复兴法案》（NIRA）① 的通过启动了一系列变革，使政府又倒向了劳动力市场，劳工运动也得到了恢复。虽然失业率仍然居高不下，可其他两个人事正规化的条件（劳动动乱和政府管制）已具备，结果是又进入了另一个人事管理高潮。1933—1936 年间，拥有人事部门的企业比例迅速增长，与第一次世界大战期间类似。为了提高雇员的士气和预防工会的阻挠，人事部门积极地削减工头们的自主权，使劳动分配（雇佣、晋升、裁员、解雇等）按照明确的规则和程序执行。企业把加强对工头们的培训作为对抗工会的第一道防线，几百家大企业也建立了自己的工会[12]。

这些措施中没有一项能够充分与工会组织的力量相抗衡，也无法应对新的劳动市场法规。1936—1939 年间，大约有 500 万工人加入了工会，尤其是在那些以前没有工会组织的大规模生产企业。《社会保障法》（Social Security Act）② 让政府介入到私人福利资本主义的竞争中，虽然企业领域是由保险公司和卓越企业领导所创造出来的，像柯达公司的高层领导马里恩·福尔瑟姆（Marion Folsom）③ 那样，然而 20 世纪 30 年代发生的事件质疑了大多数福利资本主义的相关议程[13]。

在这些议程中，对企业进行专业化管理仍然是非常重要的。相应的，人事经理的专业能力需要重新评估，其所必备的能力包括制定符合政府新规制的人力资源政策，还要与工会谈判，甚至是获得对工会的优势权力。在工会压力和关注安全保障下，企业人事部门进一步规范了雇佣、晋升和辞退的程序。工会，或是工会压力，使得人事部门规范了其行为准则，还着手编纂了人事管理手册。同样是对工会的回应，企业采用了明确的纪律手段和解雇程

---

① 译者注：《国家工业复兴法案》在 1933 年由美国时任总统罗斯福（Franklin D. Roosevelt）推动而通过，它允许美国的工业家共同商定其产品的价格，甚至影响价格的工资和工时。从钢铁、煤炭行业到垫肩和狗粮业，各行业的领导人应邀坐在一起编订"公平竞争守则"，这些守则对本行业所有的生产商都具有约束力。劳工也可以经常组织起来，而《反托拉斯法》则被中止实施。

② 译者注：美国的《社会保障法》于 1935 年 8 月由国会通过，随之形成的社会保障计划（Social Security Program）以向劳动者及其家属提供养老、遗属和残疾保险为目标，从 1965 年起，医疗保险也纳入到该项计划之中。

③ 译者注：马里恩·福尔瑟姆是一位国家社会保障制度的倡导者，曾在柯达公司工作多年，任过司库，后被邀请至艾森豪威尔总统（Dwight Eisenhower）内阁担任副财长和卫生局长。

序，人事部门也在执行纪律的过程中扮演了更重要的角色[14]。

第二次世界大战像以前的战争一样，使得政府在与劳动力市场的博弈中扮演了一个积极的角色。政府的目标之一是防止重点军工企业的罢工行为。在战争中，工会比以往更加强势，工会成员又增加了 500 万人。那时，三个因素（劳动力短缺、劳动力动乱和政府管制）全都对提高人事职能有利，并且这种有利趋势十分明显。没有设立人事部门的小型企业和中型企业纷纷开始筹设，而大企业里人事部门的地位和规模都达到了历史新高。工头们大量地参加由联邦政府资助的培训计划，而且工头们仅有的权力也在集权人事部门的控制之下。当然，一些工头们愤怒地成立自己的工会以示抗议。为了获得对劳资谈判的主控权及适应联邦政府关于工资的管控，人事部门尽全力建立使工资结构合理化的工作评价体系。由于全国战时劳工委员会允许雇主通过合理的补贴费用绕开工资管制，健康和养老金计划在战争年代得以飞速发展[15]。

4.4　第二次世界大战后的人力资源管理

第二次世界大战的结束导致了人事部门预算的减少，但是缩减幅度比 25 年前要小。为什么呢？在过去几年里，雇佣已变得更具组织导向性。男性员工现在不仅有大量的时间与他们的雇主接触（工作期限比 19 世纪末 20 世纪初要长得多），而且需要有专业化的员工负责培训、工资和福利制度。同时，工会的地位也在制造、运输、公共事业和其他行业部门得到巩固。与此同时，政府在劳动力市场上成为一个永久性的固定装置，开始监督工会关系、控制工资上涨和调控养老金与健康保险。为了处理与工会的关系和遵守相关规定，企业不得不开始依靠一群有技术的专业人才[16]。

最终，在工会和政府管理权力被逐步削弱的时代，美国企业家们意识到拥有社会责任的重要性。公众对企业不再像 20 世纪 20 年代那样痴迷。一个"好"的雇主现在应该是视员工为企业的一员，为员工提供经济保障和公平待遇。经济学家伯利（Berle）和米恩斯（Means）① 在 20 世纪 30 年代早期

85

---

① 译者注：1932 年，美国法学家伯利和经济学家米恩斯对英美国家的公司状况做了研究，提出股权分散化概念，并就两权分离现象做了系统阐述。其《现代公司与私有财产》一书提出：随着公司财富的所有权变得广为分散，这些财富的所有权与控制权已经变得越来越少地集中于同一个人手中。在公司制度下，对行业财富的控制可以而且正在被以最少的所有权利益来完成……财富所有权没有相应的控制权，而财富的控制权没有相应的所有权，这似乎是公司演进的逻辑结果。他们认为，对于现代公司而言，所有者权利实际上越来越是名义上的，公司的控制权也逐渐由股东转向管理层（职业经理人）。这段话后来被斯蒂格勒（Stigler）和弗里德兰（Friedland）诠释为伯利－米恩斯命题，其理论被称为 Berle-Means 定理，该定理包含两项结论：所有权的分散；所有权和控制权的分离。

最先提出所有权和经营权分离，在理论支持下，进一步的雇佣实践活动得以更容易地开展。职业经理人开始掌控这些大企业，在他们认为合适时有真正的处理权[17]。

《美国企业准则》（*The American Business Creed*）① 是 20 世纪 50 年代的一篇经典研究论文，对管理哲学给出了新的图景，在现在看来却有点另类。在这篇文献中，作者认为，企业经理人通常有四大责任：对顾客、对员工、对股东和对社会的责任……每一个群体都是平等的；管理职能是公平对待所有各方，使之利益最大化。股东没有独特的优先权，他们有权因投资而获得回报，但是获取"公平"回报以外的利益则是一种经济犯罪。

通常，研究劳动力的学者认为"管理权力"（Management Right）是一种管理的特权，因试图对抗工会的侵蚀而提出。对于第二次世界大战后早期的管理者而言，管理权力还有另一种解释：管理权力是指免于股东压力的管理自治权。因此"管理权力"在《美国企业准则》一书中被定义为"一种不受阻碍的自行决策权，它不仅仅源自财产所有权的权利范围"。管理权力包括企业利润再投资的权利，是一种被美国全国制造商协会（The National Association of Manufacturers）② 所保护的所谓"美国体制的运作方式"的实践活动。股息和留存收益间的分配（和其他对企业资源的索取权）在那时被视为"平衡下放公司管理权的一个方面，在于获得竞争性经济利益"[18]。

这种哲学在 20 世纪 60—70 年代一直有着重要影响力。根据高登·唐纳森（Gordon Donaldson）③ 的观点，当时的高级经理人是典型的内向型企业思维方式，强调增长、多元化和"企业家族"，可以说，那是一个社会环境和法律环境都鼓励管理权力的多元化时代，一个强调为顾客负责的时代。由于员工职业生涯的发展，在公司治理和雇佣实践方面，很自然地把顾客考虑进来，同样也需要把股东考虑进来[19]。

随着企业更加重视作为一个"好"雇主应承担的责任，人事经理的地位在组织中得到了提升。企业把人事部门和公共关系部门联合或结合在了一起，这两个部门都旨在为企业的"利益攸关者"服务。毫无疑问，把员工视为利益攸关者并不是把他们放在与股东地位相同的位置上，而是在企业家族中给予他们一个明确的身份。这样，雇佣才被认为是一种能够经受坏的时

---

① 译者注：詹姆斯·托宾（James Tobin）与哈里斯（S. E. Harris）等合著有《美国企业准则》。

② 译者注：美国全国制造商协会是全美最大的产业贸易协会，代表了全国 50 个州各个产业部门中的大小生产商。

③ 译者注：高登·唐纳森是哈佛商学院教授，曾被誉为世界最具影响力的十大管理大师之一。

期和好的时期的准永久关系。福利和其他薪酬政策强调的是企业和员工的共同利益。在唐纳森看来，"忠诚是一个关键词，能够确保在企业内部每一个主体都能得到经济和社会满足，这样的企业才能获得成功。"雇佣在美国从来都不像在日本那样是组织导向型的，职业生涯型的工作却很普遍，而且，人事经理管理着公司内部的劳动力市场[20]。

第二次世界大战后的另一个发展是人力资源管理心理学变得更为重要。在战前，只有很少企业运用选拔考试、态度调查和其他的心理工具，这些心理学工具主要是为执行官选拔所用，还可用于对员工士气进行研究。先驱性的企业，像美国电话电报公司（AT&T）①，还有西电公司（Western Electric）②，对员工态度进行了大规模调查研究，这些研究基于梅奥（Elton Mayo）③所做的霍桑实验（Hawthorne Studies）。梅奥的拥护者把他称为"人际关系学派"，改变了 20 世纪 30 年代以前那种以人事管理为特征的格局，打破了企业对经济激励手段的依赖。梅奥认为管理者应该把更多的精力放在员工心理以及工作中的人际关系上（尤其是雇员和雇主之间的关系），还应该减少对工资和津贴的担心。第二次世界大战中，政府的"企业培训计划"项目就是采纳了梅奥的观点，对大约 50 万的工头进行培训，告诉他们如何激励员工。第二次世界大战之后，许多行为学家开始进入企业，或是成为了管理顾问，或是成为了企业的员工，这种情况在日本从没有出现过[21]。

行为科学对人事管理的影响在 20 世纪 60—70 年代仍能感受得到。员工激励研究被应用到了薪酬和工作分析之中。除此之外，还有如"垂直工作领导"，指在日常工作中没有监督时如何变得更有趣。源于行为科学的最尖端方法直接针对的是管理和专业员工。这些方法包括敏感性训练（为了提高员工面对经理时的心理敏感度）和管理方格（帮助经理们平衡"人"和"产品"的问题）。人事经理们用行为科学理论来领导企业，这些培训和组

① 译者注：美国电话电报公司创建于 1877 年，曾长期垄断美国长途和本地电话市场。在近 20 年中，美国电话电报公司曾经过多次分拆和重组。目前，美国电话电报公司是美国最大的本地和长途电话公司。

② 译者注：西电公司曾是美国电话电报公司的制造部门。

③ 译者注：埃尔顿·梅奥（1880—1949 年）是行为科学的奠基人。1927 年冬，梅奥应邀参加了开始于 1924 年但中途遇到困难的霍桑实验，1927—1936 年断断续续进行了为时 9 年的两阶段实验研究。在霍桑实验的基础上，埃尔顿·梅奥分别于 1933 年和 1945 年出版了《工业文明的人类问题》和《工业文明的社会问题》两部名著。霍桑实验揭示出工业生产中的个体具有社会属性，生产率不仅同物质实体条件有关，而且同工人的心理、态度、动机，同群体中的人际关系以及领导者与被领导集体的关系密切相关。

织发展的理论学术地位是被认可的[22]。

在第二次世界大战后几十年中，人事管理开始对"劳动关系"（Labor Relations）和"员工关系"（Staff Relations）进行区分，两者间的差距一直在拉大。劳动关系涉及劳资谈判和合同管理等专业性领域，而员工关系则强调员工和企业在其他方面的关系。

可以说，劳动关系部门只存在于有工会的企业中，而在20世纪50年代中期，美国工会会员的劳动力比例已经停止了增长。随着工会组织能力的下降和行业关系的成熟，劳动关系正变得更加有序和可以预测，因此，作为人事管理的一个重要领域，劳动关系的重要性下降了。

与此同时，员工关系部门开始运用心理学和行为科学的思想。例如通用汽车，在第二次世界大战后采纳了规范的行业关系战略，在三大汽车厂商中是第一家，其人事管理有两面性：一方面，工会在谈判时遇到了一个强劲的对手；另一方面，员工们从员工关系部门看到了一个更加友好而温和的通用汽车公司。员工关系部门负责对通用汽车在全国的分支机构进行态度调查，还开展了一些其他活动。在20世纪40年代后期，员工关系部门举办了一届有工人参与的有关"我的工作和我之所以热爱它"（My Job and Why I Like It）的征文比赛。通用汽车邀请哥伦比亚大学著名的调查分析专家保罗·拉扎斯菲尔德（Paul Lazarsfeld）分析了这些数据，同时邀请欧维希市场研究咨询公司（Opinion Research Corporation）① 通过参与这次比赛研究员工心目中的通用汽车[23]。

对于非工会的会员，员工关系部门通常作为员工和生产管理的第三方，去调解争端，并确保主管给予员工应得的利益。人事工作者在非正式或正式的投诉机制中成了员工的代表。这种拥护员工利益的做法是对早期人事管理制度的回归。对于没有参加工会的蓝领工人来说，投诉机制起到了像工会中申诉程序那样的作用，同时也减少了工会的号召力。这种机制也是一种没有辞退或解雇成本的争端解决方法[24]。

即使在高度工会化的企业，劳动关系在20世纪60年代也不再是人事管理的首要工作。一项关于大企业的调查表明，只有7%的企业认为工会关系管理在人事管理中占主导地位；55%的企业甚至认为工会管理根本就不重要。相应的，人事部门则更加关注员工发展、员工权益、培训和沟通。有意思的是，企业不仅把这种转变归功于劳动关系的常态化，也归因于白领工人

① 译者注：欧维希市场研究咨询公司创建于1938年，总部位于美国新泽西州的普林斯顿，将意见收集的专业方法运用于商业领域。一直以来，该公司始终是市场研究领域中的佼佼者。

在企业内部的增长。公司"压倒性地认为，通过外部人员来补充企业管理岗位的空缺是很难令人满意的，而是应该利用企业内部任何部门可能达到要求的员工……（这就要求）对表现优秀的员工应该给予其物质激励和其他激励，而且在企业内部，应为未来的需要培养员工，应该建立更有效的内部晋升和调配机制[25]。

20 世纪 50—60 年代是一个"组织人"（Organization Man）的时代，那时，美国企业大肆扩充中层管理岗位。同时，美国企业积极开拓海外业务，随着国际化进程，美国企业向分权和多元化的组织结构（M 型）转变。在M 型组织结构中，总部负责把资金分配到各个半自主化的事业部[26]。这种变化促成了新的总部人事机构和事业部分支机构的产生。到 20 世纪 60 年代中期，一半以上的总部人事部门的成立时间都不到 20 年。总部人事部门主要关注的是全公司的政策和全球的职业生涯规划。20 世纪 60 年代，尽管企业分权化趋势明显，但总部人事部门的员工增长速度相对于整个企业来说仍然要快很多。大多数企业人事部门业务量增多，并且绝大多数企业意识到了人事部门在组织内部的重要性正在提升[27]。

即使是在组织的最高层，如人事经理所说，他们的影响力也得到了提升，但这对总部人事部门来说并不是一个好兆头[28]。M 型组织结构的推广使得财务部门地位得以提升。对那时的财务经理而言，企业是一个资产的集合体。他们用财务工具去衡量、评估各事业部和各单位的绩效，通过资产并购和拆售来分散风险，提高整体投资回报。20 世纪 60 年代，随着更多的企业采取财务导向的经营理念，并购行为开始猛增，从中得到了一些符合逻辑的结论：集团化模式与分权化无关。渐渐的，CEO 和董事长不再从其他部门晋升，而是从财务部门产生。对财务经理来说，定量的财务指标是最为重要的，但是，这又难以在人事工作中得以实现。例如，对于养老金制度，财务经理总是与人事经理争夺控制权。

并不奇怪，20 世纪 60 年代初期，相比其他职能部门来说，人事部门与财务部门有着更多的冲突。从人事经理的角度看，问题在于"高层管理者只关注财务报表。"在其他的高级经理眼中，包括财务经理，人事部门感觉只是在处理一些"日常的行政管理工作"，被指责为"不是一个风险偏好者"和"不是商业导向的"。这些指责并非不着边际。随着企业变得更具财务导向和数据导向，即使是高级人事经理也都认为，他们在思想上没有对企业进入一个美好的新世界做好准备[29]。

4.5 20 世纪 70 年代的政府管制

正当人事经理身处困境之际，一些事情的发生给了他们一个喘息的机会。首先，1969 年股票市场开始下跌①，使得 CFO 不再顺风顺水，对并购和企业集团化的迷恋也得到了抑制。其次，所谓的"洛兹敦综合征"（Lordstown Syndrome）②，即"蓝领工人的痛苦"（blue-collar blues），引起了大部分工人的不满。再其次，企业受到越来越大的激励去招募非工会会员。最后，政府管制范围逐步扩大。

俄亥俄州的洛兹敦是著名的 1971 年罢工所在地，这场罢工来自通用汽车装配工厂的年轻工人，他们受过良好教育，收入很高，但是对死板而机械的工作并不满意。这场罢工使得有工会和没有工会的企业开始关注员工的工作和生活质量，之后进行了丰富工作内容的一系列"试验"。这些试验包括对任务和技术的重新组织，对自我导向型的工作团队进行规范，以及建立解决问题的组织。很多实践借鉴了日本和瑞典的思想。同时，企业进行了相关的管理变革，并寻求改善经理之间，还有经理及其下属之间的沟通[30]。

这些努力使企业总部人事部门获得了掌握行业知识和组织心理学知识的专业化新员工，这些新员工的出现使得企业在规划组织变革和沟通方面取得了实质性的进展。企业与大学研究人员合作，开始了组织行为学的研究，这首先出现在人际关系领域中，并且变得十分普遍。与企业发展同步，组织行为的学术研究和人际关系的继承研究在 20 世纪 70 年代获得了新的经费支持，享有很高的声誉。然而，随着总部员工的增多，被认为是在工作变革中起到重要作用的直线经理们的责任也在增加。事实上，最具创新精神的企业是那些直线经理掌控人事决策的企业。逐渐的，人事部门开始分权，在事业部层面设置人事分支机构[31]。

---

① 译者注：美国在 1969—1970 年度经历了股市暴跌，1970 年年初，道琼斯指数为 800 点左右，比 1969 年年初下降了大约 15%。1970 年 5 月 13 日，道琼斯指数跌破 700 点，收于 694 点。之后，尼克松政府开始干涉。

② 译者注：洛兹敦综合征指自动化装配线给工人带来的烦躁不安与不满情绪。洛兹敦工厂（Lordstown）在 20 世纪 70 年代曾受到人们的广泛关注，当时为提高雪佛兰、织女星（Chevrolet, Vega）的产量导致劳资双方的冲突和罢工，还催生了"蓝领工人的痛苦"这一流行语。

　　一些更先进的工作变革试验发生在没有成立工会的新工厂中，位于堪萨斯州托皮卡市的通用食品（General Foods）① 宠物食品工厂就是一例，部分原因是这些组织很容易在未开发的地方进行变革，在这些组织中无论是工人还是管理层都没有传统的做事方式和态度。另一种解释很简单，那就是在20世纪70年代，企业开始通过加快绕过工会行动步伐的手段，来处理工会会员和非工会会员工资差距拉大的问题，比如20世纪70年代，没有成立工会的工厂稳步增加。这些工作组织的创新方法使得这些机构对工会来说更难对付[32]。

　　新的关注重点转向建设和维护没有成立工会的工厂，这对人事经理产生了一系列的影响和冲击，进一步拉大了劳动关系和员工关系之间的距离，劳动关系变得不再重要，而员工关系被指称为人力资源，掌控了工会以外的人事职权。直线经理们逐渐参与其中，并又一次以事业部人事部门出局为代价。那时直线经理和企业（总部）的人力资源部门是主角，他们之间的摩擦也随之加剧。直线经理认为，像早期一样，"总部"应集中精力确保"事业部"不受工会运动的侵扰。同时，工会的重要性和来自工会的压力正在逐渐减少[33]。

　　然而另一方面，政府出台了大量的管制措施，显然，适应这些管制措施是需要时间的。以1962年出台的《人力发展和训练法案》（the Manpower Development and Training Act）② 为开端，联邦政府稳步实施管制创新，这是自20世纪40年代以来都没有过的，《同酬法案》（Equal Pay Act，1963）③、《民权法案》（Civil Rights Act，1964）④、《经济机会法案》（Economic

---

　　① 译者注：1988年奥驰亚（Altria）集团的前身菲利浦·莫里斯收购卡夫食品，1989年菲利浦·莫里斯将旗下的通用食品与卡夫合并为卡夫通用食品公司（Kraft General Foods）。
　　② 译者注：1962年3月15日肯尼迪总统签署国会通过的《人力发展和训练法案》，它授权劳工部、卫生部、教育和福利部在财政上支持并促进职业培训计划，以提高失业人员和就业不足劳动力的技术培训。根据这一法案，在3年内将有40万~100万人接受培训。1963年美国国会又通过法令加强了对失学青年的教育管理。
　　③ 译者注：1963年时任美国总统肯尼迪签署通过《同酬法案》，是美国第一个现代反就业歧视立法。该法案规定，禁止对从事实质上相同工作的受雇人因性别不同而产生的报酬歧视。雇主有义务给予在同一工作场所从事同一工作的男女受雇人同等待遇，除非差别待遇基于《同酬法案》规定的四种例外情形：（1）年资制度；（2）价值制度；（3）按照受雇人制作产品的质量或数量决定其应得工资的制度；（4）基于其他非性别的因素。
　　④ 译者注：《民权法案》是美国反就业歧视法律中最重要的法律。该法案第7章规定，雇主、劳工组织及就业机构不得因个人的种族、肤色、宗教信仰、性别以及原国籍等因素，而拒绝予以雇用或予以解雇，或在工资、工作条件或工作待遇等雇用条件上给予差别待遇。

Opportunity Act，EOA，1964)①、《职业安全与健康法案》（1970)、《平等就业机会法案》（*Equal Employment Opportunity Act*，1972)②、《全面就业和培训法案》（*Comprehensive Employment and Training Act*，1973)③ 等相继出台，还有各种行政命令，其中包括在联邦劳工部下设联邦合同合规项目办公室（Office of Federal Contract Compliance Programs，OFCCP)④，以保证残疾人的权益[34]。

可以预见，这些法律法规对集权化大有影响，因为总部人力资源部门对保存记录和确保履约的制度设计负有责任。20 世纪 70 年代中期一项对主要大企业的调查报告显示，过去 10 年中在人力资源领域最重要的变化是《均等就业机会法案》和《全面就业和培训法案》，其中涉及的大多数活动权力都被集中到了企业总部。根据这项调查，"集权化"是"执行官和经理们常常用于描述人事职能发展趋势的术语。由于权力更加集中，他们感到在雇佣、解雇、管理、指挥、晋升和员工薪酬方面都受到了实质性的约束。"随着诉讼和负面宣传成为一种持续的威胁，CEO 和董事们认为有必要参与到企业的雇佣实践中，结果是使高管和企业人力资源部门的联系变得更为紧密。20 世纪 60—70 年代出台的管制措施的实际结果是："结束了 20 年来把人事权力下放给地区直线经理的发展趋势[35]。"

---

① 译者注：第二次世界大战后的经济发展并没有解决社会贫困的问题，美国政府意识到必须使教育和培训介入到劳动力再生产领域。约翰逊总统倡导的"向贫困宣战"（War on Poverty）也推动了针对失业群体的服务和培训。1964 年，以《经济机会法案》为主要内容的反贫困立法，第一次将解决失业问题和反贫困斗争联系在一起。该法案通过建立职业训练基地，组织青年服务志愿队，为穷人和少数民族服务；特别是帮助贫困黑人"最大限度地参与"当地社区各项活动。在其基础上产生了促进再就业培训服务发展的工作团队和激励失业人员参与的工作奖励计划（Work Incentive Program，WIN，1967)。

② 译者注：美国 1964 年《民权法案》设立了平等就业机会委员会（Equal Employment Opportunity Commission，EEOC)，之后于 1972 年通过了《平等就业机会法案》。

③ 译者注：1964—1970 年，美国面临滞胀性经济危机，而以职业和中等教育为基础的独立基金运作无法满足现有再就业培训要求，1973 年，美国通过《全面就业和培训法案》，将以往分散的培训项目有效地整合在一起，采取资助就业咨询和服务、学校内职业训练、在职训练和工作经验培训等多种培训和教育活动，在财政分担的基础上赋予州和地方政府对职业培训计划更多的资金分配和决策权。

④ 译者注：1973 年，美国通过《康复法》（Rehabilitation Act of 1973)，这是保障残疾人权益、促进残疾人就业的重要法律。联邦劳工部下属的"联邦合同合规项目办公室"负责执行《康复法》第 503 条。OFCCP 在执行第 503 条时有权：（1）阻止支付合同的款项；（2）终止合同；（3）禁止合同当事人未来再订立合同。如果残疾人受到歧视，残疾人只能从劳工部获得行政救济，大部分法院认为残疾人并没有明示或者默示的私人诉权。

4.6　20世纪80—90年代的危机

20世纪80年代早期，钟摆开始转向另一个方向：首先，人力资源部门规模开始减少，并且在企业事务中失去了影响力。几十年来所有曾对提升人力资源部门在企业内部地位的因素全都不存在了。卡特（Jimmy Carter）总统①开始对运输、通信和其他工业部门放松管制，这一政策在里根（Reagan）总统②时期又得到加强。尽管员工关系仍然在繁复的法律管制之中，但联邦监管已经不再那么严格了。对于雇主来说，服从法律法规的紧迫感有所缓解，这削弱了人力资源部门在20世纪70年代要求获得资源的权力。其次，工会影响力在20世纪80—90年代持续下降，工会开始妥协，工会会员数量也持续下降[36]。最后，劳动力市场放宽。为了消除通货膨胀，联邦储备银行（Federal Reserve Bank）③在20世纪80—90年代维持高利率政策，这导致了失业。20世纪80年代，货币紧缩和激烈的国际竞争，还有由放松管制引发的失业浪潮（主要是蓝领工人）等都联系在一起了[37]。

20世纪80—90年代，企业治理也发生了变化。这可以从恶意收购数量的不断增长中得到印证，而恶意收购又催生出了像垃圾债券（Junk Bond）④一样的工具。作为企业唯一拥有剩余索取权的人，股东/投资者（尤其是养老金基金、共同基金和其他机构投资者）开始要求提高他们的地位。投资者发现很难抑制其膨胀的持股欲望，所以开始转而在提高投资组合收益方面发出自己的"声音"。机构投资者由于新的管制要求开始披露财务报告，这使他们倍感压力，不得不去寻求更高的投资回报。同时，董事会更坚定地去寻求聘用CEO（通常来自企业的外部），他们忠于股东的利益，企业也通过大量的股票期权激励他们。利益攸关者同等重要的理念已如明日黄花，勤奋工作而登上CEO宝座的员工梦想差不多也破灭了，所谓员工忠诚、顾客忠诚也在淡化[38]。

92

---

①　译者注：吉米·卡特，美国第39任总统，1977—1980年在任。

②　译者注：里根，美国第40任总统，1981—1988年在任。

③　译者注：美国联邦储备银行是由美国国会在通过《欧文·格拉斯法案》（*Owen-Glass Act*，又称《联邦储备法案》）的基础上建立的，由伍德罗·威尔逊总统于1913年12月23日签字通过，履行中央银行的职能。

④　译者注：垃圾债券一词译自英文 Junk Bond。Junk 意指旧货、假货、废品、哄骗等，之所以将其作为债券的一项形容词，是因为这种投资利息高（一般较国债高4个百分点）、风险大，对投资人本金保障较弱。

于是企业发现，为了给投资者更好的回报，企业不得不承担更大的风险，而且有时还需要剥离不相关的业务。而在日本，企业的多元化经营被认为是抵御风险的保值手段，是应对周期性波动和其他商业波动的保障手段。现在股东坚持高回报，如果企业收益没有增加，就可能面临被恶意收购的风险。因此，为了提高绩效，美国企业将更多的风险转移给了员工，这样，员工就发现他们工作和薪酬的稳定性很容易遭到破坏[39]。

股东主导企业成为新主流，另一个应对措施是公司重组，目的是逐步压缩员工规模，榨取更多利益。企业开始进一步对经理人员进行裁员，而经理人员在20世纪80年代早期一直是免于裁员的。在20世纪80年代后期和90年代初期，男性经理人员的工作稳定性急剧下降，在此之前那几乎也是终身雇佣的。那些以给员工提供长期工作和良好薪酬为荣的公司，如柯达、DEC电脑公司、IBM公司，也开始大量地解雇那些与公司签订隐性终身工作合同的中层管理人员[40]。

人力资源部门享有资源数量的部分原因源于员工的总数，所以波及全公司的裁员计划使得人力资源部门的预算大幅减少。随着裁员的进行，原本用于提高员工专业技能，以及促使初级或中级经理晋升到更好职位的培训和发展项目都被大幅缩减。人力资源部门也遭遇缩减浪潮，总部人力资源管理部门和其他职能部门的员工数量也在减少，这是由于分权和多元化而造成的成本缩减的后果[41]。

在这个时期，公司治理和员工关系也开始重视短期绩效，反映出企业在管理决策中的"鼠目寸光"。20世纪80—90年代，股票换手率提高了，也就是说，持有股票的平均时间下降了。许多创新，包括折扣券商制度和因特网，促使个人投资者进入市场，可以快速廉价地进行交易，对短期股价波动进行投机。随着投资者更倾向于短期绩效，他们希望企业采取一种承诺快速回报的做法，在资本领域和其他领域采取更加灵活的政策[42]。

事实上，这恰恰与雇佣有关。某种意义上讲，工资和员工职业生涯政策开始倾向于短期决策（更加市场化），而不再是以往的倾向于长期决策（专业技能的获取可是长期的）。兼职人员、临时工人、独立承包商和其他弹性员工数量都在快速增长，相比于专业技能和其他内部组织因素来说，薪酬越来越依据市场行情而定。向市场导向转变意味着直线经理们将拥有更多的权力，因为他们接近市场的信息；但对人力资源经理来说，则意味着权力的减少，因为传统意义上讲他们更关注长期和组织范围内的决策[43]。

随着股票价格成为企业决策的主导因素，CFO在企业内部的地位得到显著提高。20世纪60年代的CFO大多拥有会计背景，现在他们更倾向于受过 MBA 的训练，以及对数据更具创造性，而不仅仅停留在数据的表面。CFO 开始主导与人力资源管理相同的领域（例如薪酬管理）。在 20 世纪 80—90 年代，股票期权得到显著发展。1980 年，不到 1/3 的 CEO 拥有期权；15 年后，几乎所有 CEO 都拥有了期权。在这一时期，CEO 来自期权的收益稳步增长，最终超过了基本工资，并成为薪酬中最大的一部分。在工资表上，其他人所增加的收益也同样与期权联系在了一起，不仅仅 CFO 是如此。人力资源经理通常缺乏像 CFO 那样设计期权的能力，这使得 CFO 不仅在薪酬决策领域，而且在雇佣领域的地位都要高于人力资源经理。另一个产生冲突的领域是员工福利。福利管理权逐渐旁落于有财务背景而不是人力资源背景的执行官手中。最新的研究表明，这种转变对公司的健康保障制度有重要影响：在有财务背景的执行官的掌控下，福利管理政策趋向于成本导向型，并且不像传统的人力资源经理那样去关注员工的士气[44]。

在公司治理方面随之而来的变革源于 20 世纪 80—90 年代日趋激烈的竞争环境压力。全球竞争逐渐升温，美国企业同欧洲和日本企业展开竞争，加上美国国内的风险投资风起云涌，技术变革越来越快，尤其是在个人电脑和因特网的推动下，进入市场的新企业层出不穷，加剧了竞争。随着市场竞争日趋激烈，产品生命周期缩短，这些加快了企业各方面的发展速度，制定决策、产品开发和业务执行都是如此。企业重组（通过扁平化、分权和员工参与）在一定程度上削减了企业烦琐的官僚机构。社会学家罗莎贝斯·莫斯·坎特（Rosabeth Moss Kanter）把这个现象描述为"当巨人学会了跳舞"。①[45]

在一定程度上，分权被认为是一种成本节约运动，是为了缩减现在所谓扩张了的总部规模，也是使事业部更适应变革需求的手段。为了达到这些目标，事业部经理开始更多地参与到雇佣、绩效考核、薪酬管理等活动之中。遍布企业的计算机网络把人力资源管理体系和过程放到了网络上，这推动了分权的发展。由于员工参与业务决策使得产品和服务的质量提高，权力得以从人力资源部门转移到直线经理手中。这些努力的成果来自于直线经理，而不是人力资源部门，这使得人力资源管理与经营无关的认知得以加深。直线经理们规划和执行自己的计划，从而取代了人力资源部门给他们制订的人力资源计划[46]。

94

---

① 译者注：罗莎贝斯·莫斯·坎特与汤姆·彼得斯属于同一辈分的大师。1986 年到哈佛任管理教授之前是耶鲁大学的社会学教授。在她最为成功的《当巨人学习跳舞》（*When Giants learn to dance*）一书中，她提出了"后创业者时代的管理原则"。

最令人力资源部门不安的是人力资源外包，招聘、培训、薪酬和离职安排，一切似乎都可能予以外包。所有这些都表明企业在使人力资源管理变得专业化。在极端情况下，企业可以把整个人力资源都外包给第三方。在日本，外包的出现部分是由于要减少内部员工数量而驱动的，即使总的费用没有降低多少，但仍会受到投资者的青睐。有一种观点认为，以前的做法（人力资源管理要适合公司的特质和由此派生的商业利益）是没有价值的，因为竞争优势越来越依赖于成本低廉和弹性劳动力。第三方提供的服务被认为是更节省成本，更合理有效[47]。

对于人力资源经理而言，委婉地讲，这些改变是对体制的一种冲击，影响到了人力资源部门一直以来所扮演的三个角色：第一，员工职业发展的服务提供者（例如福利、培训和发展）；第二，人力资源计划提供者和直线经理的监督者；第三，员工利益的保护者。对高管和直线经理来讲，人力资源部门是在保护员工的利益。在第三个角色中，人力资源经理约定俗成地站在了员工及其主管中间。现在，这三个角色都受到了质疑。结果，人力资源部门的员工数量大幅度减少[48]。

企业重组及其与华尔街日趋紧密的联系，使人们对人力资源经理产生了信任危机。财务管理手段意味着越来越多的经营决策是基于短期绩效和定量化指标。人力资源管理存在的老问题是成本和投入是可以定量的，但回报和收益却不是。例如，在大型跨国公司里，高级经理人的培养需要10～15年。现在员工被视为成本，而不是企业的资产，而且，直线经理们得到了更大的控制权。

可以说，人力资源经理们正站在十字路口。他们可以反抗公司的这种趋势，坚持"以员工为中心"的政策，继续强调以资产衡量企业和着眼于长期利益的做法，并坚持维护员工利益。或者，他们可以转变观念，采用一个更加务实的方式，努力成为直线经理的业务伙伴，或是财务、会计和产品部门的战略伙伴。对那些想要保住工作的人力资源经理们来说，这个决定是很容易做出的。正如一位人力资源经理所说，"我们的角色已经戏剧性地从安抚不满的员工变为了与内部顾客进行磋商。我们关注的焦点从只关注员工转变为更具商业导向。最根本的心态变化是我们在这里主要是为了支持企业的运营活动"[49]。

理论上讲，这种新的业务伙伴关系意味着高级人力资源经理将更多地参与到企业上层业务战略的规划和制定符合战略的政策中。证明这种新地位的证据是越来越多的人力资源经理向 CEO 汇报工作，并且参与到了并购、合资经营和其他主要运作的决策活动中。最为重要的是，人力资源部门在雇佣和晋升方面扮演了主要角色，尽管在事实上，这种情况已经出现了一段时间[50]。

　　在实践中，这种新的业务伙伴关系并不总是奏效，一方面是因为人力资源经理缺乏专业技能，另一方面是因为他们在管理层当中仍被视为第二等级的经理。所以，人力资源经理发现他们被排除在企业早期的关键决策之外。这种情况在并购交易总是难以达成的企业中尤为突出，这是员工的离职与企业文化冲突造成的。人力资源经理希望至少能够在财务导向的并购型企业中立足，这类企业在20世纪80年代很流行。至于人力资源和战略的联系却是非常普遍，例如把企业目标纳入个人绩效考核中。另一项研究表明，企业战略与人力资源政策之间的关系，人力资源是处于从属地位的。换句话说，人力资源部门并不能影响企业的战略，只是被企业战略所驱动。[51]

　　另一个角度看，新的分权运动还在持续，这意味着总部人力资源部门将拥有更少的权力。不幸的是，这又意味着直线经理更容易在管理员工上表现得碌碌无为。调查显示，直线经理缺乏使他们成为更有效率管理者的能力。他们专注于把专业能力应用到实践中，专注于为顾客提供产品和服务。但是，他们作为一个团队领导是不够格的，也不善于选拔和激励员工。当然，人力资源专家一直在这些领域做出了很大贡献。于是，许多直线经理的态度是"别打电话给我们，我们会打电话给你们"，而人力资源经理的电话却一直没有响过。缺少政府的认同、从紧的劳动力市场和其他外部因素，都使得人力资源经理失去了与直线经理相抗衡的权力。一篇报告写道："人力资源经理们发现他们身陷直线经理和业务人员的信任危机中"[52]。

　　由于业务伙伴模式的普及，人力资源经理在心态上不再把自己看成企业内部的掌控者。就像一位高级人力资源经理所说的："我们想表明，我们不是原来软弱的人力资源经理，我们的任务不只是确保表格被正确地填满、开圣诞聚会和送孩子礼物。"然而，当人力资源经理们的决定变得更"硬化"和更具财务导向后，他们也在不知不觉地开始缩减成本，因为最容易计算的是那些与资源消耗有关的数据。而且，对"硬化"的强调含蓄地表明在管理员工方面没有什么比一个好的绩效工资计划更重要，这正是泰勒（Fredenzk W. Taylor）在20世纪早期提出的观点。这就好像60年来关于员工管理的心理学和社会学研究从来就没有发生一样。这部分地归咎于人力资源经理的自身原因。许多人力资源经理都不熟悉研究，这使他们的工作更容易被外包出去或是成为咨询的对象，并且他们不能为人力资源领域的争辩提供合理的理由[53]。

4.7　20世纪90年代的新变化

20世纪90年代末，钟摆又摆回到了对人力资源部门有利的位置。1997—2000年，失业率迅速下降，达到了20世纪60年代以来的最低点。公司对有管理经验和有技能的工人有很大需求。一份来自猎头公司的报告显示，在宣称要裁员的企业中，经理们经常在被裁掉之前收到很多份工作邀请。同时，企业通过提供传统的职业发展机会的方式来吸引新的员工。雇主们重新引入原来的发展和培训项目，满足经理和专业人才的期望。人力资源经理突然发现他们开始承担了更多的工作和责任。

虽然2001年经济开始转冷，并且劳动力短缺的状况消失了，但是人口压力却没有减弱。X一代，即婴儿潮一代的数量相对来说减少了。当时估计，在2000—2015年间35~44岁的人口数量将会下降15%。而且，女性劳动力的长期增长趋势趋于平稳，白领的生产效率在稳定地提高。所以，劳动力短缺的情况在经济复苏时才会出现[54]。

同样对人力资源经理（也对雇员）有利的是公司治理方面的许多转变。首先，对于20世纪80年代的恶意收购浪潮，大约有30个州通过了《反收购法》，而且垃圾债券市场也趋于疲软，这导致了20世纪90年代杠杆收购和恶意收购行为的减少[55]。实证表明，那些很少被曝光有恶意收购行为的企业更倾向于把资源向员工转移。在各州颁布《反收购法》后，企业每年大约提高1%~2%的年度工资。这可以解读为不屈服于股东压力的企业更倾向于在员工和股东之间进行利益的再分配。当然，这不是纯粹的利他主义；得到更多工资的员工也要履行相应的责任。股东们则对此表示反对，它们不愿意与其他利益攸关者分享资源，也不愿为了长期财务扩张而进行企业再投资。由于对股东权利约束的解禁，一些企业在20世纪90年代又回到了利益攸关者导向的方向上来[56]。

其次，安然公司治理丑闻的曝光，使得对于股东优先政策的批评与日俱增。20世纪90年代市场的非理性繁荣使得一些经济学家对股票价格是公司决策的可靠指标的说法表示不安。公司金融化不仅导致过度的短期行为，也扭曲了管理层的激励政策。赠与管理层的股票期权被批评是破坏了管理层与股东之间的关系，这完全与当初的想法相左。所谓重装股票期权（Reloadable Option)① 等使得管理层能够轻松获得巨大收益，尽管与他们的努力没有多大关系[57]。

大规模的解雇和雇佣市场化导致了消极的影响。1996 年，美国《纽约时报》发表了一系列关于"美国裁员"的文章。这是《纽约时报》自 1971年"五角大楼文件案"② 以来连载时间最长的报道。对于企业，批评家警告说员工的花费太过头了。贝恩咨询公司（Bain & Company）③ 的总裁弗雷德里克·莱希赫尔德（Frederick Reichheld）写了一本书，在书中他断言，稳定的工作保障应让位于更高的生产率、留住顾客和其他利益等方面。他援引乐伯美公司（Newell Rubbermaid）④ CEO 名言，"为了使美国在世界上更具有竞争力，我们应该把更多的精力用在产品上。那是我们真正擅长的。我们真正不擅长的是对付人。一旦经济形势不妙，我们就应该裁员"[58]。

由于这些批评，一些学者和经理们开始采用被称为企业资源观的观点，其目标是通过知识产权，独有的物质和人力资源，还有其他竞争对手没有的资源等方面来建立企业的竞争优势。这些独特的企业资源也包括独特的支持创新和快速决策的企业文化。企业资源观使商业思维从市场因素（例如进入障碍）转向塑造独特的企业内部因素上来。这些也使得战略的制定从纯粹的财务考虑转移到针对实际能力的思考上来。当企业把业务部门看成独立的利润核算单位时，企业就无法获得协同性效果。所以，企业资源观要求企业把精力集中到一项业务或一些相关的业务上来，一旦企业坚持这样做，它们就可能做到最好。显然，企业资源观暗示了企业总部作为相关协同业务的协调者的重要作用[59]。

企业资源观得到快速发展的一个原因是知识资本重要性的提高，相对来说，财务资本的重要性则受到削弱。现在，知识已经成为企业利润的一个来源。雇主们更加依赖有能力的、有创造性的技术员工。在逐渐开始主导经济的服务领域，知识资本成为了企业主要的竞争优势。[60]就像一家软件公司的总裁所说："下午 5 点，我们资产的 95％ 走出了门。我们必须营造一个环境

98

———————————

① 译者注：类似重装股票期权之类的期权设计，能够帮助管理层获得大批的收益。这种期权能够锁住哪怕最短暂的收益，从而令 CEO 在股价不稳的时候也能有利可图。

② 译者注：1971 年 6 月 13 日起，以《纽约时报》为首的十多家报纸开始报道一份绝密级文件"The Pentagon Papers"（五角大楼文件）。尼克松政府大怒，向法院起诉，要求禁止发表该文件。最后报纸赢了官司，法院最后裁决报纸等享有报道"五角大楼文件"的权力，也有权不把泄密者的名字告诉政府。

③ 译者注：贝恩咨询公司创立于 1973 年，是全球著名的一家管理咨询公司。

④ 译者注：乐伯美公司是全球最大型的家居用品制造商，拥有超过 100 个全球知名品牌，包括乐伯美（Rubbermaid）、派克笔（Parker）、葛兰婴儿用品（Graco）等。

使他们在第二天早上再回来。无形资产成为了新经济环境下一种重要的竞争优势。由于这个原因，职业生涯型的工作在许多企业中依然很普遍。雇员与雇主之间的联系比 20 世纪 70 年代要松散一些，但是比 20 世纪初期以雇佣和解雇制度为特征的年代要紧密得多"[61]。

　　企业资源观得以快速发展还有另外一个原因。20 世纪 80 年代，美国认为日本企业取得成功的原因是它们对专业的人力资本、企业文化和其他无形资产的重视。于是，美国企业开始变得更具组织导向，甚至比日本企业更甚。企业战略如果奉行企业资源观，相应的，人力资源经理的权责就会更大一些。当然，这种说法现在已经不再流行了。

　　什么样的企业坚持采用企业资源观呢？它取决于企业是否愿意对员工和经理进行长期投资，是否采用在职学习或团队规范，以及是否积极探索其他提高绩效的工作方式。这些企业的人力资源经理既能够让直线经理放手去做与人力资源相关的工作，也愿意在直线经理做出错误决策时保护员工的利益。这些企业还有很好的企业文化，能够提高员工的士气，富于创造性和勇于承担责任。为了拥有所有的这些特质，需要在某些方面提高总部人力资源部门的地位，还需要使雇佣实践符合企业文化的战略[62]。

　　研究证实，关注企业内部的以资源为基础的战略将会为企业带来长期利益和竞争优势。员工参与、员工培训和雇佣稳定性的企业表现出更高的生产力水平，那些有良好企业文化的企业对长期经济效益也有更高的预期。甚至有证据表明，当公司更强调多方利益攸关者时，其绩效要超过那些只关注少数利益攸关者的企业，即使这些研究者对此结论非常谨慎。所以，企业资源观和利益攸关者导向是一致的。相反的，裁员与提高生产率、长期股价表现没有什么关系，虽然股东们总是为满足短期利益而裁员[63]。

　　企业资源观究竟有多流行仍然是不可知的[64]，尽管爱德华公司①、林肯电气（Lincoln Electric）②、SAS 软件研究所和其他知名度很高的企业都采用了这种理念和方法。在美国人力资源管理的历史上，内部因素对人力资源专业化地位和权力的影响从来没有如此成功过。只有在环境不确定时（当劳动力短缺、工会和政府等因素成为问题时），人力资源经理才能够

---

　　①　译者注：2007 年 6 月，美联银行和爱德华兹公司（Wachovia Corp and A. G. Edwards Inc.）达成了一项协议。根据该协议，美联银行将收购爱德华兹公司。爱德华兹公司将与美联银行证券（Wachovia Securities）合并，组建一家业界领先的零售经纪公司，其管理的客户资产为 1.1 万亿美元，拥有近 15 000 名金融顾问。

　　②　译者注：总部位于美国俄亥俄州克利夫兰市的林肯电气公司是一家弧焊产品设计、开发和制造的跨国性企业。

获得额外的资源，才能够在公司事务中发出更有影响的声音。在此意义上，人力资源经理被认为是把其自身和财务量化联系在一起，并通过成本降低使自身合法化。但在不太动荡的年代，人力资源经理很难维护和持有他们的权力[65]。

人们很容易把人力资源管理问题归咎于其他方面，例如成本主导、在20世纪前半叶的大规模生产思想，或是近年来的股东优先浪潮。但是，人力资源管理的问题部分是由自身造成的，没有一种可靠而连贯的理论能够判断它们在企业内部的专业作用。人力资源经理周期性地为专业化而努力，但是最终都失败了，因为他们所追求的专业化不是基于科学知识和经认证的技术，而且他们缺少在财务、市场营销、会计和其他主要业务领域的专业技能。

现在，美国对于人力资源经理拥有的权力存在两种有争议的看法：第一种是业务伙伴模式，即让人力资源管理本身与财务和其他职能部门联系在一起，在雇佣政策被市场因素驱动时，依据分权运营部门的要求提供服务；第二种是企业资源观，把有能力的员工视为竞争优势之源，雇佣政策与组织导向紧密联系，而且，人力资源部门扮演着非常重要的战略性角色。

正如我们所看到的，这两种看法都不能使人力资源经理发挥他们想要发挥的作用。在咨询顾问、承包商和直线经理之外，业务伙伴模式让人力资源部门无所事事，可以被替代。企业资源观遇到了难以克服的障碍，在管理上缺乏远见，无法评估软性投资（如员工培训计划）的财务效果等。数据显示，人力资源经理在企业管理层中仍然处于从属地位。越来越多的女性和少数族裔成为人力资源经理，他们过多地集中在这个职位上，这通常表示该岗位职位不高，这在过去是一个事实。而且，人力资源经理比其他大多数经理得到的薪酬要少[66]。

在第5章中，我们将探究业务伙伴模式、企业资源观模式在美国企业内部的实践情况。在形成企业战略——从某种程度上讲是基于人力资源考虑的企业战略时，人力资源经理扮演了什么样的角色？人力资源经理和直线经理如何划分他们之间的责任与关系？当"市场"（股票市场和劳动力市场）驱使企业做出人力资源决策时，对企业总部的人力资源执行官来说究竟意味着什么？

参考文献：

1. This chapter is based on my essay "A Century of Human Resource Management", in Bruce E. Kaufman, Richard Beaumont, and Roy Helfgott, eds., *From Industrial Relations to Human Resources and Beyond* (Armonk, N.Y., 2003). Note that *personnel management* was

the label used from the early years of the twentieth century through the 1980s, when it was replaced by *human resource management.*

2. Daniel Nelson, *Managers and Workers: Origins of the New Factory System in the U. S.* (Madison, 1975); Alfred D. Chandler Jr. , *The Visible Hand: The Managerial Revolution in American Business* (Cambridge, Mass. , 1977).

3. Joseph A. Litterer, "Systematic Management: Design for Organizational Recoupling in American Manufacturing Firms", *Business History Review* 37 (Winter 1963), 376 – 89.

4. Henry Eilbirt, "The Development of Personnel Management in the United States", *Business History Review* 33 (Autumn 1959), 345 – 64.

5. Daniel T. Rodgers, *Atlantic Crossings: Social Politics in a Progresssive Age* (Cambridge, Mass. , 1998); Robert H. Wiebe, *The Search for Order: 1877 – 1920* (New York, 1967).

6. Stuart Brandes, *American Welfare Capitalism*, 1880 – 1940 (Chicago, 1976); Edward Berkowitz and Kim McQuaid, "Businessman and Bureaucrat: The Evolution of the American Social Welfare System, 1900 – 1940", *Journal of Economic History* 38 (1978), 120 – 42.

7. Nikki Mandell, *The Corporation as Family: The Gendering of Corporate Welfare*, 1890 – 1930 (Chapel Hill, 2002); Angel Kwolek-Folland, *Incorporating Women: A History of Women and Business in the United States* (New York, 1998); Frank B. Miller and Mary Coghill, " Sex and the Personnel Manager", *Industrial and Labor Relations Review* 18 (October 1964), 32 – 44.

8. Sanford M. Jacoby, *Employing Bureaucracy: Managers, Unions, and the Transformation of American Industry*, 1900 – 1945 (New York, 1985), 137, 161.

9. Howard M. Gitelman, "Being of Two Minds: American Employers Confront the Labor Problem", 25 *Labor History* (1984), 189 – 216.

10. Jacoby, *Employing Bureaucracy*, 181.

11. Sanford M. Jacoby, *Modern Manors: Welfare Capitalism since the New Deal* (Princeton, 1997).

12. Sanford M. Jacoby, "Unnatural Extinction: The Rise and Fall of the Independent Labor Union", *Industrial Relations* 40 (July 2001), 377 – 404.

13. Sanford M. Jacoby, " Employers and the Welfare State: The Role of Marion B. Folsom", *Journal of American History* 80 (1993), 525 – 56; Edward Berkowitz and Kim McQuaid, *Creating the Welfare State: The Political Economy of Twentieth-Century Reform* (Lawrence, Kans. , 1992); Jennifer Klein, " The Business of Health Security: Employee Health Benefits, Commercial Insurers, and the Reconstruction of Welfare Capitalism, 1945 – 1960", *International Labor and Working Class History* 58 (Fall 2000), 293 – 313.

14. Jacoby, *Employing Bureaucracy*, 233, 242.

15. Ibid. , 260 – 74. Also see James N. Baron, Frank Dobbin, and P. Devereaux Jennings, "War and Peace: The Evolution of Modern Personnel Administration in U. S. Industry", *Ameri-*

can *Journal of Sociology* 92 （September 1986）, 350 – 83.

16. Sanford Jacoby and Sunil Sharma, "Employment Duration and Industrial Labor Mobility in the United States, 1880 – 1980", *Journal of Economic History* 52 （March 1992）, 161 – 79.

17. Adolf A. Berle and Gardiner C. Means, *The Modern Corporation and Private Property* （New York, 1932）.

18. Francis X. Sutton, Seymour Harris, Carl Kaysen, and James Tobin, *The American Business Creed* （Cambridge, Mass. , 1956）, 64 – 65.

19. Gordon Donaldson, *Corporate Restructuring*: *Managing the Change Process from Within* （Boston, 1994）, 19. Donaldson's point about managerial careers is reminiscent of the traditional Japanese model.

20. Ibid. ; Richard Tedlow, *Keeping the Corporate Image*: *Public Relations and Business* （Greenwich, Conn. , 1979）; Robert A. Hall, "The Importance of Lifetime Jobs in the U. S. Economy", *American Economic Review* 72 （September 1982）, 716 – 24; Robert E. Cole, *Work*, *Mobility*, *and Participation*: *A Comparative Study of American and Japanese Industry* （Berkeley, 1979）.

21. Sanford M. Jacoby, "Employee Attitude Surveys in Historical Perspective", *Industrial Relations* 27 （1988）, 74 – 93; F. J. Roethlisberer and William Dickson, *Management and the Worker* （Cambridge, Mass. , 1939）; William J. Breen, "Social Science and State Policy in World War Ⅱ: Human Relations, Pedagogy, and Industrial Training, 1940 – 1945", *Business History Review* 76 （Summer 2002）, 233 – 66.

22. Louis E. Davis and Albert Cherns, The *Quality of Working Life* （New York, 1975）; Robert Blake and Jane Mouton, *The Managerial Grid* （Houston, 1964）; Harold M. F. Rush, *Behavioral Science*: *Concepts and Management Application* （New York, 1969）.

23. Chester Evans and LaVerne Laseau, *My Job Contest* （Washington, D. C. , 1950）.

24. Stephen Habbe, "How Not to Have Grievances", *Management Record* 11 （June 1949）, 247 – 49; Alan Zane, "The Grievance Procedure among Nonunion White-Collar Employees in Life Insurance Companies", M. S. thesis, UCLA, 1968; Ronald Berenbeim, *Nonunion Complaint Systems* （New York, 1980）.

25. The Conference Board, *Personnel Administration*: *Changing Scope and Organization* （New York, 1966）, 21, 28 – 29.

26. Alfred D. Chandler Jr. , *Strategy and Structure* （Cambridge, Mass. , 1962）; Neil Fligstein, "The Spread of the Multidivisional Form", *American Sociological Review* 50 （June 1985）, 377 – 91.

27. Conference Board, *Personnel Administration*, 13, 15, 31 – 37, 64 – 72.

28. See Peter Drucker's negative appraisal in *The Practice of Management* （New York, 1954）, 273 – 88.

29. Neil Fligstein, "The Intraorganizational Power Struggle: Rise of Finance Presidents in

Large Corporations, 1919 – 1979", *American Sociological Review* 52 (1987), 44 – 58; Dalton McFarland, *Cooperation and Conflict in Personnel Administration* (New York, 1962), 63; George Ritzer and Harrison Trice, *An Occupation in Conflict*: *A Study of the Personnel Manager* (Ithaca, 1969), 65.

30. Ivar Berg, Marcia Freedman, and Michael Freeman, *Managers and Work Reform*: *A Limited Engagement* (New York, 1978); *Work in America* (1973); George Strauss et al. eds., *Organizational Behavior*: *Research and Issues* (Madison, 1974).

31. Allen R. Janger, *The Personnel Function*: *Changing Objectives and Organization* (New York, 1977), 48 – 49.

32. Richard Freeman and James Medoff, *What Do Unions Do?* (New York, 1984); Thomas A. Kochan, Harry C. Katz, and Robert McKersie, *The Transformation of American Industrial Relations* (New York, 1986); Thomas A. Kochan and Peter Cappelli, "The Transformation of the Industrial Relations/Human Resources Function", in Paul Osterman, ed., *Internal Labor Markets* (Cambridge, Mass., 1984), 163 – 90.

33. Fred K. Foulkes, *Personnel Policies in Large Nonunion Companies* (Englewood Cliffs, N. J., 1980), 70 – 96; Audrey Freedman, *The New Look in Wage Policy* and Employee Relations, Conference Board Report no. 865 (New York, 1985), 29 – 33.

34. Frank Dobbin and John Sutton, "The Strength of a Weak State: The Rights Revolution and the Rise of Human Resources Management Divisions", *American Journal of Sociology* 104 (1998), 441 – 76.

35. Janger, *The Personnel Function*, 1, 4, 63.

36. The explanations for union decline in the United States include stiff employer resistance (partly for ideological reasons and partly to reduce impact of high union wages on profits); changing economic structures; and reduced employee interest in unions as a result of rising education and provision of unionlike protection by progressive employers and by legislation. Assigning weights to these – and other – factors is a rather vexed task. See Richard B. Freeman and Joel Rogers, *What Workers Want* (New York, 1999); Freeman and Medoff, *What Do Unions Do?*; Sanford Jacoby, "American Exceptionalism Revisited: The Importance of Management" in Jacoby, ed., *Masters to Managers*: *Historical and Comparative Perspectives on American Employers* (New York, 1991); and Robert J. Flanagan, "Has Management Strangled U. S. Unions?" unpublished ms., Stanford University, 2003.

37. Steven Vogel, *More Rules*: *Regulatory Reform in Advanced Industrial Countries* (Ithaca, 1996); Barry Bluestone and Bennett Harrison, *The Deindustrialization of America* (New York, 1982); Lori Kletzer, "Job Displacement", *Journal of Economic Perspectives* 12 (Winter 1998); 115 – 36.

38. John C. Coffee Jr., "Shareholders versus Managers: The Strain in the Corporate Web", in John C. Coffee Jr., Louis Lowenstein, and Susan Rose-Ackerman, eds., *Knights*,

Raiders, *and Targets*: *The Impact of the Hostile Takeover* (New York, 1988), 77 – 134; Rakesh Khurana, *Searching for a Corporate Savior*: *The Irrational Quest for Charismatic CEOs* (Princeton, 2002); Kevin J. Murphy and Jan Zabojnik, "Managerial Control and the Market for CEOs", unpublished paper, 2003.

39. R. Comment and G. Jarrell, "Corporate Focus, Stock Returns, and the Market for Corporate Control", *Journal of Financial Economics* 37 (1995), 67 – 88; Neil Fligstein, *The Architecture of Markets* (Princeton, 2001); Sanford M. Jacoby, "Risk and the Labor Market: Societal Past as Economic Prologue", in Ivar Berg and Arne Kalleberg, eds. , *Sourcebook of Labor Markets* (New York, 2001), 31 – 60.

40. Michael Hammer and James Champy, *Reengineering the Corporation*: *A Manifesto for Business Revolution* (New York, 1993); Sanford M. Jacoby, "Are Career Jobs Headed for Extinction?" *California Management Review* 42 (Fall 1999), 123 – 45. However, the brunt of downsizing continued to fall on nonmanagerial employees, even though the rate of managerial downsizing rose in the 1980s and 1990s. See William J. Baumol, Alan S. Blinder, and Edward N. Wolff, *Downsizing in America*: *Reality*, *Causes*, *and Consequences* (New York, 2003), 213.

41. Robert J. Kramer, *Organizing for Global Competitiveness*: *The Corporate Headquarters Design* (New York, 1999).

42. Robert J. Shiller, *Irrational Exuberance* (Princeton, 2001); Terrance Odean, "Do Investors Trade Too Much?" *American Economic Review* 89 (1999), 1270. The argument sometimes is made that there is no such thing as myopia, that share prices reflect all information presently available about a company and that maximizing longrun value is equivalent to maximizing today's share price. This is the efficient-markets hypothesis. In fact, however, the evidence for efficient markets is less compelling than one might think. After all, if prices were at their appropriate level yesterday, why did the NASDAQ market come crashing down today? Warren Buffett, Bill Nygren, and other investors have repeatedly observed that quarterly earnings forecasts are a distraction to long-term corporate planning and, now that the stock market is in a post-bubble phase, a growing number of companies are moving away from them. Purely statistical evidence on myopia is ambiguous, as much of it is based on R&D figures that are not a reliable measure of "long term", and one can find empirical support on both sides of the issue. For a balanced overview, see Kevin J. Laverty, "Economic Short-Termism: The Debate, the Unresolved Issues, and the Implications for Management", *Academy of Management Review* 21 (July 1996), 825 – 60. See also "Coca Cola to Stop Giving Forecasts", *Los Angeles Times* (15 December 2002).

43. Peter Cappelli, *The New Deal at Work* (Boston 1999). However, it is crucially important to recognize that, although there was a shift to market-oriented criteria and a transfer of risk from employers to employees, this was a not a slide all the way down to the pure-market end of the pole. That is, there continue to be significant organizationoriented elements of the employ-

ment relationship. While the percentage of adults in jobs lasting ten years or more fell from 1979 to 1996, the drop was modest: from 40 to 35 percent. Pay and benefits continue to reward tenure, although not as much as before. And many of the companies that reported downsizing actually ended up *increasing* their total employment later on. For a more detailed look at these issues, see Jacoby, "Are Career Jobs Headed for Extinction?" (passim); Baumol, Blinder, and Wolff, *Downsizing in America*.

44. John Cassidy, "The Greed Cycle", *New Yorker* (23 September 2002); *Economist* (6 April 2002), 12; Lucian Arye Bebchuk, Jesse Fried, and David I. Walker, "Managerial Power and Rent Extraction the Design of Executive Compensation", *University of Chicago Law Review* 69 (2002), 751 – 846; Forrest Briscoe, James Maxwell, and Peter Temin, "HR versus Finance: Who Controls Corporate Health Care Decisions and Does It Matter?" working paper, MIT, 2002.

45. Rosabeth Moss Kanter, *When Giants Learn to Dance* (New York, 1990).

46. Vincent Caimano, Pat Canavan, and Linda Hill, "Trends and Issues Affecting Human Resources and Global Business" and Arthur Yeung and Wayne Brockbank, "Reengineering HR through Information Technology", in Karl Price and James W. Walker, eds. , *The New HR: Strategic Positioning of the HR Function* (New York, 1999), 23 – 38, 161 – 81; Robert E. Cole, *Managing Quality Fads: How American Business Learned to Play the Quality Game* (New York, 1999).

47. Scott Lever, "An Analysis of Managerial Motivations behind Outsourcing Practices", *Human Resource Planning* 20 (1997), 37 – 48.

48. Louis Csoka, *Rethinking Human Resources*, Conference Board Report, no. 1124 – 95-RR (1995), 11.

49. Ibid. , 31.

50. See the case studies on strategic HRM in *Human Resource Management* 38 (Winter 1999).

51. John Purcell and Bruce Ahlstrand, *Human Resource Management in the Multidivisional Company* (Oxford, 1994); Paul Marginson, Peter Armstrong, Paul Edwards, John Purcell, and Nancy Hubbard, "The Control of Industrial Relations in Large Companies: An Initial Analysis of the Second Company-Level Industrial Relations Survey", Warwick Papers in Industrial Relations no. 45, Industrial Relations Research Unit, University of Warwick, Coventry, U. K. , 1993; Anthony Buono and James L. Bowditch, *The Human Side of Mergers and Acquisitions* (San Francisco, 1989); Elaine McShulskis, "A Bigger Role in Mergers and Acquisitions", *HR Magazine* 43 (January, 1998), 22 – 24; Conference Board, *Post-merger Integration: A Human Resources Perspective* (New York, 2000); "Mergers: Why Most Big Deals Don't Pay Off", *Business Week* (14 October 2002), 60ff. ; L. Gratton, V. Hope-Hailey, P. Stiles, and C. Truss, "Linking Individual Performance to Business Strategy: The People

Process Model", in Randall Schuler and Susan Jackson, eds. , *Strategic Human Resource Management* (*Malden*, *Mass.* , 1999).

52. Michael Lombardo and Robert Eichinger, "Human Resources' Role in Building Competitive Edge Leaders" in Dave Ulrich, Michael Losey, and Gerry Lake, eds. , *Tomorrow's HR Management* (New York, 1997), 57 – 66; Csoka, "Rethinking", 9.

53. Jeffrey Pfeffer, "Pitfalls on the Road to Measurement: The Dangerous Liaison of Human Resources with the Ideas of Accountiny and Finance", *Human Resource Management* 36 (1997), 357; Csoka, "Rethinking", 22; Karen Legge, "HRM: Rhetoric, Reality, and Hidden Agendas", in John Storey, ed. , *Human Resource Management: A Critical Text* (London, 1995), 33 – 59.

54. Elizabeth Chambers, Mark Foulon, Helen Handfield Jones, Steve Hankin, and Edward Michaels, "The War for Talent", *McKinsey Quarterly* 3 (1998), 44 – 57.

55. Lucian Bebchuk and Allen Ferrell, "A New Approach to Takeover Law and Regulatory Competition", *Virginia Law Review* 87 (2001), 111 – 66; Bengt Holmstrom and Steven N. Kaplan, "Corporate Governance and Merger Activity in the United Sates: Making Sense of the 1980s and 1990s", *Journal of Economic Perspectives* 15 (Spring 2001), 121 – 44.

56. Marianne Bertrand and Sendhil Mullainathan, "Is There Discretion in Wage Setting? A Test Using Takeover Legislation", *Rand Journal of Economics* 30 (Autumn 1999), 535 – 54.

57. Shiller, *Irrational Exuberance*; Bebchuk, Fried, and Walker, "Executive Compensation"; Financial Markets Center, "Employee Stock Options", Background Report, April 2000.

58. "The Downsizing of America", series, *New York Times* (1996); Frederick F. Reichheld, *The Loyalty Effect: The Hidden Force behind Growth*, *Profits*, *and Lasting Value* (Boston, 1996), 151.

59. Jay Barney, "Firm Resources and Sustained Competitive Advantage", *Journal of Management* 17 (1991), 99 – 120; Nicolai Foss, ed. , *Resources*, *Firms*, *and Strategies* (Oxford, 1997); John Purcell, "Corporate Strategy and its Link with HRM Strategy", in Storey, *Human Resource Management*, 63 – 86; Gary Hamel and C. K. Prahalad, *Competing for the Future* (Boston, 1994).

60. As recently as 1978, the book value of property, plant, and equipment of publicly traded corporations accounted for 83 percent of the market value of financial claims on the firm. By the end of 1997, it accounted for less than one-third of the market value of those claims. Margaret M. Blair and Lynn A. Stout, "Team Production in Business Organizations: An Introduction", *Journal of Corporation Law* 24 (1999), 744.

61. Martha Groves, "In Tight Job Market, Software Firm Develops Programs to Keep Employees", *Los Angeles Times* (14 June, 1998), D5; David J. Teece, "Capturing Value from Knowledge Assets", *California Management Review* 40 (1998), 77; Jacoby, "Are Career

Jobs Headed for Extinction?"

62. Brian Becker and Mark Huselid, "Strategic HRM in Five Leading Firms", *Human Resource Management* 38 (Winter 1999), 287 – 301; Charles A. O'Reilly and Jeffrey Pfeffer, *Hidden Value: How Great Companies Achieve Extraordinary Results with Ordinary People* (Boston, 2000). For the Japanese version, see Hiroyuki Itami, *Mobilizing Invisible Assets* (Cambridge, Mass. , 1987).

63. Jeffrey Pfeffer, *Competitive Advantage through People: Unleashing the Power of the Workforce* (Boston, 1994); John Kotter and James Heskett, *Corporate Culture and Performance* (New York, 1992); David I. Levine, *Working in the Twenty-first Century: Policies for Economic Growth through Training, Opportunity, and Education* (Armonk, N. Y. , 1998); Blinder, Baumol, and Wolff, *Downsizing in America*; Wayne Gascio, "Corporate Restructuring and the No-Layoff Payoff", *Perspectives on Work* 7 (2003), 4 – 6.

64. Currently around 13 percent of private workers own stock in firms where employee ownership exceeds 4 percent of total market value. Joseph Blasi and Douglas Kruse, *The New Owners: The Mass Emergence of Employee Ownership* (New York, 1991), 14.

65. One very rough gauge of the prevalence of the resource-based model is the percentage of employees who agree that their company thinks of them as its most important asset, which stood at 34 percent in a 2003 survey of around two thousand U. S. employees. Walker Information, *Loyalty in the Workplace* (Indianapolis, 2003). In theory, the resource-based approach could coexist with shareholder primacy, although in practice the combination is rare and difficult to sustain. See Simon Deakin, Richard Hobbs, Suzanne Konzelmann, and Frank Wilkinson, "Partnership, Ownership, and Control: The Impact of Corporate Governance on Employment Relations", Center for Business Research, Cambridge University, June 2001.

66. In 1999, women made up 49 percent of all managers but 60 percent of all personnel and labor-relations managers; for blacks, the figures are 8 percent of managers but 11 percent of personnel managers (U. S. Bureau of Labor Statistics, ftp: //ftp. bls. gov/pub/special. requests/lf/aatll. txt). Among those in ten primary management occupations, HR managers ranked eighth in average annual earnings, slightly above those in purchasing and transportation but well below information systems, marketing, finance, and operations (Bureau of Labor Statistics, Occupational Employment Statistics, http: //stats. bls. gov/news. release/ocwage. t01. htm).

第5章

美国大型企业雇佣实践和
公司治理的实地研究

从长远来看，股东导向型企业将会在美国占据主导地位，这类企业在招募员工时是完全市场化的，其人力资源经理在管理层中排位较低。然而，和日本一样，只要仔细地调查美国企业的人力资源管理实践和治理模式，就会发现它们表现出相当大的多样性。本章将探讨这种多样性。

与日本相比，美国对于这种多样性更习以为常，而在日本，要求人力资源管理标准化的呼声则更强烈些。在美国，雇主组织、商业协会以及工会组织较少，权力更加分散。但是，这并不是说要求人力资源管理标准化的压力在美国完全不存在。这些压力来自于各个方面，包括一些专业协会、财经期刊，以及专门致力于培养人力资源经理的大学等。相对于日本来说，美国国内各商业领域之间更加独立，可它们彼此之间也会进行沟通，有专业顾问提供咨询，并且偶尔会就什么才是各企业的最佳实践达成共识。

在美国，我们调访了5家企业的人力资源经理及其他主管人员，这5家公司分别是来自证券业、包裹快递业、电子行业、汽车零部件和建筑/能源行业，同我们研究过的日本企业案例相似。为了将这些企业进行分类，比较可行的方法是将多元化经营与相对专业化经营的企业区分开来。我们对美国企业进行案例研究的结果显示，证券业和包裹快递业这两个行业是在日本企业案例中形成专业化企业最多的行业，在美国也同样如此。美国证券公司（U. S. Securities）和美国快递公司（U. S. Package）总部人力资源部的权力较大，事业部的权力则相对较弱。然而我们却发现，日本企业总部人力资源部门的权力与其人力资源制度的多元化直接相关；在美国，却没那么强的关联性。例如，美国电子公司（U. S. Electro）是一家遵循人力资源制度多元化的公司，却有一个强有力和集权的人力资源部门；而在美国汽车零部件制造公司（U. S. Parts），人力资源制度体系相对集中，但却存在相当程度的分权现象。

就战略影响力而言，美国企业与日本企业人力资源部门之间的差异也是相当复杂的。美国企业人力资源部经理绝不可能会高就于本企业的董事会，不过，上述 5 家企业中的 4 家，也就是美国快递公司（U. S. Package）、美国电子公司（U. S. Electro）、美国汽车零部件制造公司（U. S. Parts）和美国证券公司（U. S. Securities），其高级人力资源经理需要向 CEO 汇报工作，还会就主要战略决策提供咨询建议，尤其是要提供与人力资源相关的战略实施建议。

人力资源部与 CEO 有紧密联系的企业有什么共同点呢？在这 4 家企业中，3 家企业的 CEO 呈现家长式作风，他们既不是公司的创建者，也并非其后代[1]。这些 CEO 们像对待股东一样对待员工，也就是说，他们要考虑公司决策对员工产生的可能影响，这不仅意味着在经济低迷时期他们要不惜一切代价保住所有工作岗位，还要尽可能全力避免可能出现的裁员。同时，这也意味着他们有责任关注员工，并且想办法弥补因政策或行为所感知到的不公平或不公正。其中的 2 家企业——美国快递公司（U. S. Package）和美国电子公司（U. S. Electro）——都在很长一段时间内没有工会，这进一步提高了对员工关怀的管理，其结果是提高了高级人力资源经理的地位，人力资源经理甚至可作为员工代表的身份面对 CEO。第 4 家企业，也就是美国汽车零部件制造公司（U. S. Parts），却呈现了完全不同的一面。这是一家处于成熟行业的企业，最近几年偏爱收购和业务剥离。该公司人力资源副总裁长期在总部工作，与企业一起成长，并经历了各种变革，她为自己塑造了一个角色——CEO 顾问。

最后一家公司，即美国建筑/能源公司（U. S. Con/Energy）是一家分权化的建筑和能源公司，几乎是一个财务驱动型的组织，经常并购和售卖业务，这些业务都是独立经营的。在该公司，总部人力资源部门从来就不是核心部门，对战略也没有多少影响，其人力资源招聘是市场导向和商品化的。

我们将看到形形色色的美国人力资源经理，在美国并没有标准的纯粹"美国"模式。接下来，我们会介绍各行业的个案研究，其顺序与日本企业一致。

5.1 美国证券公司的实地调访

美国某证券公司（U. S. Securities）是美国最大的证券经纪公司之一。

近年来，随着美国股市的繁荣和 401 （K） 计划①的实施，个人投资激增，该公司因此而大受其益，发展极为迅速。1997—2000 年，公司雇员数增加了 1 倍以上。在此期间，该公司有时 1 个月要新聘用 1 000 多名员工。在 2001 年股市低迷之前，人员流动率为每个月 14％ 左右，这是非常高的，与日本证券公司 （J. Securities） 相比更是如此。由于快速增长和高人员流动率，68％ 的员工受雇于该公司的时间不超过 3 年，这是一个很高的甚至有点令人叹为观止的数字。

美国证券公司 （U. S. Securities） 的组织结构是根据其业务内容来确定的，最大的事业部是零售业务，包括各地分支机构、网上交易和电话中心。零售业务是美国证券公司 （U. S. Securities） 的核心业务，其收入占总收入的 85％，人员占总雇员的 60％。该公司还有其他一些业务，包括退休计划服务、资本市场和贸易、金融产品 （包括它自己的共同基金） 和一家刚刚收购的银行。支持所有这些的是一队高度熟练的 "技术人员" （软件工程师和计算机系统专家），他们占公司雇员数的 15％。美国证券公司 （U. S. Securities） 喜欢把自己当做向客户提供金融服务的技术型企业。这种形象，因其相对年轻的员工团队得到加强，并使该公司有一种 "技术人员" 的氛围，但是，与日本证券公司 （J. Securities） 一样，其经营重心，以员工数衡量的话，在于更琐碎的零售业务和客户服务上。

与日本证券公司 （J. Securities） 相比，美国证券公司 （U. S. Securities） 人力资源职能更加分权。每个业务部门都有自己的人力资源部门，这些人力资源部门由一些通才工作人员组成，向所属业务部门的负责人报告工作，但同时和总部人力资源部门保持点一线关系。而在日本证券公司 （J. Securities），总部之下罕见人力资源部门设置。在美国证券公司 （U. S. Securities），业务部门的人力资源部门执行双重职能：一方面是向员工提供职业咨询、福利信息和其他服务；另一方面，向业务经理提供人力资源专业支持和其他协助，包括绩效管理。近几年的迅速扩张使公司不得不雇用许多缺乏员工管理经验的经理，这就需要每个业务单元内部的人力资源部来予以支持。

业务单元层面的人力资源员工既要取悦业务经理，又要满足雇员的要求，显然，要取得这两者间的平衡是比较困难的。业务经理如果对某个人力

103

---

① 译者注：作为 "雇员福利" 项目之一的养老金计划一直是美国人生活中不可或缺的组成部分。401 （k） 计划起源于 20 世纪 80 年代初美国税法修改、相关免税条款的出台。其名称来自《国内税收法案》第 401 （k） 节，它允许员工将一部分税前工资存入一个储蓄计划，积累至退休后使用，在此基础上，一种新的养老金计划—"401 （k）" 开始出现，并大受欢迎。到 2000 年年底其资产规模已达 17 000 亿美元，参与人数超过 4 200 万人。

资源代表的决定不满，可以向该业务单元的总经理和/或地区人力资源部经理投诉，但总部很少介入。总部人力资源经理说："如果有人需要我介入，我会；但我努力做的是推动组织的决策和权力下放，而不是阻止它。"

现在，美国证券公司（U.S. Securities）还没有一个正式的申诉体系，以供那些对他们上司做出的决定不满或是有其他抱怨的员工进行投诉。员工能做的就是每个月在公司内部进行匿名态度调查时表达一下自己的不满。员工通过电子邮件将怨言发送给他们的人力资源代表、地区人力资源经理、高级人力资源副总裁，甚至 CEO，在他们的企业文化中，这些都是可以容忍的行为。在日本看来，人力资源工作人员在美国证券公司（U.S. Securities）所承担的责任更多属于企业工会的范畴。甚至连人力资源经理都说，每年他会收到"成百上千"封员工发来的电子邮件，但员工并没有因此遭受报复和侮辱。"没有人因此被解雇，也没有人会受到惩罚，更没有人因为发送电子邮件给公司上层而受到纪律处分。"

美国证券公司（U.S. Securities）各业务部门及业务经理享有更大的自主权，所以与日本证券公司（J. Securities）相比，其各业务部门人力资源工作人员在量上和质上的重要性都比较大。相反，总部人力资源部的作用要弱一些。有一个悖论：在大多数的美国企业中，直线经理的自主权被认为不利于强势人力资源部门的职能发挥。但是，在美国证券公司（U.S. Securities），事业部及其以下级别的人力资源工作人员要和那些没有经验的直线经理一起工作，帮助直线经理了解公司用以提升员工积极性和奖励员工的最新工具。公司评估经理们管理"人"的技能，因此，直线经理要考虑员工的发展，这是直线经理绩效考核的内容之一。由于公司的快速发展和极高的人员流动率，人力资源部门人员发现自己只能部分地履行这一职能。当然，还有其他的原因。

美国证券公司（U.S. Securities）对员工与上司之间关系质量的关心是其企业文化的重要组成部分。与那些应付员工的企业不同，美国证券公司（U.S. Securities）非常认真地解决有关"人"的问题。公司非常骄傲的是，在《财富》（Fortune）杂志最佳雇主排行榜及其他类似的排行榜上，美国证券公司（U.S. Securities）经常名列前茅。其排名高企说明该公司对员工需求的响应非常好，如慷慨的福利计划、弹性工作安排、强调员工自主权（高度授权），以及员工多样性。

因此，尽管美国证券公司（U.S. Securities）在组织结构上具有事业部和直线经理的自主性特征，但公司总部人力资源部宣传一种普遍的、亲雇员的企业文化。事实上，公司总部人力资源经理说，他们采用这种组织结构所要达到的目标之一，准确地说，就是要指导、鼓励直线经理自己解决问题，不要凡事都惊动高层。美国证券公司（U. S. Securities）的管理对公司文化有一个自我意识和成熟的阶段，这可以追溯到 20 世纪 70 年代，当时美国企业首次掀起文化潮流，这有一部分是从日本企业那里学来的经验[2]。

"FERSTT" 是一个缩写，简洁表示了该公司的企业文化。公司总部人力资源部门对这个缩写和它所传达的意思进行广泛推广和使用——"从我们最初对一个新人进行面试，到他们被雇佣，再到公司的欢迎会，以及整个流程的各个方面。通过面试和个性测试，公司也尽力选择那些有倾向能融入企业文化的雇员。"FERSTT" 中的这些字母分别代表什么意思呢？

F：fairness（公平）——公平对待顾客和雇员；

E：empathy（感同身受）——理解顾客的需求和想法；

R：responsive（积极反应）——执行速度和市场反应速度至关重要；

S：striving（努力不懈）——认识到尽管不可能做到十全十美，但雇员应该努力做到不断进步；

T：trust（真诚，诚恳）——即个人操守；

T：teamwork（团队合作）。

美国证券公司（U. S. Securities）认为，"FERSTT" 是公司的"战略前提"，每位雇员要明白这些概念的内涵和公司传播它们的严肃性：

> 我们不像其他企业那样，每次你一转身，你所说的即被当做耳旁风。我们要带着强烈的责任感去履行企业文化。这里所说的文化就像"皇帝的新装"，坦诚相见。高层管理者和 CEO 随时都是敞开心胸的，他们乐于接近每一位员工，这些员工有随时、随地挑战的内在责任感，而不要担心被报复。所以我可以告诉你们，每一位主管，从上到下，最好要说到做到，言行一致；否则下属就真的要闹事了。

当企业文化浓厚的时候，公司就很好管理，尤其是在快速成长时期，公司可以很容易招聘员工，并且留住员工。

在股市不景气以前，当劳动力市场，特别是对熟练技术人员需求非常紧张的时候，美国证券公司（U. S. Securities）还在迅速增长。作为全国最佳雇主，保证它还可以收到源源不断的求职简历，公司本身浓厚的企业文化以及选择与其文化相适应的应聘者的行为，又帮助它留住了雇员。

就像该公司高级人力资源经理所说："公司的未来就在于招到合适的人才，将其放到合适的位置上；就在于开发员工潜力，进行智力投资，保持与时代同步"。

认真对待多样性，美国证券公司（U. S. Securities）就是如此，有太多这样的事例了，例如，该公司员工的名片上还印有盲文。女性占了公司总雇员的相当一部分（39％），管理委员会 16 名成员有 6 名是女性。要知道美国证券公司（U. S. Securities）最近在女性员工最佳雇主排行榜上名列前茅，这不仅帮助公司在劳动力市场供不应求时可以招聘到员工，而且也吸引了客户，该公司有 30% 的客户是女性。这与日本证券公司（J. Securities）有显著的不同。虽然日本证券公司（J. Securities）有非常浓厚的文化和亲雇员导向政策，然而，不管是它的价值观还是员工的构成上，仍然是一个彻头彻尾的男性主导公司，在管理层中几乎没有女性。

美国证券公司（U. S. Securities）董事会由 12 人组成，除公司 CEO 和董事长之外，再没有公司内部人士。董事会应该决定企业的战略方向，而事实上是先由管理委员会做出战略分析，董事长、CEO 和 7 名业务部门的总经理以及 7 名副总裁一起讨论。这些副总裁分别来自财务部、法律部、战略部、市场部、行政部、信息部和人力资源部。这种安排使得人力资源经理有机会参与企业战略决策的制定，并大肆宣扬人力资源部如何帮助企业进行战略选择。但人力资源部的贡献却又是有限的。我们被告知，总部人力资源部直到决策做出之后才会介入收购或者剥离行为。

在美国证券公司（U. S. Securities），人力资源部要把它们的观点向其他部门解释清楚，比起日本证券公司（J. Securities），这更多的是一场艰难的战斗。在日本证券公司（J. Securities），更多的董事会成员和高级主管都有人力资源管理的直接经验。日本证券公司（J. Securities）人力资源部的中心地位赋予了人力资源经理优势，因为他所提议和关心的问题其他经理也能够感同身受。而美国证券公司（U. S. Securities），即使它是一家很前卫的公司，其人力资源经理还是要不断地向其他经理介绍公司的价值观和亲雇员制度。

然而，美国证券公司（U. S. Securities）人力资源经理通过在高级经理选拔中发挥作用，能够在某种程度上影响战略决策和经营战略的制定。举个例子，最近该公司通过猎头公司物色了一位来管理、运营公司一个业务单元的主管。高级人力资源经理是 7 人小组成员之一，这个小组专门审查并对猎头公司提供的最后候选人进行排名，通过这种方式来选拔人才。以往，美国证券公司（U. S. Securities）通过对外招聘来填补高级职位空缺是非常普遍的做法，主要由人力资源部和猎头公司一起审查应聘候选人，但是，两年前，公司采取了一项"继任计划"来选拔核心职位的后继者。这种转变事出有因。随着公司的快速发展，以及外面人才的缺乏，使公司在填补高级职位空缺时首先考虑从内部寻找合适人选。而日本证券公司（J. Securities）是由总部人力资源部负责员工考核方法的设计，收集评估数据，收集职位继任的有关信息。如果高级职位的人选最后由管理委员会来决定，人力资源经理则会在其中发挥重要的作用。

总部人力资源部的第三项主要职责即设计整个公司的人力资源制度，比如员工绩效评估和奖励制度。总部人力资源部门进一步完善了员工考核方法，包括来自下属和同事的反馈（所谓的360度绩效评估法），以及来自业务经理和人力资源工作人员的反馈。总部通常无法对下面各部门下达命令，因此倒也正好发挥共治的重要作用。"当产品准备好运送的时候，你知道它是烘烤出来的。每个人都同意，每个人都谈到它。他们已经闻到了，尝到了，那么一切都准备好了。这样的合作非常好，团队作用发挥得淋漓尽致。这不同于可能会在其他组织中出现的情况，人力资源部掌控一切，员工只是不断被支来使去。"

美国证券公司（U. S. Securities）强调团队精神，可其奖励制度仍是适应个人业绩薪酬计划的。对薪酬的强调，再加上异质性职业结构，已产生了超过8项薪酬激励计划都是由总部人力资源部设计的。负有主要职责的经理和财务分析师们，如果他们的表现被评判为"星"级，就能获得巨额的奖励。这并不奇怪，更大的支付不平等现象和最高工资都要甚于日本证券公司（J. Securities）公司。相反，美国证券公司（U. S. Securities）不太在意奖励的公平与否，总部在个人工资的决定上也很少介入。

概括之，迄今为止，美国证券公司（U. S. Securities）总部人力资源部只拥有适度的权力。人力资源部门界定和传播公司的亲雇员文化，通过高级人员的雇用和管理委员会对公司战略决策产生影响，并设计整个公司的人力资源评价和奖励制度。美国证券公司（U. S. Securities）很清楚它的竞争优势部分基于智力资本。与日本证券公司（J. Securities）相比，美国证券公司（U. S. Securities）总部人力资源部对于总公司及各事业部的影响力都较小。虽然员工被认为很重要，但在美国证券公司（U. S. Securities），内部公平却并不被关注，雇员与雇主的关系也相对较弱。因此，总部人力资源部较少介入公司人力资本的创造和评价，以及如何分配它使之发挥最好的功效[3]。

美国证券公司（U. S. Securities）和日本证券公司（J. Securities）最大的差别在于员工培训和职业发展。美国证券公司（U. S. Securities）的总部人力资源部担心管理人员缺乏"人际"技能，会导致员工的不满和流失。

"公司的快速发展要求我们更快地提升雇员能力，而不是等着他们资历够了才开始行动。我们还有许许多多的经理完全不知道该怎样管理员工。"尽管这个问题早已存在，美国证券公司（U. S. Securities）仍然没有一个改善这种状况的培训或发展项目。为了推动这样一个项目的建立，总部人力资源部最近提交给管理委员会一个计划，开设强制性管理培训课程，理由是员工流动导致公司成本增高。再有，该公司全员培训水平远远低于日本证券公司（J. Securities）。

美国证券公司（U. S. Securities）总部人力资源部门试图建立一个更强有力的内部劳动力市场，包括各种工作的职业"通路"和在线职业发展计划，借口就是人员流动的高成本。"当你看到人员流动率的数据时就很清楚了：我们需要对经理人员进行投资。（员工说：）'我的经理真是蠢透了。他根本就不知道自己到底在做什么……我很想知道我的职业生涯出路在哪里。'"

依据人员流动成本估算人力资源部门的预算，是一个老套方法，这要追溯到 20 世纪 10 年代。人员流动成本是可以量化的，会上报给高管，高管非常相信这些硬性数字。人力资源部门面临的问题是，伴随着股市泡沫后的经济衰退，人员流动率下降，借人员流动成本高企之名开展培训和职业生涯发展工作的理由就不再充足。高级人力资源经理仍然难以利用公司强大的、亲雇员的企业文化作为人力资源预算的正当理由，很难向非人力资源经理们做出合理解释。

在股市不景气之前，美国证券公司（U. S. Securities）相当重视员工。每一个员工都会获得公司的股票期权，除了这个员工持股计划外，员工还会收到公司直接赠送的股票。此外，在公司的愿景声明里，没有一处提到赚钱，甚至连"盈利"和"股东"这样的词都没出现，这就意味着公司将员工视为耐心投资者。

然而，2001 年美国证券公司（U. S. Securities）的收入和利润都在下降，它的第一个反应就是降低劳动力成本。最初它试图保护就业机会，方法是减少工作时间，主要是要求与客户没有互动的员工每周五实行无薪假期，并将他们的未休假一并休完。六周后，美国证券公司（U. S. Securities）宣布裁员 8%。新闻报道称这次大范围且突然的裁员是为了"安抚股东"。对人力资源部来说，这次裁员瓦解了长期以来公司要把自己树立成一个模范雇主的努力。不过，该公司还是采取了一些不寻常的步骤，以减轻这次的冲击，一方面是出于提高声誉的考虑，另一方面是要确保在未来可以更容易地再雇回所裁掉的员工。美国证券公司（U. S. Securities）提供了一项高达 7 500 美元的奖金给所有在 18 个月内被重新聘用的员工，并支付 2 年以上高达 20 000

美元的学费给受影响的员工[4]。人力资源经理说："我们认为市场在某个时刻会好转，再雇回员工的成本以及这些奖学金加起来比重新招聘和培训新员工的花费要少得多。"最后，为了维持公司文化的"公平"信条，高级主管人员的薪酬也相应减少，从副董事长减少5%到CEO减少50%不等。

总之，美国证券公司（U. S. Securities）总部人力资源部门不及日本同行的集权性强，也较少在公司运作上施加权力影响。公司通过经理甄选和管理委员会来参与战略决策，类似于日本证券公司（J. Securities）总部人力资源部的作用，但其在战略领域的影响力不大。在美国证券公司（U. S. Securities），其他高管对于人力资源部的角色不像日本证券公司（J. Securities）高管那样感同身受，并且视员工为利益攸关者的理念比较弱，尽管对于一家美国公司来说算是很强的。事实上，它仍然是一个亲雇员的公司。尽管有裁员，或者说是因为该公司的巧妙处理，美国证券公司（U. S. Securities）在美国国内仍然被视为一个顶级雇主。这种优良的排名声望又反过来确保了人力资源部及其各项计划能在公司内被认真对待。

5.2　美国快递公司的实地调访

某美国快递公司（U. S. Package）是一个提供隔夜速递文件和包裹服务的主要供应商。由于美国国内庞大的市场需求，公司便依靠航空运输来保证货物能在第二天及时送达。与日本快递公司（J. Delivery）不同，它雇用了一大批飞行员、飞机机械师，以及其他相关人员来完成它的服务。在其他方面，两家公司彼此之间有惊人的相似之处。像日本快递公司（J. Delivery）一样，美国快递公司（U. S. Package）由一个具有远见卓识的企业家建立，该企业家至今继续在公司管理领域发挥着积极的作用，其经营理念，包括员工关系，多年来成就了该公司今天的辉煌。

109

直到最近，美国快递公司（U. S. Package）还是一个从事隔夜速递服务的非多元化U型企业，按各种职能设置部门：有飞机、分拣、速递业务和空基运输这些独立的事业部。各部门之间的协调一直很紧密，因为每个部门都是这个包裹运送有机体系的一部分。飞机和速递服务是两个最核心的部门。飞机部雇用了大约8 000名员工，其中大部分都是飞行员。速递业务部有超过60 000名员工，大部分是能驾驶公司专用卡车的司机。技术要求最低的工作是分拣人员，他们多数都是临时员工，这一点和日本快递公司（J. Delivery）一样。

　　在 20 世纪 80 年代，美国快递公司（U. S. Package）将业务扩展到了国际市场。在遇到一些问题之后，公司决定让海外的三个业务单元自主运作，独立于国内业务。20 世纪 90 年代末，美国快递公司（U. S. Package）收购了几家货运公司，这使得它成为一家控股企业，后面将讨论更多这方面的问题。不过，美国国内的隔夜速递服务业务，其员工和收益都占到总量的 80%，仍然是美国快递公司（U. S. Package）的业务核心。

　　从一开始，美国快递公司（U. S. Package）就希望让它的飞行员、卡车司机和分拣工作人员保持一个无工会联合组织的状态。企业担心其高度协调的运载系统会被某个关键工作地或圣诞节繁忙时的罢工所挟制。公司把自己界定为一家空运公司，所以，其雇员都受到《铁路劳工法》（*Railway Labor Act*）①的保护。《铁路劳工法》规定，工会代表由全部技术人员（飞行员、司机、机械师）的多数票表决，而《国家劳工关系法》（*National Labor Relations Act*）②则规定，工会代表应该由企业多数员工决定。但要组织工作地点分散的司机和分拣人员，无疑是非常困难的，这样的尝试也很少成功，工会也就无从组织起来。

　　然而，飞行员又另当别论，因为他们有更大的地域凝聚力和职业向心力。从 20 世纪 70 年代开始，美国快递公司（U. S. Package）就对飞行员实行工会似的人力资源政策，包括合同手册，由飞行理事会定期修订，这是一种内部的工会，由驾驶员和管理层共同管理。飞行员还享有申诉制度，它类似工会的申诉程序，但其终审权是在公司内部，而不是授予一个中立的第三方。最后，飞行员享有优厚的利润分享和养老金计划。飞行员和公司之间偶尔也会产生纠纷，但整个系统基本上都会运作良好。在 20 世纪 80 年代末，美国快递公司（U. S. Package）收购了一家货运航空公司，该公司的飞行员有自己的工会组织。一连串的不幸随之发生，从而导致美国快递公司（U. S. Package）原来的飞行员组成一个自己的独立工会。经过多年的谈判和两次圣诞节期间的罢工示威，公司与工会于 1999 年签订了一份为期 5 年的合同。现在这个飞行员工会是独立的，不隶属于任何国家劳动组织。

110

　　因为《铁路劳工法》规定，劳资双方可以进行讨价还价，但工会要组

---

　　① 译者注：1926 年美国国会通过《铁路劳动法》授予雇员参加工会并与雇主进行集体谈判的权利，鼓励使用仲裁和调停程序来解决劳资争议，但其使用范围限于铁路和航空业雇员。

　　② 译者注：1935 年美国国会通过《国家劳工关系法》，该法案确认雇员享有自发组织、建立、参加工会，通过自己选出的代表进行劳资谈判和参加其他各种旨在进行集体谈判或出于相互保护而进行协商的权利。该法案还成立了一个劳资双方以外的第三方，即国家劳动关系委员会（National Labor Relations Board），负责执行该法的各项规定。

织起这些非飞行员员工是比较困难的，不过在美国快递公司（U. S. Package）他们也不必这样做。司机和分拣人员享有丰厚的薪酬福利和多样化的培训，以及良好的晋升机会，员工的工作保障性很高。员工知道他们一生都可能在这家公司工作，因此全职雇员的人员流动率非常低。地面工作人员有一个被称为"公平待遇保证"的申诉程序支持，管理层对此非常重视。美国快递公司（U. S. Package）的座右铭是："员工、服务、利润"。它所传达出来的信息就是，公司认为高质、可靠的服务和利润的获取来源于满意的、忠诚的员工。

一些人可能会将美国快递公司（U. S. Package）描述成一个先进的、无工会组织的榜样[5]，然而飞行员工会的评论家却认为家长式作风过于浓重。雇员被告知要相信公司，要努力工作，然后公司自然会优待他们。这样的事情可能会发生在日本公司，美国快递公司（U. S. Package）的员工在这方面完全不同：他们较少有机会参与公司决策，与日本同行比较，雇员与经理之间的关系更尖锐。并且，公司的经理们，从最底层的管理人员到高级主管，其中大部分就是从普通雇员中晋升的。内部招聘和主营业务强化了公司强大的、亲雇员的文化。而且，公司实行精益管理，从上到下只有五个管理层级。

5. 2. 1　美国快递公司人力资源部门的组织结构

美国快递公司（U. S. Package）主管人力资源的高级副总裁指定两类人向他汇报工作：一类是主管全公司人力资源计划的专家，另一类是负责具体人力资源业务操作的经理。前者包含两个领域的人员，一是与报酬和福利有关的人员，二是从事培训、法律、健康安全和心理测试的人。后者包括三个国际业务及国内业务的人力资源经理。从事人力资源工作的人员数量很多，大约有1 000人，其中来自国内隔夜速递业务领域（由几个事业部组成）的比重最大，有400多人。在美国快递公司（U. S. Package），国内隔夜速递业务就好比是龙头，带动整个公司的运作，但是日本快递公司（J. Delivery）则是一个不太有区别的、更统一的公司。然而（也很重要），国内隔夜速递业务这几个事业部人力资源经理既要向人力资源高级副总裁报告，又要向其各自部门的负责人报告。

这是怎样运作的呢？在国内隔夜速递业务的人力资源组织结构里，高级经理被指派到每一个业务运作部门（像分拣、驾驶），每一个高级经理又有他/她自己的工作团队。这些经理们在他们各自的部门里，负责制定所有的人力资源政策，从薪酬福利到培训、申诉制度。在美国快递公司（U. S. Package），有一点很重要也很独特，它的人力资源组织呈矩阵式。也就是说，这些运作部门的人力资源经理除了最终要向隔夜速递业务的人力资源经理报告之外，还要与他本部门的业务经理保持一种点线关系。该公司的说法是，每一位人力资源经理直接向人力资源组织里的另一个人报告，然后还要和业务经理有一个矩阵式的联系。这使得人力资源经理有一种复杂的双重角色，不得不"脚踏两只船"，要让两个老板都高兴。

CEO 提议在人力资源领域推行矩阵式管理，最初想法是想要有一个将各个部门都联系起来的统一的人力资源部，这对公司空运系统来说是不可分割的组成部分。令人担心的是，如果人力资源经理只向各自部门经理报告的话，那么全公司的人力资源协调都将受到损害。"不像制造型企业，我们有一个系统。我们在整个空运系统中做着同样的事情。所以，你不能让一个人单独在洛杉矶做出自己的决定……因为这会干扰整个系统的时间表。每一步行动都要与其他行动相互配合。"因此，各个事业部的人力资源经理要有起码的一致性，以加强协调。

采用矩阵式管理的另一个重要原因是其与重视申诉程序（"公平待遇保证"）有关，这是公司对员工实行无工会管理的一个关键因素。公司人力资源部门会派一个代表，同不满的员工以及他/她的主管一起想办法解决该员工的问题。如果该员工继续将他/她的抱怨升级（最后一步是由雇员同行组成一个上诉委员会），人力资源部将会派员工关系部进行调查，并做出独立的判断。因为不管是人力资源部的代表，还是员工关系部都不会向部门经理报告此事，如果需要这样做的话，他们就告诉这些主管他们做错了。中立性也提高了员工对他们的信任度。

采用矩阵式管理的第三个原因是它有利于组织学习。来自各部门的人力资源经理定期开会，分享有关招聘、激励、员工关系和其他事情的"最佳实践"与点子。他们还组织学习小组，分析其他公司正在做什么，并将他们的"好点子"运用到美国快递公司（U. S. Package）。该公司很少或几乎没有使用过外部顾问，因为他们认为，这些顾问只是提供一般的想法而已。

最后，矩阵式管理有利于管理提升。和日本快递公司（J. Delivery）一样，美国快递公司（U. S. Package）总部人力资源部认为自己有责任甄选和培训经理人员，如上所述，完全从公司内部聘用。对于培养潜在管理人员，以及填补各个部门的入门级管理职位空缺，人力资源部有一个复杂的系统，包括心理测试和其他形式的测试、同行评价，以及培训等。对于高级管理职位（例如，四级管理层级及以上），还必须有一个已处于同级别的经理提名。业务经理做出晋升决策，但通常他会要求人力资源部派人在面试现场。"他们通常都希望我们在场……我们不会告诉任何有关联的人，所以他们很清楚，可以相信我们，因为，我们和这些人没有任何关系。很可能是相比那些为你工作的人，我会给你一个更诚实的意见。"

　　然而，矩阵式管理也有许多困难和挑战。"你要取悦你的主要客户，他们是你的衣食父母，但同时，你又要让人力资源部门高兴。"不过努力满足两个"老板"通常不会产生什么大问题，因为"管理层和企业文化非常理解这种状况"。此外，直线经理也会意识到他们从人力资源经理那里得到了有用的服务和建议。有一个独立的人力资源结构非常重要，它在隔夜速递业务领域，以及无工会实体领域（除了飞行员）中都发挥了不小的作用。

5.2.2　美国快递公司人力资源部门的变革

　　人力资源信息系统大大减少了美国快递公司（U. S. Package）整个人力资源部门的文书工作量，公司内部工作职位登入竞投系统的计算机化就是最好的例子。对于三级以下的管理职位，员工可以自由地进行在线竞投。一旦被某个职位选中，也可以自由离开。另外，这个在线系统允许招聘经理查看这些申请者的工作表现记录、绩效评估结果，以及其他一些信息。以往，这些晋升活动和轮岗（职）都是经由人力资源部进行。该系统的好处之一就是允许该公司扩大其员工规模而无需相应增加人力资源部工作人员。一直以来，人力资源工作人员与公司总雇员的比例被认为是衡量人力资源部工作效率的一个重要标准，这样，美国快递公司（U. S. Package）人力资源工作人员占员工总数的比例就成为其他类似组织的一个参照标准。另一个计算机系统正在创建当中，它将高级管理层的职位空缺和工作表现数据都录入进去，还包括他们的技能以及背景的详细信息。最后，其他信息（比如员工记录、福利详情）也已经公布在网上，进一步使人力资源部能根据公司的发展自主地决定职员的规模。另外，面对20世纪90年代劳动力市场供不应求的局面，人力资源部聘请了几百名全职招聘人员来保证美国快递公司（U. S. Package）有足够员工来满足其发展。如果不招聘这些人，人力资源部的员工与公司总员工的比率会更低。然而状况依旧，尽管已经尽力通过计算机化来减少人力资源部门的工作人员，但美国快递公司（U. S. Package）人力资源部相对来说还是一个人员密集型部门。

113

　　另一个比较新且重要的变化就是美国快递公司（U. S. Package）收购了4家货运公司，这使得它能够满足客户对地面短途货运的需求，且成本比隔夜速递服务低。控股公司的结构被完整地保留：这几家新公司作为独立的实体存在，辅助原来的隔夜速递业务。对主要的客户，在隔夜速递公司和这些新公司的运送服务中会有一个协调机制，但在人力资源方面这种格局不会重演。从历史上强调整个公司的一致性来看，其隔夜速递业务和 4 家货运公司在人力资源上的做法与政策并没有进行整合。这 4 家新公司各自设有人力资源部门。这就提出了一个难题：在通过计算机系统整合人力资源工作的公司里，为什么它的最新收购却是一个例外？

一个原因是新并入业务部门的司机薪水比隔夜速递业务的司机低，因为隔夜速递业务需要更高水平的技术和服务质量。美国快递公司（U. S. Package）担心，人力资源政策的一体化将最终导致新并入的货运业务的劳动力成本上升和利润损失。"我们现在要克制的最大的事情是，不要让这些人看起来像美国快递公司（U. S. Package）的员工。如果我们那样做的话，将花掉他们所创造的所有可观利润，一分不剩。"

另一个原因与劳动关系有关。一方面，如果将新收购的货运业务和隔夜速递业务整合的话，公司将很难再宣称自己是一家受《铁路劳工法》约束的空运公司。失去《铁路劳工法》的保护，某些地方工会就可能发动一系列工会运动，并会不断地试图改变公司既有的劳动关系。然而另一方面，人力资源没有整合，会使得美国快递公司（U. S. Package）在递送业务上的整合能力减弱，并且公司也无法实现包裹分拣工人和司机调配上的规模经济。投资评论家也在质疑公司有效整合新收购业务的能力，以及能否提供与主要竞争对手水平相当的服务。

不管原因是劳动力成本还是劳动关系，有一点很明确，在一定程度上，人力资源问题在美国企业中影响着商业战略的制定，并且这种影响往往是看不见的。人力资源部在最初并购动议和尽职调查期间，以及收购后的各阶段方面，都发挥了重要作用，这一事实也符合 CEO 和总部人力资源部门之间的紧密关系。

最后，2001 年开始的业务低迷严重影响了公司的收入增长和赢利水平。尽管存在诸多问题，美国快递公司（U. S. Package）还是下定决心，尽量避免裁员。为了保持赢利，它转而依赖减少资本开支和创造性地削减成本。公司避免裁员的原因之一是为了防止经济复苏时劳动力短缺情况的重演；原因之二是履行自己的隐性承诺，只要有可能，就要保护员工的就业机会。这样，既是维护对员工的承诺，又可以防止工会有所行动。

简言之，美国快递公司（U. S. Package）和日本快递公司（J. Delivery）有一些令人惊讶的相似之处：两者都是拥有强烈的、统一的企业文化和凝聚力的企业。其创始人要么掌管过，或近期仍在掌管公司。他们把重点放在依靠高水平的客户服务和员工培训的企业战略上。两者都是"黏性"的组织，具有广泛的内部晋升制度，这虽然在日本很寻常，但在美国却很不寻常。

两家公司的员工可以有自己的"声音"：在日本快递公司(J. Delivery)，可以通过企业工会；在美国快递公司（U. S. Package），则较小的程度地通过投诉系统和飞行员工会。正是由于这些原因，人力资源部在每家公司都是强大的，处于中心地位，集权性较高，对企业战略的影响力也比较大。

5.3　美国汽车零部件制造公司的实地调访

某美国汽车零部件制造公司（U. S. Parts）是一家总部位于中西部的汽车零部件制造商，有50多家工厂和技术中心，主要分布在美国，在欧洲和亚洲也有。2/3的员工在美国，其中，约30%的蓝领工人都属于工会组织。这一数据大约与美国汽车零部件产业的其他厂商一致。像日本汽车零部件制造公司（J. Parts）一样，这是一个以工程师为主的创新驱动型企业，该公司的六个部门制造普通常见的、技术性很强的产品，包括变速箱、涡轮增压器和冷却系统。事业部经理都拥有工程背景，其中有一半经验非常丰富，一些有高达30年的工龄，但也有些是近期才从外面招聘进来的。

20世纪20—50年代，美国汽车零部件制造公司（U. S. Parts）的家长式作风非常明显，专注于汽车零部件制造。但自20世纪60年代以来，美国汽车零部件制造公司（U. S. Parts）发生了几次变革，反映了企业组织不断演进的潮流。

20世纪60年代起，美国汽车零部件制造公司（U. S. Parts）开始进行多元化经营，寻求新的业务领域突破（包括几次个人服务收购），这些业务较少受周期性影响，而且在销售下滑时能够起到缓冲作用。到20世纪70年代，美国汽车零部件制造公司（U. S. Parts）已经成为一个由总部对相关和非相关业务进行集权管理的企业集团。

20世纪80年代集团形式过时之后，美国汽车零部件制造公司（U. S. Parts）采取了一种杠杆收购的方式，在这个过程中，管理层将公司私有化，不过却产生了大量的债务。为了融资进行杠杆收购，许多无关的业务甚至一些相关的业务都被迫出售。公司总部缩编，总部研发中心被关闭，变

115 得越来越分权，越来越以财务指标为导向。各部门相互竞争，争取最好的业绩，确保资金支持，从而能继续存在于公司内部。

到了 20 世纪 90 年代，美国汽车零部件制造公司（U. S. Parts）重新上市。这一次和原来一样，主营业务是汽车零部件。20 世纪 90 年代后期进行了几次零部件相关业务的战略收购，即使是在持续放弃原有一些业务的情况下，销售还是得到了强劲增长。总之，这种相关业务的并购和非相关业务的抛售，在该公司集权化后就一直在进行着。

如今，美国汽车零部件制造公司（U. S. Parts）面临的最大的问题是如何凝聚向心力，如何在六个部门之间形成协同作用。其他美国公司（以通用电气公司为例）也面临同样的挑战。部门自治在两家公司的文化中根深蒂固，但美国汽车零部件制造公司（U. S. Parts）缺乏强大的企业认同感，总部没有充足的工作人员，没有全公司范围内的统一人力资源制度，也没有能将企业组织在一起的各种资源。此外，由于美国汽车行业繁荣时期的终结，更多元化的经营战略也无能为力。同时，现金短缺的客户也越来越不愿花钱购买该公司虽具创新性但价格昂贵的产品。

美国汽车零部件制造公司（U. S. Parts）总部人力资源部规模相当小，由 12 人组成，包括主管人力资源的公司副总裁。过去，在杠杆收购之前，总部人力资源部有 50 多名员工，差不多和总部现在的人数一样多，原总部也约有 400 人。这位人力资源副总裁是相当有影响力的女性，大约 30 年前在一个工厂里开始其职业生涯，然后在公司进行杠杆收购时期升到了高级人力资源副总裁的位置上来。

每个事业部都有自己的人力资源副总裁，他们负有向各自事业部经理汇报的责任。这些人力资源副总裁和那些工厂的人力资源经理一起，为各自事业部制定人力资源政策。除了安全制度、预算限制和额外福利之外，总部人力资源部门几乎没有什么其他强制性规定。权力下放符合公司的劳动关系战略，可以使有工会的工厂与没有工会的工厂之间无法建立联系，这就使得单独的工会更难以要求利益的均等性。

不过，各事业部之间确实存在一些人力资源工作的协调。由各事业部人力资源副总裁组成的高级人力资源委员会每季度在总部举行一次会议，讨论共同关心的问题。同时在非正式的基础上，总部人力资源副总裁协助各事业部人力资源副总裁进行人力资源工作人员的招聘工作，并担任几个人力资源经理晋升的顾问。

美国汽车零部件制造公司（U. S. Parts）精简行政架构，意味着有些工作和项目将无人问津。总部人力资源副总裁是个精力旺盛的人，深切关注业务发展，于是她就大包大揽，乐于处理其他人回避的工作和项目。由于高层管理人员的变动（有 3 名事业部负责人是新的，公司 CEO 也是 1993 年从外聘的），公司高层里能够像人力资源副总裁那样深入了解公司历史和结构的人几乎没有，其他高管也不具备她所具有的与业务经理打交道的人际关系网。这种人际关系网帮助她完成各项工作。而对于一个新进人员来说，没有类似的人际关系网，在公司这种部门自治的工作环境下，就很难或者不可能做到。

总部人力资源副总裁致力于四项主要领域的工作：企业文化、管理人员的选择、人力资源系统和新的研发中心。每个工作领域都是独立的，但又都和建立全公司的协同作用这个大目标有关。

20 世纪 90 年代中期，美国汽车零部件制造公司（U. S. Parts）在早就计划好的组织变革上进行了巨大的努力，旨在拉近各事业部之间，以及员工之间的距离。来自世界各地的 100 名高层管理人员参加会议，制订公司使命说明书，为公司共同的组织文化奠定基础。总部人力资源副总裁在外部顾问的帮助下，负责督促本次会议。在最后形成的使命说明书中有一些共识，认为公司是一个"企业联合会"和"人员联邦体"，这反映了利益平衡协调和自主权的诉求。五个跨业务、跨职能的小组被指派制订一些计划，关于资源分配、制造系统、人才发展方面的全公司范围的流程设计，在后面会有所介绍。

人力资源副总裁所关注的第二个领域是记录薪水发放、绩效表现和公司 200 名高管的晋升情况。她协助 CEO 督促执行官继任计划，并提交董事会讨论。有关这些职位讨论的其他场合，即每半年举行的圆桌会议，总部高管和各事业部高层一起参加。采用由一位外部顾问提出的能力模型，人力资源副总裁对谁是工厂经理及以上职位的理想候选人进行提名。最后，当公司在 20 世纪 90 年代初外聘 CEO 来启动 IPO 时，总部人力资源副总裁在一家猎头公司的协助下代表董事会进行人选物色。参与挑选新 CEO 给人力资源副总裁从一开始就与 CEO 建立融洽关系的机会。新 CEO 上任后，他也要仰仗人力资源副总裁对公司的了解来帮助其实施管理。

过去，美国汽车零部件制造公司（U. S. Parts）和其他公司一样，直线经理们非常抵制将自己部门有前途的经理们提升或调离到其他部门。为创造一个更加紧密的公司氛围（也是给管理人员跨业务与国际接触的体验），公司制定了全公司范围内的统一人力资源制度。项目小组成员包括总部人力资源副总裁、2 名工厂经理、2 名事业部经理和 1 名公司主计长。公司还聘请了 1 名人才甄选顾问，与项目小组成员一道工作，为整个公司建立了统一的网上绩效评价系统和人才发展系统。这些做法强化了辅导，从而使直线经理

（有时是缺乏人际关系技巧的工程师们）在人力资源方面做得更多。该系统并非特别新颖，但其提出与实施，说明总部人力资源副总裁有能力解决公司的关键战略问题。

要实现公司的协同作用和凝聚力，美国汽车零部件制造公司（U. S. Parts）还有许多工作要做。每个事业部都有自己独立的系统，包含所有薪酬情况和员工信息的数据库，不涉及200名高层管理人员的信息。因此，总部人力资源副总裁影响业务经营，或整合部门的能力仍然是极为有限的。

在杠杆收购失去研发中心后，公司将研发人员派到下属各工厂和事业部。这一决定后来被证实是个错误的决定，因为研发人员被派去做日常工作，没时间进行专门的基础研究。在20世纪90年代后期，重新建立企业研发中心的构想在整个总部流传，总部人力资源副总裁请求CEO让她负责这个项目。虽然人力资源副总裁不是一个工程师或科学家，但她对建立一个新的研发中心非常热衷，她最后决定将研发中心设在底特律，这也是一个汽车创新、劳动力最充裕的市场。另外，她还向研发中心灌输硅谷般文化，吸引年轻的工程师和设计师。不像仍然有点乏味的公司其他部门，这个研发中心没有私人办公室，不允许吸烟，也没有其他条条框框。

尽管总部人力资源副总裁有这些成就，但她还是在一些领域缺少影响力，不像我们研究的其他几家美国公司同行那样。这位副总裁离运营决策非常之远，几乎没有能力影响非管理雇员的工作和薪酬结果（除福利之外）。此外，经过10年的销售增长后，公司的发展减速，许多年轻经理面临职业生涯中首次薪酬削减，总部人力资源部门也没办法给予帮助。另外，虽然人力资源部是公司管理团队一个关键组成部分，但财务部仍然是最强大的职能部门。人力资源部门参与收购仅仅是在决策已经做出需要实施之际，作用也只是收集数据的尽职调查。尽职调查是非常重要的，但在这个节骨眼上，即使察觉到整合两种不同文化公司会面临诸多问题，人力资源部要影响并购决策也为时已晚。

总部人力资源副总裁确实有很大影响力，并受到其他高级经理的尊重，但这并非完全是因为她的职位与岗位，还因为她能很好地利用个人的才干和经验，以及她与CEO的良好关系。

总部人力资源工作人员的数量不多，定期聘请外部顾问来开发人力资源产品和系统，结果是该公司几乎没有自己特有的或原创的人力资源政策。2002年，当人力资源副总裁退休时，她留给继任者一种观念——在公司，人力资源相关问题仍然没有得到高度重视，要实现公司"人员联邦体"的目标仍然有很长的路要走。

5.4 美国电子公司的实地调访

某美国电子公司（U. S. Electro）是一个相当复杂的组织，拥有超过10万人的员工，6个事业部，几十个业务单元。公司创建于第二次世界大战之前，和日本电子公司（J. Electronics）公司一样，现如今主要向消费者出售技术密集型产品，同时，也销售给工业用户。尽管该公司是公众公司，可很大一部分股份仍然掌握在创始家族手中，创始人的孙子直到最近还是该公司的 CEO。

美国电子公司（U. S. Electro）悠久的历史和与创始家族密切的身份让它拥有与众不同的企业文化，尤其是不同于其竞争对手，多是一些较小的新技术企业。和美国快递公司（U. S. Package）一样，美国电子公司（U. S. Electro）一直以来都是一家无工会组织的企业。在20世纪30年代和40年代，它成功地避免了国内制造工厂的工会化；事实上，那时有工会的企业深受罢工影响，美国电子公司（U. S. Electro）便趁机得到了极大的发展。无工会俨然成为企业的传统，但美国电子公司（U. S. Electro）给它的生产员工提供工会般的工作环境：就业保障、慷慨的福利和投诉制度，并将其扩展至专业员工及管理员工；同时，公司也试图建立一种纽带将创始家族与雇员联系起来。

现在，不足20%的员工由国内的制造工人组成；大部分雇员要么是工程师，要么就是海外制造工人。显然，无工会的传统会继续保留。在20世纪90年代末，美国电子公司（U. S. Electro）遭受巨大的损失，但它希望履行其保护工作岗位的长期承诺，在裁减人员方面进展非常缓慢。多年来，创始家族推崇"坚决尊重人"和"坚持完整性"的核心企业价值观。CEO 不太同意一些主管希望加快企业结构调整的要求，却深切关注员工会如何看待公司的并购或资产剥离行为以及员工因此受到的影响。不过，要来的终究要来，公司不得不开始关闭工厂，遣散大量的员工。在最近三年中，大约有3万多人被辞掉。裁员是通过员工投诉制度审核的，这是一个复杂的过程，与招聘的随意不同，这种方式普遍存在于美国的法律规范中。

企业效益飘红已无法重现。像许多传统的福利资本主义企业一样，美国电子公司（U. S. Electro）也给其员工提供娱乐和休闲设施，尽管员工来来去去，但仍有大量的员工在公司度过了自己的大部分职业生涯。公司设立了一个服务俱乐部，为在公司工作10年、15年和25年的员工举行宴会。与多

119 数技术类公司不同，美国电子公司（U. S. Electro）提供了慷慨的固定金额养老金计划，即使在 20 世纪 90 年代末，它还开始为那些认为自己可能不会把余下的职业生涯献给公司的员工提供现金补偿。

多年来，工程师在美国电子公司（U. S. Electro）内占主要地位；基于传统上与创始人的联系，许多管理人员是从工程师队伍中晋升的。公司以自己创新可靠的产品为荣，但有时，也满足不了顾客的需求。20 世纪 90 年代，随着从模拟技术到数字技术的转变，再加上国内、国际的激烈竞争，该公司逐步形成了以顾客为导向的主流战略理念。对外招聘了更多的经理人，他们中有越来越多的人是非工程背景，但公司仍主要由终身投入于公司建设中的人来运营。

像美国证券公司（U. S. Securities）一样，亲雇员的文化促成了强大的公司品牌。美国电子公司（U. S. Electro）还不断地出现在最佳雇主排行榜上，尽管其规模较小的竞争对手都在裁减员工。看着自己的股票暴跌，美国电子公司（U. S. Electro）丝毫不受影响的态度使它成为具有相对吸引力的工作选择地，尽管偶尔它也裁员。

5.4.1 美国电子公司人力资源部门的组织结构

鉴于上述情况，关于美国电子公司（U. S. Electro）的人力资源部规模大、权力大是企业核心决策机构的说法就不足为奇了。全球人力资源部门有 3 000 多名员工，其中约有 10% 在总部工作。人力资源部工作人员数量在最近几年已经缩小，但总部的其他职能部门也在以相同速度缩减雇员规模。

美国电子公司（U. S. Electro）人力资源组织结构的一大特点是矩阵式管理，这与美国快递公司（U. S. Package）很类似。人力资源工作人员要向总部人力资源部报告，其中有一些肩负双重报告责任，它们还要向事业部经理和业务单元经理报告。尽管采取这种矩阵式结构，人力资源部仍然高度集权，在某种程度上独立于业务部门的管理。形成这种局面有两个原因：第一，各部门有独立自主权，而人力资源部门像胶水一样把各部门联结在一起，促进了这种强烈的、统一的企业文化感。第二，要追溯到企业文化上。该公司企业文化形成于工会撤销时期，人力资源部作为"第三方"力量，成为员工和管理人员之间的调解员，并负责投诉机制。即使在今天，CEO 和总裁想要一套独立的眼睛和耳朵，而人力资源经理就是眼睛和耳朵，是 CEO 和总裁安插在所有部门的眼睛和耳朵。他们深入（公司的）任何一个

120 角落，一旦经理人员的表现不好，或没有一五一十地遵守商业行为规范，那

么，就会有消息传给 CEO。

美国电子公司（U. S. Electro）的人力资源部门分成三个部分。第一部分约有 30% 的员工，在"经营"和协助各部门的直线经理，处理员工关系（包括沟通和投诉），并被派到各个部门。他们最后还要向高级人力资源经理报告，而不是对事业部经理负责。然而，他们的经费完全由这些被视为人力资源工作人员的顾客部门来提供。这些搞"经营"的人力资源工作人员还要处理一些业务上的具体问题。举例来说，他们在为个别部门做人力资源规划时，将考虑长期的业务需求，帮助它决定哪类工作需要增加或减少雇员。另一个重要的作用是整合其他两个人力资源部（共同服务团队和地区团队）的服务。

第二部分是共同服务团队，由人力资源部 40% 的员工组成，是人力资源部门内最大的群体。共同服务团队有两个分支机构。一个分支机构是维护整个公司共享的核心系统，其中包括信息系统、员工福利等。这个分支机构的人力资源员工在总部工作，要向高级人力资源经理汇报。另一个分支机构要综合处理全球人员配置、培训、领导和薪酬，在公司统一运作和业务部门灵敏应对市场之间保持平衡[6]。例如，择优审查过程在整个公司都是相同的，强化了所有员工对公司整体的理解，但负责薪酬的人力资源工作人员会根据每个部门的实际情况对这个择优审查过程做出预算，以适应每个部门的需求。负责全球人员配置的人力资源工作人员有各种不同的报告渠道。一些人只需向总部报告；另外一些既要向总部报告，还要向他们所在业务单元的人力资源经理报告。在这种情况下，业务单元就视具体情形而定，支付这些人力资源工作人员部分或全部工资。

地区团队服务是人力资源部门的第三个部分，约有 30% 的员工。他们处理业务单元在世界不同地区运营过程中遇到的法律问题和纠纷。北美地区小组设在公司总部，共同服务团队和分别针对一个主要事业部的经营团队也在总部。因此，在公司总部人力资源工作人员的数量是相当可观的，与日本电气公司（J. Electrical）有诸多相似之处。

5.4.2　美国电子公司的员工职业生涯和投诉制度

与小规模高科技企业不一样，美国电子公司（U. S. Electro）将自己作为一个整体推销给公司未来的潜在成员，所以在这家公司里，员工可以享受终身的职业生涯发展。较过去几年，今天的"公司人"不太常见了：在该公司 1 500 名高级雇员中，约有 70% 是一级一级晋升而来的；而 20 年前，这个比例约占 95%。现在比例仍然很大，公司在员工发展方面也投入了大量资源。

就像我们采访的几家日本企业一样，美国电子公司（U. S. Electro）总部人力资源部门负责经理人员的甄选，针对公司 200 个高级职位，对所有高级主管或以上级别的人和其他候选人一起进行排名。过去，各部门会给予本部门的候选人优先考虑，总部并不介入。但在最近几年，公司有意识地努力超越部门壁垒，建立竞争优势，这种竞争优势源于公司所拥有的一批内部人才。因此，总部人力资源部高级经理目前在经理人员甄选中发挥更积极的作用。并且，多年来，趋势是职业发展权力下放，现在因为总部积极参与，反而又促进了权力集中。权力下放不仅是鼓励各部门之间的协同，还因为认识到，影响各部门最有效的方式不是通过勒令，而是通过人员管理。公司宣称，这是从 20 世纪 90 年代初 IBM 公司的转型中吸取的教训。

美国电子公司（U. S. Electro）的内部投诉制度允许其雇员挑战上级的管理决策，并可以将他们的怨言一直上诉到顶级管理者那里。这种制度在全世界所有部门中被采用，且面向所有员工，虽然它最原始的目的是用来制止国内生产工人组织工会。有怨言的员工首先和他/她的直接主管交谈，有必要的话，再找主管的上司。如果到此时问题还没有解决的话，人力资源组织中的"经营"团队的工作人员就以员工代表的身份介入。随着投诉等级的上升，雇员的代表人就陆续由人力资源组织里的高层担当。

美国电子公司（U. S. Electro）有一个政策，如果工作 10 年以上的员工被解雇的话，他们可以要求公司 CEO 和高级人力资源经理对解雇决定进行审查。结果就是最近被解雇的员工争先恐后地投诉，要求重新审查。经理们认识到，要解雇一名资深雇员必须详细记录，无论是因为员工的业绩不佳，抑或是因为公司最近的经济拮据。自从该公司开始解雇员工，它已经收到大约 200 份上诉，其中大约 50 份已经转到顶级管理者那里，这就意味着雇员有机会接触到 CEO 或人力资源董事。这些上诉中的一小部分，大约 50 个解雇案被推翻。对公司来说，审查制度的好处在于它让员工认为这些解雇是公平的，所以该公司一直没有因裁员而成为集体诉讼或其他诉讼的对象。公司认为，比起有工会组织的情况来说，其不许可工会的传统也能让公司有一个更快和争议更少的裁员程序。

5.4.3 业绩下滑

公司经营较好时，总部人力资源部门在各部门分配职位空缺；公司经营境况不佳时，人力资源部门的工作重点就转向压缩员工规模，在裁员策略上也起着重要作用。一方面在裁员，另一方面又在雇用新人，这使得事情变得较为复杂。虽然也有人员从业绩下滑部门调到业绩增长部门，但与典型的大型日本企业相比，这种调动是不太常见的。通过员工调动，通过更复杂、需要跨部门合作的解决方案，人力资源部帮助人才在各部门间进行流动。例如，高级人力资源经理建议，把高性能的设计中心从一个部门转到另一个部门，为适应这种转变，接受部门的一些相对无效的雇员就被裁掉。这样的平衡行为对人力资源部来说非常关键。这并不是说，减员过程中占主导地位的是人力资源部门。裁员决定是经过高级管理委员会审议的，其中部门负责人可以发表意见，CFO 也可以。CFO 比公司其他人要求更深入和更迅速地削减人员。

另一个与业务下滑有关的问题是公司的股票价格，现在远远低于其高点，结果是大多数股票期权的行权价格高于现时股价。公司的初步反应是（以惊人的低价）发行新的股票期权，期权受许人可以在较短的时间内行使权利。这些都是旨在提高士气，激励员工，谋求改善公司运营状况。虽然公司经营情况已有所改善，但股票价格仍在煎熬。不过，与它的一些规模较小的竞争对手相比，被套牢的股票期权并没有给美国电子公司（U. S. Electro）造成多大的员工离职问题。从历史上看，这些竞争对手更为严重地依靠股票期权。随着网络泡沫的崩溃和较小竞争对手收缩规模，美国电子公司（U. S. Electro）发现，股票期权不像以往那样对留住员工起着很重要的作用。员工则有其他的理由（福利、职业发展机会、能感受到将被公平对待）留在公司。总之，在过去 20 年中，比起许多其他美国企业，就业政策和人力资源部的中心地位在美国电子公司（U. S. Electro）中变动较小，使得人力资源部有一定程度的影响力，差不多与 20 世纪 60 年代和 70 年代的影响力相同。

123

5.5　美国建筑能源公司的实地调访

某美国建筑能源公司（U. S. Con/Energy）在 20 世纪 90 年代迅速成长，从一个中等的天然气批发商发展成为一个多元化的跨国能源和建筑公司。该公司最大和获利最多的是其能源贸易业务，在 20 世纪 90 年代超过了原有的天然气管道业务。虽然不同于日本阿尔法建筑公司（Construction Alpha）和贝塔建筑公司（Construction Beta）那样的总承包商，但美国建筑能源公司（U. S. Con/Energy）在美国和海外都从事重大能源项目的建设。该公司员工超过 2 万人，由于其开创性的做法和进入新业务领域的能力，在美国，美国建筑能源公司（U. S. Con/Energy）一直被认为是最具创新精神的企业之一。

　　要了解美国建筑能源公司（U. S. Con/Energy）的人力资源策略，有必要区分三个时期：20 世纪 80—90 年代初，这一时期公司还是一个准公共事业管理企业；20 世纪 90 年代中期，其原有业务黯然失色，能源贸易和其他新兴业务发展迅猛；1999 年至今，公司总部人力资源部重组。

5.5.1　美国建筑能源公司曾经的雇佣实践

　　20 世纪 80 年代和 90 年代初，美国建筑能源公司（U. S. Con/Energy）是一家适度多元化的企业，自上而下形成传统的管理风格。总部人力资源部处理整个公司的招聘、薪酬、培训和福利相关事宜。从事管理工作的员工来自地方院校，许多人都有工程背景或商业本科学位。员工往往会在公司工作很长一段时间，并且强调内部的稳定和公平。通过全公司范围的工作评估计划，员工薪水支付完全系统化。这种环境就需要有一个大规模的人力资源工作团队，20 世纪 90 年代中期正是人力资源部门的高峰期，约有 350 名员工。

　　1990 年之后，公司的经营重心转移到贸易业务上来，偏离现有的总部管理模式。急于让新业务发展和繁荣起来，CEO 允许新业务部门制定自己的政策，发展自己的人力资源管理方法。这些部门聘用有财务和咨询背景的员工，其中许多人是从精英商业院校刚完成学业的 MBA。在天然气管道业务领域，新员工并不总是和老员工在一起，那里的文化更加保守和传统。

　　人力资源管理的新方法是企图放松内部劳动力市场。在公司里，员工完全自由地考虑公司的其他工作，事实上，这些行为都是受到鼓励的。如果他们对这些工作非常感兴趣的话，也可以调到这些岗位上。为促进人员流动，贸易业务部门取消了工作说明和工作评价，这让总部人力资源工作人员非常不满。员工被告知他们应该"在任何时候都要有一份存档的简历"，如果他们表现达到最佳时，就可以很容易地调换到新的职位。公司的惊人增长创造了很多职位变动机会，并促进了不同业务部门之间的人员流动。

　　为了激励员工寻找最好的机会，贸易业务部门相当依赖于基于绩效的薪酬制度，其中包括慷慨的股票期权。贸易业务部门有很多管理人员，他们做出了明智的职业生涯举动，工作非常努力，并最终成为百万富翁，而他们不过只有 30 多岁。为了鼓励员工尽最大努力工作，股票期权的最大份额将作为奖励发给表现最佳的员工。被评为优秀的员工和视为平庸的员工，其奖金差额倍数非常大，金钱（以及追求更多的金钱）是关键的动力。

早期，贸易业务部门制定了一致的指标来评价员工业绩，遵循人力资源管理的核心方法：由考绩委员会监督的360度评价法。员工由其顶头上司和下属，以及他们的同事进行评价，这些人使用标准化的表格。这种表格设计将创新精神、团队精神、领导才能，以及其他素质都考虑了进去。考绩委员会由业务部门经理指派的管理人员组成，负责审查在同一类别（业务部门、技术部门或其他部门）、同一水平下（有4个级别）所有员工的考绩评估表。考绩委员会的任务就是将这些员工进行比较。对12个类别中的每一类，考绩委员会将所有员工进行排名，画出一条曲线，等级前5%为优秀，往下的名单以此类推。在初期，公司会给排在最后10%的员工第二次机会，如果他们未能得到改善，那就只有被解雇了。雇员档案记载有他或她的考绩排名，这有助于招聘部门选拔内部调动者。

这种考核和奖励制度反映了贸易业务部门用人唯才的做法。考绩制度的显著优势是，用于评价员工的一致性指标使得部门调动变得容易；另一方面，考绩制度又相当残酷，导致员工之间激烈的竞争，因为他们都要竭力争取最好的排名。

随着时间的推移，总部职员和贸易业务部门之间的紧张关系升级了。贸易业务部门经理坚持并得到了制定本部门战略的自主权，以及足够的自主运营权，可以采用自认为有必要的任何方式去实现目标。总部，尤其是总部人力资源部对业务部门几乎没有任何控制力。贸易业务部门蔑视人力资源部门（无论是在公司还是在更大众的场合），认为人力资源部扼杀了创造力和表现力，还经常诽谤人力资源部门的官僚做法。

贸易业务部门取消考绩委员会的执行情况和标准工作说明，都是未经总部人力资源部的批准就进行了，甚至连休假政策都不符合整个公司的规定。在贸易业务部门，管理人员可以想休多少假就休多少假，只要业绩好就可以了。这使得总部人力资源部感到非常挫败和愤怒。到20世纪90年代后期，总部人力资源部门与贸易业务部门之间的摩擦显著加剧。

1997年，贸易业务部门经理成为公司总裁。他的第一个行动是将考绩制度扩展到副总裁和全公司的董事总经理们。这一有争议的举措，需要交叉评定，这是一个复杂的跨部门比较过程。在实践中，交叉评定往往意味着执行官自动获得赞扬和指责。对部门业绩而言，即使是由于不受业务经理控制的市场力量所致，交叉评定也只能依据结果而打分，这就激励了管理人员和其他员工调动到热门部门，在内部劳动力市场复制一些在金融市场中出现的"非理性繁荣"。

考绩制度于 1997 年实施，至今仍在使用，用以评估公司的 430 名副总裁。考绩制度规定，每个业务部门以及总部先做自己的、单独的排名，然后由公司总裁任命一个大的考绩委员会达成一项联合排名。75 名董事总经理也要由这个大的考绩委员会进行排名。

其他事业部也开始采用考绩制度，用来评价副总裁以下的员工。如果他们需要人力资源专业知识，就求助于外部顾问或者贸易业务部门的工作人员。每个事业部人力资源员工都把顾客当做自己的部门领导对待，所以整个公司的人力资源协调就变得相当糟糕。事业部员工重复着许多总部的职能，而且"不听公司的"。这样，事业部人力资源工作人员达到 250 人，几乎和总部人力资源部门一样多。

5.5.2 新制度

1999 年，总裁和 CEO 任命了一个在公司工作了 20 年的员工作为人力资源部的新负责人。她没有任何人力资源管理经验，以前是会计。事实上，正是因为她以前是在贸易业务部门主管会计工作，所以才得到了总裁的信任。在此次把贸易业务部门人力资源管理模式推广到公司其他部门的举动中，总裁让她协助分解总部人力资源部。

这个新人力资源经理的第一个行动就是缩减总部人力资源部的规模。所有负责招聘的员工都被调到各个事业部，负责薪酬以外的工作人员也遇到同样的待见。工资发放转移到会计部门，合规部专家调到法律部等。因为各个事业部一直在做着许多这些方面的工作，所以一些人力资源员工就被解雇了。传统上属于人力资源部工作职责的业务（如 MBA 毕业生的招聘）改由总裁办公室处理。总裁办公室和 CEO 一起负责接班人规划。总部人力资源已经缩减到 75 名工作人员，负责处理员工福利和公共关系问题，几乎不再有任何投入用于培训计划。

按照总裁的命令，总部人力资源部要帮助事业部人力资源员工将考绩制度扩展到公司每一个人。2001 年，35% 的员工采用了这个方法。公司目标是几年后在全公司范围内实施该制度。这将需要对所有员工派发股票期权，这肯定能满足现有员工对公司每日股价波动的痴迷。在总部大厅和员工停车场的电子板上闪烁着公司股票价格的变动。人力资源经理说："观察人们一直在看股票价格，是非常有趣的一件事情。"

虽然总部人力资源经理仍在尽力发挥协调作用和信息共享作用，可大多数的工作部署都交由各业务部门进行处理。各事业部将副总裁和主管们的考绩委员会排名送到人力资源部经理那里，然后再由她转送到大的考绩委员会。她每周与各部门主管举行电话会议，尽管除了分享信息之外，并没有任何新的人力资源管理举措。因为考绩委员会的排名在实践中往往重视创收（贸易业务部门的模式），总部人力资源部和其他部门员工对于要为公司带来收入感到压力。人力资源经理正在考虑将考绩制度进行商业化，销售给其他公司，尝试能否为本部门带来销售收入。

5.5.3　问题

CEO 和总裁共同任命了人力资源经理，但对于她的任务是什么持不同意见。与她有着密切关系的 CEO 是一位和气的、人缘好的人，他很重视良好的员工关系，并希望新的人力资源经理帮助该公司成为全国最佳雇主之一。另外，公司总裁却宣称，"他看不到任何人力资源部的价值。"这位人力资源经理说，"甚至是在我接受这个工作之前他就对我说过。"人力资源经理认为，总裁对她只有起码的尊重，只是反映了他尊重她的会计技能，或者是对她事先缺乏人力资源管理经验的理解。她觉得自己的权力太有限，且不想在这个职位上继续做下去。不管谁取代她，也将是一个不会热衷人力资源管理的人，只是向总裁反映"人力资源部要为公司增值很难"。

由于总裁认定人力资源部无关痛痒，所以没有将其包括在收购团队中。人力资源经理有点悲哀地说："我参与不了任何事情。"她原以为可以在现在的职位上做出贡献，但在目前这种状况下，"我们把重点放在硬性的指标上，让资产负债表不出错，以及所有那样的事情……但我们没做好我们的文化整合"。结果，收购后"所有的一切都成泡影"。她很怀疑是否能说服公司的关键人员（CEO 和总裁）倾听人力资源部门的意见。

总部人力资源部的无能已经影响到组织的其他方面。虽然考绩制度就像胶水一样把整个公司连在一起，但这个制度也存在问题，并且，这些问题随着雇员越来越多地被考绩制度覆盖而不断升级。因为总部人力资源部几乎不起任何作用，不同部门正在对考绩制度进行不同地处理。当总部考绩委员会对不同的事业部主管进行交叉评定时，就会产生一些令人头疼的问题。一些业务部门算出绝对得分，然后再转换为排名；另一些则只算出评分，将排名工作留给考绩委员会。人力资源经理不能调和这些差异，是因为"（总裁）坚定地认为，人力资源部更多的是做行政工作而不是制定政策，业务部门才应该制定政策"。

这些考绩委员会成员大约有 150 名，每年举行两次会议，他们就如何解

127

释评分和对员工进行排名提出了一些棘手的问题。例如，国际管理高层职位在贸易部门的考评中就感觉处于劣势，因为他们的贡献更容易量化。尽管口头上说要照顾到团队工作和领导力，这些考绩委员会往往还是侧重于硬性数据。至于有些员工没有很好的人际技巧，人力资源经理承认："如果他们能为公司赚很多钱，他们将仍然会处于业绩曲线的上方。我想这是和人力资源管理不太相符的，是不是？"那些考绩委员会的人，包括由总裁指定的最高考绩委员会委员，有一些不具有评判各种人才特殊技能的经理。委员会的成员没有受过任何辅导和培训，不管是接受来自总部还是各部门人力资源员工的指导，都没有任何关于这方面的未来计划。在美国建筑能源公司（U. S. Con/Energy），人力资源经理说："你都是现学现卖。"

毋庸置疑，对考绩制度的不满越来越多。有些员工认为，该制度是政治产物，而非任人唯才，而且它本身管理得也不好。人力资源经理收到员工的投诉，但总部人力资源经理并不想干预。"我支持，我建议，我鼓励，但不能做出决定。"由于缺乏一个正式的内部投诉体系，她可以告诉心怀不满的员工最好的方法是实际行动，而不是投诉，如果他们要设法解决就业问题的话。"我们对他们说'如果你们不喜欢现在的上司，那么，走人吧。'这意味着我们对人才完全是一个开放的市场……最终这些差劲的经理发现，不会再有优秀的员工想为他们工作。"

然而在实践中，这种"员工配置自由市场"的做法也有其问题。截至目前，不满意但能干的雇员仍然可以转移到新的岗位上，因为该公司正在稳步扩大（每星期雇用100多名新员工），可经济增长放缓已经扭曲了这种调动的作用，转而把它作为一种安全阀。此外，虽然理论上一直认为员工非常清楚怎么把他们的聪明才智最好地投入使用，但人力资源经理和一些部门主管并不同意这种观点。他们发现，员工往往跳槽、换工作成风，因为他们追求能赚最多钱的最佳工作机会。他们还发现，各部门会挖取对方的人才，而由于在全公司范围内实行考绩制度，公开了每个部门表现最好的员工信息，这加剧了内部挖角行为。因为各部门"独立工作"，它们没有考虑到什么才是企业整体的最佳利益。这个问题在总部尤其严重。人力资源经理说："没有人想在这儿工作。"

最近几年美国建筑能源公司（U. S. Con/Energy）股票价格的大幅上涨造成了一种气氛，简直就是浮躁，人力资源经理就持这种看法。但是，最近股市下跌，"没有人相信它会发生。我们竟然跌下去了？"因个人成就带来了丰厚回报，使得浮躁成风，造就了一种有些功能失调的企业文化，至少在这位人力资源经理看来是如此。她担心部门之间、与总部之间无法相互合作，可能会阻碍企业的成长，所以她希望公司"能让人力资源部把重点更多地放在企业层面的文化建设上"。她认为一种明确的企业文化将有助于实施"软"控制，更容易使个人、部门、企业的目标统一起来。她说，美国建筑能源公司（U. S. Con/Energy）的人力资源部无法驱动战略，但可以驱动文化。如果她要这样做的话，那么，她将制止任何有关人力资源部之类的说法，甚至想更名为企业文化部；否则，"没有人会认真对待人力资源部"。

5.6 本章小结

第一次对美国企业的案例进行研究是因为总部人力资源部门组织结构的差异性非常显著。案例企业选择范围较为宽泛，有的企业拥有强权人力资源部，如美国电子公司（U. S. Electro）；有的企业则完全相反，如美国建筑能源公司（U. S. Con/Energy）。在造成差异性的因素中，有一些是和日本企业一样的：商业环境和生产技术的变化，以及是否存在一个强有力的企业文化，这种文化的标志是创始人将员工公平视为核心价值观，如日本快递公司（J. Delivery）。典型的美国化表现在，企业人力资源部的性质可以由内部是否拥有工会来划分。如果有工会组织，那么，人力资源部的角色是员工的保护者。这与企业别工会无处不在的日本显著不同。虽然美国的这种非工会模式将美国企业与它们的日本同行区别开来，但植根于20世纪20年代的福利资本主义特征，是日本福利主义形成的一个重要因素[7]。

产生差异性因素的共性使得美国和日本的几对企业之间有许多相似之处，例如，快递公司的人力资源系统是建立在关键的职业类型基础（司机）上的，而多元化的电气公司，其主要职业类型是工程师。像日本电子公司（J. Electronics）和美国电子公司（U. S. Electro）这样的全球生产者，不仅面临着类似的技术需求和客户，还都以类似的跨国公司模式作为其内部组织的参考。至于美国证券公司（U. S. Securities），努力宣传一种独特的企业文化，这还要追溯到20世纪80年代末，当时美国雇主们崇拜日本企业，并把它们作为典范。总之，日本和美国企业人力资源部门都很庞大，相互之间是不同的，在认识上也是有差别的。有的行业形成跨国影响，甚至取代国别模式，然而我们的案例研究证明，事实更接近于模式趋同。

但是，强大的国别模式仍然存在。与日本同行相比，美国企业更多地以市场和股东为导向，在培训上的花费少得多，雇员充其量是微不足道的利益攸关者。针对美国企业的案例研究，也表现出更多的差异性。CEO和人力

129

资源经理之间有广泛的关系，人力资源经理可能是业务伙伴和 CEO 的知己，也可能是偶尔的顾问，甚至可能被视为不存在。这种差异性在日本还不太明显。在日本企业中，企业总裁、董事会和高级人力资源经理的关系更加密切。同样，美国企业内人力资源部的地位表现出极大的差异性，有的在战略决策中的作用很大，有的与业务管理层的关系很紧密。日本社会偏爱标准化（紧密的企业间联系、无数的商业协会、关于最佳做法的共同信息来源），在美国，这些力量特别弱。因此在美国，关于人力资源部在战略决策中的作用并没有形成共识。

美国企业似乎分为两个阵营。第一个阵营视人力资源为基础，即企业资源观，遵循人力资源战略的经营道路，依靠具有特殊技能的员工来建立竞争优势，如美国快递公司（U. S. Package）和美国电子公司（U. S. Electro）。人力资源政策在这些公司往往相对地以组织为导向，有略微的利益相关者导向。第二个阵营倾向于依据市场因素推动人力资源政策的制定，如美国汽车零部件制造公司（U. S. Parts）和美国建筑能源公司（U. S. Con/Energy）。

究竟是什么造成这种分歧我们并不清楚，虽然 CEO 的价值观（第一类公司由创始人经营）和多元化的"M 型"金融化（第二类公司比较普遍）都是可能的因素。金融化需要资源灵活性，这与特殊技能人力资本的大量投入不一样。

然而，人力资源部在管理团队中的地位与公司是选择企业资源观还是以市场为导向的战略没有明显的关系。在美国证券公司（U. S. Securities），尽管因为奖金高而获得良好声誉，是一个有吸引力的雇主，但总部人力资源部并不是特别有影响力。相反，美国汽车零部件制造公司（U. S. Parts）是一个以市场为导向的企业，人力资源部经理在企业高层管理决策中是一个关键人物，发挥着重要作用。要弄清这些关系是很困难的。原因之一是，在美国，人力资源经理的影响力在很大程度上取决于他/她与 CEO 的个人关系；原因之二是，我们只做了少数的个案研究，很难得出结论。如果我们扩大范围，包括更多、更大和更多样化的企业，我们又将得出什么结论呢？

参考文献：

1. Note that families wield influence at 35 percent to 45 percent of America's largest listed companies, depending on how influence is defined. "Under the Influence", *Economist* (17 November 2001), 57.

2. Terrence Deal and Allan Kennedy, *Corporate Cultures: The Rites and Rituals of Corpo-*

130

rate Life（Reading, Mass. , 1982）.

3. There is limited outsourcing of HR responsibilities. The only major outsourcing is for health and other nonfinancial benefits. For financial benefits-like 401（k）s-the company serves as its own third party.

4. In many respects this is like the supplemental unemployment benefit offered to blue-collar auto-and steel-workers in the 1960s and 1970s, which were intended to maintain the employment relation over the course of a temporary layoff.

5. Fred Foulkes, *Personnel Policies in Large Nonunion Companies* （Englewood Cliffs, N. J. , 1980）.

6. Michael Tushman and Charles O'Reilly, "Ambidextrous Organizations: Managing Evolutionary and Revolutionary Change", *California Management Review* 38 （Summer 1996）, 8 – 30.

7. Sanford M. Jacoby, "Pacific Ties: Industrial Relations and Employment Systems in Japan and the United States since 1900" in Howell J. Harris and Nelson Lichtenstein, eds. , *Industrial Democracy in America* （Cambridge, 1993）, 206 – 48.

日美两国企业雇佣实践和
公司治理的定量调查

　　案例研究结果显示，日本和美国人力资源经理的职能作用均呈现相当的多样性。在某种程度上，研究对照所选同一行业中两家日美企业的相似性更高，高于一国内两家不同企业的相似性。现在不妨将注意力转移到另一个方面，那就是这两个国家内部企业的国家性倾向与两者之间的"差距"——如果这些存在的话。

　　关于这个命题的切入点是对日本和美国企业高级人力资源经理进行调查所得到的数据结果。调查问卷涉及企业的人力资源组织，人力资源在企业运营、战略决策过程中的参与情况，以及人力资源与其他职能部门之间的关系。其中一些问题是引用其他学者之前的调查，以便进行纵向的剖析，例如我们请被访者评价在过去5年中发生的变化。我们把对美国企业的问卷中的许多问题也编入对日本企业的问卷中，保证其对应性，尽管一些问题（主要关于公司治理）是具有国别差异的。

　　问卷于2001年上半年寄出，要求由企业总部人力资源部门的高级经理来回答。日本方面的抽样企业由在主要股票交易所（东京、大阪、名古屋、福冈和札幌）上市的企业组成，这些人力资源高级经理的姓名都可以从商业数据库中获得。美国的抽样企业由在纽约证券交易所的上市企业所组成，这些企业人力资源经理和高级经理的姓名都可以从网上数据库得到。在美国抽样企业的范围内，我们在对人力资源经理进行大规模问卷调查的同时，也对CFO进行了小规模的调查。

　　我们在每个国家各发放1 000份调查问卷，收回229份来自日本企业的有效问卷和145份来自美国企业的有效问卷，回复率分别为23%和17%[1]。尽管回复率看上去较低，但鉴于这是一次面向企业高级经理的精英式调查，较低的回复率属于正常情况。回复率低也可能受到了问卷长度的影响，整整

124 道问题。尽管没有发现回答者和未回答者在行业分布上的差异，但这种偏差还是有可能存在的。在对 CFO 的调查中，由于资金有限，我们只进行了一轮调查，因此回答者的人数非常少。在 81 份 CFO 的回复中，22 份相应企业的人力资源经理也进行了回复，可以进行一些有趣的比较。

在调查进行期间，美日两个国家处在商业周期的不同阶段。美国正处于一次经济快速增长的末期，劳动力有缺口，失业率低，股票价格居高不下，这些正是人力资源管理繁荣的条件；而日本正处于"迷失十年"中的第十个年头，就业率、实际产出和利润都增长缓慢，一些情况下还有收缩的迹象。

6.1　问卷调查的样本情况

美国高级人力资源经理的头衔五花八门（副总裁、高级副总裁、董事），重要的区别在于他们中有的向 CEO 汇报，有的向其他人汇报，如向首席运营官或其他执行官汇报。显著变化是，65% 的高级人力资源经理向 CEO 汇报，这与 25 年前大不相同。1977 年，类似企业中只有 30% 的人力资源经理向 CEO 汇报工作[2]。其他的学者也证实了这种变化，并且这并不仅仅局限于人力资源经理；其他经理向 CEO 汇报的人次增多了，例如首席信息执行官，向 CEO 汇报的事业部经理的人次也显著上升[3]。

向 CEO 报告有现实的后果，与 CEO 亲密的关系赋予人力资源经理在企业战略领域的影响力。与那些不向 CEO 汇报的同行相比，汇报型经理们的答案表明，他们更多地参与了高级经理任命的决策（93%:22%）。与此同时，我们从美国的部分案例中看到，向 CEO 汇报也使得人力资源经理倾向于服从企业主导思维定势（如财务导向）。事实上，我们也发现汇报型的人力资源经理比非汇报型的同行更少关心员工的职位保障[4]。

汇报型人力资源经理更有可能在总部人力资源部门精简的企业工作，而且相比总部，直线经理更多地制订运行策略。这与其他的一些研究结果是一致的。有研究结果指出，直线经理向 CEO 汇报，相对应的就是一个更加扁平化的组织结构[5]。汇报型的人力资源经理属于高级管理团队，扮演更多的是一个顾问式的角色，而非执行角色[6]。与其他同行相比，汇报式经理认为自己相比其他职能部门（例如财务部门和营销部门）有更大的权力。这一点我们会在下文中继续讨论。

我们没有问及日本的被调查者是否向 CEO 汇报，取而代之询问了他们的级别。日本企业有他们自己的一套标准化术语来描述等级制的高级管理职位。大约 1/5 的日本回复者是执行董事，意味着他们是董事会成员；3/5 的是企业总部人力资源总经理，其级别仅次于董事。余下的回复者级别更低。

在美国，与其他职能部门相比，一直以来，女性就任人力资源部门的比例较高。在所有回复的人力资源经理中，33% 是女性，而在回复的 CFO 中，这一数据仅为 11%。然而在日本，所有的职能部门都还是男权天下。另外，美国回复者在年龄上略低于日本（48 岁对 52 岁）。

美国人力资源经理大部分是这一领域的专家，平均每个人把自己职业生涯 77% 的时间贡献给了人力资源领域。[7] 除了对企业的忠诚，他们随时关注人力资源的最新发展且已经融入于这份职业。同时，他们是高度机动性的，平均每个人为现任雇主工作的时间是 9 年。在日本，人力资源经理是通才和专才的混合体。看似是专家们主宰了制造业的人力资源部门，可他们也不是美国意义上的"专家"。由于实行终身雇佣制，日本人力资源经理平均为目前雇主工作的年限是 26 年，几乎是美国的 3 倍。与这种专业化弱势相一致的是，在日本，很少一部分（9%）人力资源经理自大学期间就明确了相关的职业规划，而在美国这一数据超过 1/4（28%）[8]。

美国人力资源经理的专业化程度更高，流动性更大，他们因而能够寻求更好的职位和报酬。而专业化的劣势在于，他们招致了企业其他高级经理的抱怨，因为人力资源经理们缺少财务、销售、生产和会计等方面的基本商业素养。与之相反，大量任用非专家的日本企业不会存在这方面的问题，正如我们看到的，日本人力资源经理是全面发展的。代价是部分日本人力资源经理对根植于组织和工业哲学中的欧美人力资源技巧不甚了解。

另一个显著的差异在于劳工关系。在所有被调查的企业中，雇员加入工会的比例分别是：日本为 65%，美国仅为 16%。两国人力资源经理都表示这一数字较五年前有所下降。虽然美国企业工会组织松散，但一些企业仍然重视工会。30% 的美国企业表示它们较 5 年前投入了更多的时间在工会问题上，这些企业更倾向于严密的工会组织[9]。有趣的是，这些企业与那些劳工关系耗时不多的企业相比，劳工关系决策更多地由总部做出。与工会展开薪酬的集体协商，防止工会对雇员的高覆盖等，导致了人力资源职能更大程度地向中央集权。

6.2 趋势与比较

接下来，我们将剖析日美两国最近的发展趋势，并从以下 8 个方面对两国进行比较：（1）流入人力资源部门的资源（资源配置）；（2）总部人力资源部门的运行权力（中央集权）；（3）人力资源的战略性影响；（4）雇佣实践；（5）公司治理；（6）执行权力；（7）规模和多元化；（8）经理人及其企业的价值观。

6.2.1 资源配置

为了降低成本，大型日本企业正在精简总部人力资源部门，在运行决策上更加分权化。总部人力资源部门的雇员在过去五年里缩减了 22%。在一些超大规模的企业（那些员工规模排在前 90 位的企业）中，缩减幅度更大。总部员工的减少率大于总员工的减少率，总部员工与全体员工的比率（1:129）也较 5 年前（1:106）降低了。

在美国，大部分企业经历了从 1996 年到 2001 年的员工增长，总部人力资源部门的平均雇员人数在此期间增长了 4%[10]。但当计算总部人力资源雇员与总体雇员之比时，我们发现，美国企业总部人力资源雇员的增长慢于总体雇员增长，而且，在一些大型企业中，总部人力资源雇员的裁员率大于总体员工。因此，总部人力资源雇员与总体员工的比率从 1996 年的 1:144 下降到了 2001 年的 1:185，反映了一个比日本更精简的人力资源部门。事实上，两国的平均雇员规模差距在此期间扩大了。正如前文所述，在美国，员工比率被认为是衡量人力资源效率的重要量化指标，因此即使在繁荣时期，人力资源部门也面临降低员工比率的压力。

这种裁员是一视同仁的还是单拿人力资源部门开刀呢？为了找出答案，我们问受访者："人力资源部门员工人数占总部员工总数的比例与 5 年前相比，是上升了、下降了，还是基本持平呢？"在日本，5%（美国为 24%）的受访者认为这个比例上升了或大幅上升了，47%（美国 35%）的受访者认为没什么太大变化，36%（美国 29%）的受访者认为下降了，11%（美国 11%）的受访者认为大幅下降了。因此在日本，针对人力资源部门的裁员倾向更加明显。

另一个导致裁员的原因是外包。我们问及有关人力资源职能外包的情况，例如福利管理、培训、招聘/解聘、薪酬体系和人力资源信息系统（见表 6 – 1）。在日本，最盛行外包的人力资源职能是培训和福利活动。但是，许多日本受访者脑中的"外包"概念并不等同于美国。正如我们在案例研究中看到的，日本企业通常将福利管理或者培训部门分离出去，独立经营，反过来再向他们购买服务，这样可以降低成本，使员工总数看上去较小，能改进企业的财务表现。但是与第三方外包相比，这种剥离做法的市场化程度更低，因为其中牵扯进了前企业雇员，并且，通常情况下没有其他人竞标这些服务[11]。

表 6-1　　　　日美两国企业人力资源职能外包的比例　　　　单位:%

外包项目	日本企业	美国企业
福利管理	41	35
培训	35	22
薪酬	19	21
招聘/解聘	13	10
HR 信息系统	20	12

日本传统观念认为，人力资源（和其他专家意见）应该来自企业内部，然而，与之不同的是，一些日本企业正采取美国的做法，将人力资源外包给完全独立的第三方，一方面是为了获取专家意见，另一方面是为了把资本投资转移到业务运营上[12]。

表 6-1 显示，美国的人力资源外包水平低于日本。这貌似不合常理，因为有许多专家表示日本的外包市场历史较短，规模较小[13]。这个矛盾可能归结于日本的受访者喜欢将剥离组织和第三方组织的关系混为一谈，而美国的数据仅反映了后一种情况。

我们发现，这两个国家的主导趋势是总部人力资源部门的规模与其他职能部门同比变化，而总体员工比率缩小，且两国企业都相当依赖于人力资源外包。两个国家相继表现出这些趋势，因此，其之间的差距并没有改变。例如，在美国，员工比率持续小于日本。但是，两国员工比率间的绝对差距在过去五年中变大了，尽管这没有多少实际意义。

6.2.2　运行权力的集中化

总部规模缩减的另外一个原因是决策过程的分权化。我们问受访者在过去 5 年中直线经理与运营经理人员地位的变化，重点关注五个方面（见表 6-2）：员工参与计划（例如全面质量管理或者质量循环）的引入和完善、工会政策的发展、员工总数的决策（雇佣、解雇、加速退休）、工作任务配置和经理人员绩效评估。

表 6 – 2　　　　　过去五年直线经理参与管理决策的变化

	增加		不变		下降		样本数(N)		χ²
	日本企业(%)	美国企业(%)	日本企业(%)	美国企业(%)	日本企业(%)	美国企业(%)	日本企业(个)	美国企业(个)	
员工参与计划	23	44	66	52	11	4	213	132	19.38 ***
工会政策的发展	18	15	75	76	6	9	212	102	1.27
员工总数的决策	21	46	72	46	8	8	213	132	27.83 ***
工作任务配置	29	40	63	52	8	7	213	132	5.11 +
经理人员绩效评估	39	53	57	43	4	4	213	132	6.42 *

注：+表示 $p < 0.10$；* 表示 $p < 0.5$；*** 表示 $p < 0.001$。

在日本，曾作为人力资源核心职能的工作任务配置和经理人员绩效评估正被逐渐下放。事业部和分部现在拥有更大的权力决定普通经理人员的调动和晋升，并且员工也享有更多选择工作任务的权利。与此相一致的是，总部人力资源在经理人员绩效评估中扮演的角色越来越小，这反过来又是按劳支付体系的扩张和个人化的结果，对此我们将在下文中详加论述。

尽管一些日本企业也在改革，其集权趋势依然是停滞的。直线经理参与决策的水平在大多数日本企业中依然没有改变。媒体的关注点局限于企业怎样变革，而事实上它们大部分并没有什么变化。在关于雇佣、轮岗、调任和类似的问题上，与直线经理相比，总部人力资源部门依然掌握更为实质性的权力。

令人惊讶的是，20 世纪 80 年代，美国企业已经相当的分权化了，在分权化进程上明显地快于日本企业[14]。两国企业变化速度上的差距在事业部员工总数决策上尤其显著：与日本相比，美国直线经理在雇佣和解雇决策上更加自由，因而，在人力资源职员与整体员工比率上，尽管发展方向是一致的，但两国间差距扩大了。

被总部抛弃的人力资源经理调任为直线经理，或者下放到下级单位担任人力资源职员，这些可能性都是存在的，因此，我们要求受访者给之前分析过的 5 种活动赋予权重，并且把这些权重（总和为100）分派给 4 种类型的决策者：直线经理、业务单元人力资源部、事业部人力资源部和总部人力资源部门。结果如表 6 – 3 所示[15]。

138　表6-3　　　日美两国人力资源经理在业务单元决策中的作用

	直线经理		业务单元人力资源部门		事业部人力资源部门		总部人力资源部门			样本数（N）	
	日本企业	美国企业	日本企业	美国企业	日本企业	美国企业	日本企业	美国企业	t检验	日本企业	美国企业
员工参与计划	52	45	11	12	13	17	25	27	-0.529	203	125
工会政策的发展	11		7	9	9	16	73	58	3.589***	209	103
员工总数的决策	19	50	12	9	18	14	50	28	6.693***	220	140
工作任务配置	23	62	5	9	16	14	57	16	15.771***	220	140
管理人员绩效评估	41	65	5	8	15	12	38	15	8.589***	221	140
运行权力集中化指数	28.9	50.5					48.9	26.6	10.262***	221	140

注：（1）受访者被要求给四个不同水平上的多种人力资源活动分配责任，权重总和为100。由于四舍五入的影响，严格上数字总和可能不等于100。（2）运行权力集中化指数是其上方一栏中各项的平均值。（3）*** 表示 $p < 0.001$。

在此，请注意几点：第一，尽管存在分权化，但日本与美国相比，在运行决策上依然保持更高的集权性[16]。这是一个很重要的发现。事实上，只有在员工参与计划这一方面日本企业与美国企业表现出相似程度的集权化。在美国，这些计划于 20 世纪 70—80 年代被引入并且是深受日本的影响，其传统是赋予直线经理和一线工作者更多质量控制的权力[17]。第二，无论哪个国家，总部以下级别的单位都没有实质性地掌握运行权力，他们被挤压在总部和直线经理之间。第三，在日本，总部运营权力与人力资源职员占总员工比例间存在显著的正相关。也就是说，正如人们所料，集权化是与总部掌控更多资源相联系的。在美国，两者也存在正相关关系，但在统计上并不显著，意味着集权化并不是必然以人力资源职员与总员工的比例减少为代价[18]。

6.2.3 人力资源的战略性影响

企业定期制定关乎组织未来发展的战略决策。我们设计了两类问题，用来评估总部人力资源部门的战略性影响。首先，要求受访者告知他们是否参与了五类攸关企业发展的战略决策：并购、在新地点投资、业务剥离、扩张生产线、关闭现有工厂。还要求受访者告知他们参与这五类战略决策的哪个阶段：起草预案、评估财务结果、最终决策、执行实施。受访者还被要求回答他们是否从未参与这些战略决策，或者这些战略决策是否从未发生过[19]。

其次，要求受访者告知他们在另外两类决策中起什么样的作用：企业事业部间工资预算的分配，以及高级经理人的甄选和薪酬确定，这两类决策和人力资源部门联系更紧密，而不是和战略性决策联系更紧密。他们可以选择以下选项：他们只限于提供信息、他们在这些信息的基础上时时提供意见、他们时时参与决策和他们不起任何作用。同样，这些选择也不是互相排斥的。仅限于美国样本，我们还要求 CFO 们告知人力资源和他们自己在这些决策制定中所发挥的作用。

表 6-4 的有趣之处在于，它反映了美国人力资源经理比日本同行更高的决策度参与。25%~50% 的日本人力资源经理不参与这些决策，除了那些有关工厂关闭的决策。美国经理的不参与率仅为 10%。这个差距是相当大的，并且具有显著性。

表 6-4　　　　日美企业人力资源部门的战略性影响

	起草预案		评估财务结果		最终决策		执行实施		人力资源部门没有参与			在此阶段企业没有发生类似的战略决策		
	日本企业	美国企业	日本企业	美国企业	日本企业	美国企业	日本企业	美国企业	日本企业	美国企业	χ^2	日本企业	美国企业	χ^2
并购	10	32	7	61	14	47	41	85	38 (29)	3 (115)	29.46***	66 (85)	18 (141)	51.63***
业务剥离	43	42	14	56	7	46	48	72	24 (58)	11 (57)	3.71+	32 (85)	58 (137)	14.90***
在新地点投资	9	33	8	45	11	38	38	62	47 (53)	22 (110)	10.93***	37 (84)	21 (140)	6.35*
扩张现有生产线	14	27	12	43	11	36	38	64	42 (65)	18 (117)	11.97***	24 (85)	18 (143)	0.95
关闭现有工厂	42	48	16	56	10	55	54	77	16 (67)	3 (116)	9.49**	22 (86)	19 (143)	0.35

注：（1）"在此阶段企业没有发生类似的战略决策"一栏百分比以所有回答者为基数，其他栏仅以这些事件发生过的企业的回答者为基数。最后一栏显示的数字是回答者总数，"人力资源部门没有参与"一栏的数字是表示这些事件发生过的企业数。当事件发生时，回答者可选择多个阶段。注意，由于原始问卷调查中的一个差错，关于这个问题我们只得对日本企业再次进行调查。因此，这个问题上可获得的日本样本总数是 86 家，而美国是 143 家。（2）+ 表示 $p<0.10$；* 表示 $p<0.05$；** 表示 $p<0.01$；*** 表示 $p<0.001$。

这个差距的解释之一是日本企业战略决策并不时常发生，如表6-4中右边一栏所示，没有像美国那么多的并购和新地点投资。在这两个问题上，参与程度的差距很显著，尤其是在最早期和最具有战略性的起草预案阶段。也许在一些越来越普遍和常规化的战略决策上，人力资源部门的参与程度更高。与之相反的是，在关闭已有工厂方面，两国的比率基本一样，而业务剥离在日本更加普遍。在这两类战略决策上，两国人力资源经理参与程度的差距较小，尤其还是在最早期的起草预案阶段，尽管美国高级经理仍然有更大的影响力。

跨越国界的相似性确实存在。类似的，与相关的执行实施阶段相比，美国和日本的人力资源经理都较少参与战略性事件的决策阶段，例如起草预案和制定与之相关的财务决策[20]。并且，向CEO汇报的美国人力资源经理更多地参与决策，正和日本带经理头衔的主管一样，尽管二者之间参与程度上的差异依然存在。

尽管如此，我们不能简单地全盘接受美国的调查结果。当向美国CFO们询问人力资源部门在以上活动中的参与程度时，我们得到了值得注意的不同回答，将来自同一家企业的CFO和人力资源经理的回答进行比较后更是如此。例如，虽然50%的人力资源经理说他们参与关闭工厂的最终决策，只有26%的来自同一家企业的CFO表示赞同。在其他的战略决策上我们也发现了人力资源经理和CFO之间的类似分歧[21]。我们怀疑这些分歧的解释在于人力资源经理对并购活动（这些活动通常由CEO、CFO和投资银行）完全不了解，或者在决定性的决策实际做出时已被排除在了决策圈之外。

141　　　此外，尽管人们设想美国人力资源部门充分参与决策标志着人力资源全新的战略性时代的到来，但历史数据却不尽如人意。1996年人力资源经理参与了71%的并购决策，2001年的数字是79%，有所上升，但幅度并不大[22]。

当人力资源战略与企业战略互相影响时，那就需要另一种战略性决策。这包括高级管理人员的甄选、薪酬水平（这个过程影响到组织的未来管理）以及各部门间的工资预算分配（这个过程决定部门发展速度）。我们询问受访者在这些决策中所起的作用：提供信息、提供意见、参与最终决策，或以上三者的结合（见表6-5）。这方面，日美两国之间参与程度上的差距较小且不那么明显。事实上，在表6-5中超过一半的单元格显示，日本的参与程度远高于美国。

表 6-5　　　　人力资源部门在战略人力资源决策中的作用　　　　142

	提供信息			提供意见			参与最终决策			没有参与			样本数(N)	
	日本企业	美国企业	χ^2	日本企业	美国企业	χ^2	日本企业	美国企业	χ^2	日本企业	美国企业	χ^2	日本企业	美国企业
经理人员甄选和薪酬确定	15	8	4.27*	62	25	49.15***	67	80	6.44*	1	7	8.41**	227	142
决策业务部门的薪酬规模和配置方案	10	22	6.44*	32	33	0.01	74	45	30.74***	8	16	5.1*	214	141

注：* 表示 $p<0.05$；** 表示 $p<0.01$；*** 表示 $p<0.001$。

　　一种可能的解释是，美国人力资源经理被认为缺少制定预算决策所需要的财务敏感性，或者不像日本的同行们需要在处理预算和经理人员薪酬上与CFO们争夺权力。在对CFO的调查中，我们问道："谁参与业务单元绩效评估的决策"？CFO们认为，他们中的90%和直线经理中的85%参与了这些决策，而高级人力资源经理中只有53%参与。再次对比两组答案（这一次是人力资源在人力资源部参与重大人事和预算决策），我们可以看出人力资源和CFO在答案上的分歧[23]。

　　另一个解释是，参与程度的差异源自于两国对于业务结构的不同态度。日本企业倾向于较低程度的分权，因此预算决策更多在总部做出。

　　简而言之，战略性影响是多维的。日美两国的人力资源经理都在执行决策中发挥着战略性作用，尽管在不同的国家有不同的表现。

6.2.4　雇佣实践

　　日美两国一个惊人的相似处是，样本企业员工总数中全职雇员所占比例都是85%左右。余下的是兼职员工和临时员工（两国的分布均等）。两国的全职雇佣人数都与教育水平（如员工中拥有大学学历者）和工会成员总数正相关[24]。

　　日美两国在雇佣状况上的相似性与两国在雇佣结构上的分歧态度同时存在。当我们问及他们如何填补管理层职位和非管理层职位间的真空地带时，日本企业表现出对内部候选者的强烈偏好，远不如美国企业那样倾向于聘用外部候选人（见表6-6）[25]。值得注意的发现是，几乎没有一个美国企业的老板像大约 1/3 的日本企业那样热衷于内部候选人。并且，在日本，就对内部候选人的偏好来说，管理层职位只略强于非管理层职位，反映出他们对单一雇佣政策的坚持。而在美国，不仅仅是管理层和非管理层之间存在巨大的鸿沟，而且实际上管理层职位更少从职责义务中获得利益。的确，这与一份报告结果一致，在美国的大型企业中，近期的裁员动作更多是针对领薪水的员工（全职雇员），而不是小时工（临时雇员）[26]。

143 表 6 – 6　　　　　　　　　日美两国企业优先考虑任职者的情况

	管理者		非监管雇员	
	日本企业	美国企业	日本企业	美国企业
只考虑内部候选者	35	0	30	1
首先考虑内部候选者，当需要时才考虑外聘	54	41	54	59
既考虑内部候选者也考虑外部候选者	11	59	15	40
优先考虑外部候选者	0	1	1	0
χ^2	122.52 ***		64.27 ***	
ILM 平均指数值	1.238	0.392	1.121	0.604
t 检验	13.819 ***		8.066 ***	
样本数（N）	227	143	223	144

注：（1）对于管理者和非监管雇员（nonsupervisory employees），只考虑内部候选人记为 2；优先考虑内部候选人并且只在需要时招募外部人员记为 1；同时考虑内外部候选人记为 0；偏好外部候选人记为 – 2。非管理层职位记为 – 1，但并不影响有关差异。（2）*** 表示 $p < 0.001$。

我们得到的其他数据也支持以下观点，与日本相比，美国在雇佣实践上更倾向以市场为导向。例如，我们要求受访者评估，与其他因素如工作分类和工作资历相比，在普通中层管理人员的年薪中百分之多少由其工作业绩决定。尽管日本企业越来越强调工作业绩，但是基于工作业绩的薪水只占 30%，而在美国这一比例为 55%。

144　　　　日本的集权化决策是与强大的内部劳动力市场相联系的。当职业经理人被终身雇佣时，总部更可能参与日常管理和薪酬决策。也就是说，他们更加集权化（如表 6 – 3 中所定义的）[27]。非监管雇员的内部劳动力市场的强度也与人力资源的集权化正相关，但是关系较弱。然而，在过去的 5 年中，内部雇佣和人力资源集权化程度最高的日本企业人力资源员工总数也缩水了，向均值回归[28]。

在美国，国别模式不那么明显。极少数内部劳动力市场的衡量指标与集权化程度和员工强度等人力资源变量有显著关系。一个例外（并且很吸引人）就是公司治理。随着董事会中有人力资源背景的人数增加，偏向于雇佣现任员工的做法也就增多了[29]。另一个显著的特点就是按业绩支付薪酬。在过去的五年中，经理薪水的大部分取决于个人业绩的企业（也就是说薪酬更加以市场为导向），其总部的控制水平更低，并且直线经理和运行管理人员更多地参与决策[30]。一些人认为这种层级的削减意味着向业务伙伴模式的转变[31]。可是，这同时也传达了公司治理存在缺陷的信号。对于管理层薪酬集中控制的缺乏反映出董事会对 CEO 薪酬控制的缺乏，最初暴露这个问题的是 2001 年的公司治理丑闻[32]。

6.2.5　公司治理

正如在案例分析中看到的，日本企业公司治理最近的变革是索尼式体系的诞生，这一体系在过去五年中逐渐流行起来。在这一体系下，产生出一个小型的美式董事会，由内部成员和 1~2 名外部成员组成。尽管其他的（之前的）董事会成员全部为现任经理，他们都被归入表面上只关注公司运营而不是战略性事件的管理委员会中。28% 的受访者说他们的企业采用了这一体系，这一数字也与其他的调查结果一致[33]。由于这一发展趋势，同时也由于来自投资者缩小董事会规模的压力，日本企业的董事会规模平均来看较过去变小了。受访者表示一个中等规模的董事会由 15 人组成：采用内部执行官晋升体系的企业为 11 人，其他企业为 15 人。而仅在 10 年前，一些董事会有 50 人甚至更多的成员，平均数为 30 人左右[34]。

这些公司治理方面的变革并没有削弱人力资源部门的影响力。在有或没有内部执行官晋升体系的企业中，我们没有发现总部人力资源部门的权力与其战略决策影响力上的差异[35]。一个可能的解释是，日本企业公司治理改革是象征性的，向投资者发出管理层对股东利益更加敏感的信号，从而阻碍更加激进的改革。有证据显示，美国企业也在这么做（通过变革取得合理性而不是高效率），所以日本企业有类似行为就不足为奇了[36]。

即使在内部执行官晋升体系下，董事会依然包括具有人力资源经验的个人。当受访者被问及多少董事会成员曾有过人力资源管理经验时，58% 的人回答 1 名或者 2 名，19% 回答 3 名或 4 名，4% 回答 5 名或更多，所以总共 80% 接受调查的日本企业中至少有 1 名董事会成员曾有人力资源管理经验。

企业工会也可以向董事会推荐候选人。当受访者被问及多少董事会成员曾经领导过工会时，25% 的人回答 1 名或者 2 名，14% 回答 3 名或 4 名，6% 回答 5 名或更多，总数为 45%。尽管反映人力资源管理经验的董事会和反映工会领导经验的董事会可能有重叠，但有一半符合之前定义的企业董事会成员中，没有人有管理工会的经验。因此，总共有 85% 的企业在董事会成员中至少有 1 名拥有人力资源或者工会管理经验。

仅有 34% 的美国受访者表示董事会中至少有 1 名成员拥有人力资源管理经验，这远远低于日本。不仅如此，主要的美国企业很少任命人力资源经理为董事会成员。来自科恩/费里（Korn/Ferry）的关于 900 家美国大企业的调查数据显示，只有 6 家企业的董事会中有内部人力资源经理。有人可能把这归结于美国企业倾向于从企业外部挑选董事会成员，有意思的是，其中 92 家企业给予 CFO 董事会席位[37]，并且 CFO 的影响力可以表示出在同一家企业中，财务部门在更多场合中（95%）向 CEO 汇报，人力资源部门为 72%。也就是说，在近 1/4 的人力资源与 CFO 组合中，CFO 向 CEO 汇报而人力资源经理不汇报，尽管后者水平在上升。

6.2.6 执行力

在调查中，要求经理们告知不同的总部部门对战略性决策的相关影响力（见表 6-7）。尽管我们没有定义"权力"，但是这次调查和其他研究的结果都表明了受访者对这个词的理解是一致的[38]。量表分为 1~10 个等级，10 表示"最具影响力"，美国最具影响力的部门是财务部门，接下来依次是营销、生产、计划/战略和人力资源部门。只有研发部门排在人力资源部门之后。当问及 CFO 同样的问题时，我们也得到了类似的答案：财务部门是影响力最强的部门，而人力资源部门最弱，甚至比研发部门还要弱。在企业各部门中，CFO 和人力资源经理都将财务部门列为最具影响力的职能部门，并且，对人力资源部门的评级再次低于人力资源部门对自身的评级[39]。

但是当被问到哪一个部门在过去的五年中得到或失去了对战略决策的影响力时，大多数美国人力资源经理将自己归入其中：77% 的人认为是人力资源部门，50% 的人认为在这一项中排名第二的财务部门获得了权力。但 CFO 并不赞同这一观点，他们中的 70% 认为财务部门获得了权力，只有 27% 的人认为人力资源部门获得了权力。有人通过董事会来监督财务部门的权力：在美国，财务部门的权力被有人力资源背景的董事会成员牵制。随着这些董事会成员人数的上升，财务部门可察觉到的力量削弱了[40]。这意味着美国董事会构成和人力资源部门之间的另一种联系。

表6-7　　　　日美两国企业总部各职能部门的职权

	日本企业平均值（排名）	美国企业平均值（排名）
财务部门	5.7（3）	8.4（1）
人力资源部门	5.7（3）	6.1（5）
营销部门/销售部门	6.7（2）	7.1（2）
计划部门/战略部门	8.2（1）	6.3（4）
生产/运作部门	5.2（5）	6.4（3）
研发部门	5.4（4）	5.4（6）

注：斯皮尔曼等级相关系数 = 0.203（p = 0.6998）。

然而在大多数美国企业中，人力资源经理和财务经理都认同财务控制着企业的根基的观点。考虑到 M 型企业组织的盛行、并购活动的盛行，股东至上思潮的突起，以及调查期间资产净值的同等水平，这一点就不足为奇了。然而，人力资源部门和财务部门意见不一致是人力资源部门的地位。与人力资源经理的观点相比，CFO 认为人力资源部门得到了或者拥有较少的权力。不幸的是，我们没有办法确定哪一种观点是正确的，但可以似是而非地认定，作为受压迫者，人力资源部门更有理由高估自己影响力的变化。

日本企业的决策过程则不同。当被问及权力时，日本的受访者说最有影响力的是计划部门，该部门通常附属于董事长办公室，是处理业务剥离和其他有关战略与组织决策事物的部门（见表6-7）。营销部门位列第二，财务和人力资源部门并列第三，制造和研发部门排名最靠后。尽管日本和美国的人力资源经理都一样的自大，但后者却表现出高估自己的明显倾向[41]。

但是，在一个相关的衡量标准中（哪一个部门在过去 5 年中得到或者失去了权力），日本的回复者中 40% 认为人力资源部门得到了权力，这比美国同行低。与此同时，大多数日本人力资源经理并不将人力资源部门排在财务部门之后：只有 37% 的人说财务部门得到了权力。计划部门再次以 54% 的得票率高居榜首。

因此，财务部门不是日本的最高职能部门，也无法支配人力资源部门。计划部门作为一个专门从战略而非财务角度研究企业组织的部门，掌控着最大的权力，并且这个影响力还在上升[42]。其他领域也一样，没有充分的证据支持日本企业战略有财务化趋势的观点。在美国，股票期权被作为使管理层决策与股东权益保持一致的重要机制，这在日本仍然是罕见的。只有 19% 的被调查企业表示它们使用股票期权，另外 10% 表示它们正考虑引入期权。

提供期权的企业喜欢将其仅限于提供给企业最高管理层。其他的研究发现，当日本企业提供股票期权时，其在总薪酬中只占微不足道的一小部分[43]。在美国，几乎所有的企业（97%）都使用期权。尽管大部分（60%）只向管理层员工并且通常是高级管理层、企业最高层管理人员发放期权[44]。

可察觉到的总部人力资源职能权力确实取得了一定成果：对于业务单元的战略影响，对于它在组织中的作用以及对于雇佣结果，例如内部劳动力市场的强度。表6-8给出了日本和美国企业察觉到的人力资源权力的上下四分位数，以及根据回答者对所有职能评级的均值正态化后的人力资源权力。我们称之为"相关权力"（relative power）。在日本和美国，人力资源经理较高的相关权力均与对于管理人员较强的内部劳动力市场、运行决策较高程度的中央集权相联系；人力资源部门与对于经理职业决策、预算分配和战略性商业决策的较强影响力相联系。尽管人力资源权力与其职员众多相关，但权力与职员的高比率（人力资源部门职员数/全体员工数）并没有必然联系。权力只与纯粹的职工数量相关（这使得人力资源更加突出），但职员比率受规模经济的影响（稍后我们要讨论）。请注意，这些相关关系中的大部分虽然符号与预期一致，但在统计上都不显著，而相关权力与战略影响力之间的相关关系是一个例外[45]。

表6-8 人力资源部门职能和企业绩效的
相关权力（括号中为样本数）

	日本企业			美国企业		
	下四分位数，人力资源部门的相关权力	上四分位数，人力资源部门的相关权力	人力资源部门相关权力的相关系数	下四分位数，人力资源部门的相关权力	上四分位数，人力资源部门的相关权力	人力资源部门相关权力的相关系数
指数，内部雇佣，管理职员[a]	1.21（52）	1.25（63）	0.00	0.31（35）	0.44（39）	0.15[+]
指数，内部雇佣，非监管雇员	0.96（52）	1.15（61）	0.06	0.66（35）	0.56（39）	-0.02
总部人力资源部门的员工数量	18（52）	23（65）	0.04	25（35）	75（40）	0.10
人力资源部门职员数与员工数的比例	1:121（52）	1:140（60）	-0.02	1:212（35）	1:211（40）	-0.04

续表

	日本企业			美国企业		
	下四分位数,人力资源部门的相关权力	上四分位数,人力资源部门的相关权力	人力资源部门相关权力的相关系数	下四分位数,人力资源部门的相关权力	上四分位数,人力资源部门的相关权力	人力资源部门相关权力的相关系数
运行权力指数[b]	47.4 (52)	50.3 (61)	0.03	24.5 (34)	26.5 (38)	0.02
战略影响力[c]:高级经理选拔和薪酬预算	5.85 (46)	6.38 (61)	0.03	4.47 (34)	5.73 (37)	0.27 **
战略影响力[c]:其他商业决策	1.44 (18)	2.39 (23)	0.19 +	3.13 (34)	4.80 (38)	0.26 **

注:(1)相关权力是人力资源职能的权力除以企业其他职能部门的权力值的均值。(2)a 与表 6 - 6 中所示的是同一个系数,不过我们这里给出的是管理层职工与非监管雇员之比。(3)b 见表 6 - 3。(4)c 见表 6 - 5,其中,"高级经理选拔和薪酬预算"是表 6 - 5 中单元格的总和,提供信息记 1 分,提供建议记 2 分,参与最终决策记 3 分,总数最大值为 12 分。"其他商业决策"是表 6 - 4 中每行的均值,起草预案和最终决策记 3 分,评估财务后果记 2 分,实施记 1 分,每个时间的最大值为 9。(5)* 表示 $p < 0.10$;** 表示 $p < 0.01$。

6.2.7 企业规模和多元化

企业规模的最新趋势如何呢?在经历了 20 世纪 70 年代和 80 年代的下降之后,美国非制造型企业的规模在 20 世纪 90 年代稳步增长,尤其是服务和零售行业,其稳定的雇员数量在 1 000 家企业中占首位。其原因不是很清晰,可能包括大企业在科技、物流和国际贸易等方面规模经济的发展[46]。日本也有类似的趋势,虽然原因不同。因为 20 世纪 90 年代的经济衰退对小企业的打击更大,大型企业的雇佣人数份额自 1986 年起上升(在经历了 1978—1986 的下降之后),并且现在处于比 1978 年还要高的水平[47]。

企业规模是否影响了人力资源部门的构成呢?的确,我们发现,无论是美国还是日本,大企业(以员工规模衡量)都变得更加分权化了,人力资源职员与员工总数的比率降低了,人力资源掌握了更大的战略影响力,且吸纳了拥有更大权力的人力资源经理(见表 6 - 9)[48]。正如我们注意到的,这种相关可能源于一个部门可支配的企业资源和它察觉到的权力间的联系[49]。

149

表 6 - 9　　　　多元化、企业规模、集权化和人力资源职权

	总部运营权力的均值		人力资源部门员工数量比例		战略决策的影响力		人力资源部门的相关权力		平均企业规模	
	日本企业	美国企业	日本企业	美国企业	日本企业	美国企业	日本企业	美国企业	日本企业	美国企业
主营收入超过90%	55	28	1:219	1:177	2.3	3.9	0.93	0.89	4 662	17 863
主营收入占到70%~90%	48	25	1:103	1:139	2.2	4.7	0.98	0.87	3 780	14 980
主营收入在70%以下	44	18	1:144	1:483	1.4	5.0	0.92	0.93	6 137	25 864
销售收入低于平均值	54	31	1:93	1:138	1.4	3.6	0.92	0.82		
销售收入高于平均值	44	21	1:208	1:270	2.4	4.6	0.95	0.95		

多元化趋势又是怎样的呢？普遍认为日本企业的经验是循序渐进地采用 M 型组织模式，并随后在 20 世纪 80 年代后期将其广泛应用于不相关的行业（一方面是为了消除贸易顺差，另一方面是为了创造永久的就业机会），并从那时起转向非相关多元化[50]，可是，缺乏真实的企业层面的多元化数据。与多元化的假设一致的是，一个研究结果显示，20 世纪 90 年代完全由一家企业治理的行业的平均数下降了。但该研究还表明企业核心业务的销售额减少了，这与 20 世纪 90 年代高多元化程度一致[51]。

美国企业的经验是这样的：20 世纪 80 年代，对股东价值的强调导致对非相关多元化业务的迅速剥离，较小程度的多元化意味着更高的风险和更高的回报。在 20 世纪 90 年代初期，一些企业采用了新的去多元化，目前，企业资源观（或者核心能力观）的战略观点推动了对多元化的背离。

然而，汇总后的数据再一次使问题变得更加复杂。1985—1992 年，至少从 500 家最大的美国企业来看，企业层面的多元化水平增强了[52]，虽然目前没有 1992 年之后企业层面的研究数据，却有行业层面的专业化比率。我们预计，当企业剥离非相关业务并把它们卖给那些主要经营这些业务的企业时，专业化比率会上升。在 1995 年之前，专业化比率下降了，这与进一步的多元化相一致，但是在 1995 年之后专业化比率略微上升，为美国企业正更加专业化的观点提供了微弱的支持[53]。但是专家们相信，在企业层面上，现在和过去一样，美国企业较日本企业更加多元化。显然，在这个问题上还需要做进一步的调查研究[54]。

　　回顾之前关于日本企业多元化与人力资源部门在企业的地位之间关系的案例研究：与企业资源观相一致的是，在专业化的日本企业中，总部人力资源部门发挥了更具影响力的作用。而在美国企业的案例研究中，我们没有发现两者之间存在一致的关系。汇总数据（见表6-9）验证了此推论。运行权力（也就是集权化）在美日两国都随着多元化的发展而减弱。这符合直觉。专业化的企业，由于各业务单元在流程和技术上的相似性，可以通过集权化取得规模经济，也许专业化企业更多地采取的是U型组织结构而不是M型组织结构。还有证据表明，尽管日本和美国的情况有所不同，但在专业化企业中，人力资源部门扮演着更重要的战略性角色。在美国，人力资源部门在多元化企业中扮演着最重要的战略角色。也许，与专业化的美国和日本企业相比，在多元化的美国企业中，并购型决策更为突出。

　　另一种分析人力资源在战略决策中作用的方法是，研究企业怎样对总部人力资源部门的业绩进行评估（见表6-10）。其中，两种方法（劳动力成本和人均销售收入）与在短期内使股东价值最大化相一致，认为劳动力是商品；另外两种方法（员工士气和工会关系）则在战略上认可人力资本是投资。[55] 员工流动率的重要性并不明确：既可以作为交易成本也可以作为资产保持力的指示器，因此员工流动率两种途径都使用。我们还询问了有关工会规避的情况，但只限于对美国受访者。

表6-10　　　　企业总部人力资源部门职能的评估指标　　　　　　151

	日本企业（排名）	美国企业（排名）
直接和间接劳动力成本水平	3.2（3）	2.5（3）
平均每位员工的销售收入	3.0（4）	1.8（5）
员工维系和流失率	2.1（5）	3.0（2）
员工态度和士气	3.7（1）	3.1（1）
与工会的关系	3.4（2）	1.8（5）
在非工会会员中的工会规避	—	2.2（4）

　　注：0=没有使用；1=不太重要……4=非常重要。

　　表6-10中的数据显示，在日本，人力资本投资途径更加普遍，这源于对员工士气赋予的高绝对值以及给予合作的工会管理层的高职位，员工流动率对于美国来说更重要，因为传统上人均销售收入一直作为人力资源效率的决定性量化指标。在日本，自动离职率低，因此它也就不那么重要[56]。　152

　　令人惊讶的是，我们没有发现两国在对劳动力成本最小化的重视方面存在国别差异。尽管我们记得，在这份调查进行时，日本正为降低成本而苦苦挣扎，但美国正实现经济的繁荣，因而似乎没有必要去考虑降低成本。两国间的一个重要差异在于：在日本，对劳动力成本最小化的强调是与对员工士气和良好的工会关系的重视正相关的。这可以理解为日本混合型组织模式的出现。在这个模式中，市场原理被植入了传统基础之中。而在美国，成本考虑与人力资本考虑是负相关的，这意味着，在美国的案例中两种战略是替代关系而不是互补关系[57]。

6.2.8 经理人及其企业的价值观

正如人们预计的那样，研究发现，日本和美国的经理人员由于在职业模式、公司治理和文化方面的差异，价值观截然不同[58]。表 6 - 11 给出了包含类似的有关经理人价值观问题的四次调查结果。1993 年来自日本企业董事会的调查数据，给出了日本在 20 世纪 90 年代变化的透视图。但是我们认为，即使在 1993 年，日本企业也不太倾向于股东价值至上，所以，1993 年以后，人力资源的重要性在高管意识中开始下降，相对那时的人力资源董事就变成了现在的人力资源经理。我们还将美日两国的人力资源经理以及美国的 CFO 与人力资源经理做了对比。

153　　表 6 - 11　　　　　　　　　　　　经理人员的价值观

	1993 年日本企业董事会成员[a]	日本企业人力资源经理[b]	美国企业人力资源经理[a]	美国企业的 CFO[c]	日本企业人力资源经理对美国企业人力资源经理的 t 检验
提高股息	2.6	2.2（225）	2.6（139）	1.7	- 3.328***
提高股价	2.0	2.3（225）	3.3（141）	3.6	- 11.873***
提高市场份额	2.9	2.2（225）	2.9（142）	2.7	- 6.564***
进入新市场	2.9	2.5（226）	2.4（144）	2.5	1.079
提高员工士气	NA	3.6（226）	3.3（143）	2.7	5.013***
保证员工被公平对待	NA	3.0（225）	3.4（144）	2.7	- 5.557***
保证员工工作职位	3.3	3.2（225）	2.1（142）	1.8	12.662***

续表

	1993 年日本企业董事会成员[a]	日本企业人力资源经理[b]	美国企业人力资源经理[a]	美国企业的 CFO[c]	日本企业人力资源经理对美国企业人力资源经理的 t 检验
提高管理岗位的数量	1.3	1.2（224）	1.2（144）	1.1	-0.491
提高本部门预算	1.5	1.4（225）	1.3（144）	1.1	1.585
与其他部门协调相处	2.4	2.8（226）	3.2（144）	NA	-4.101 ***
为社区贡献	2.6	2.5（225）	2.4（144）	2.2	1.641

注：（1）回答者被问道："你认为对你来说工作中什么最重要？"1 = 不重要，4 = 最重要。（2）a 是 1993 年的数据，由 Fujikazu Suzuki 授权获得，日本企业的样本数 N = 2246。（3）b 括号中数字为样本数。（4）c 中样本数 N = 81。（5）*** 表示 $p < 0.001$。

　　首先，在 1993—2001 年年间，日本企业经理人员的态度发生了重大改变：股票价格日益获得重视，而对市场份额的关注不再那么密切。其中一个原因当然是由于公司治理的长期变化反映了新的股东价值思潮。另一个原因可能还与周期性经济因素有关：日本经理人员不再像 1993 年时那么强调股息和市场份额，因为它们的市场在缩小，用来支付股息的利润越来越薄甚至消失了，然而，在美国情况恰恰相反（或者直到 2001 年）。尽管如此，两国对股票价格的重视程度的差异依然是显著的，这很重要。在美国，人力资源经理将股票价格列为第二重要的因素（公平待遇列第 1 位），而日本同行则将其列为第 7 位。美国的 CFO 在组织结构中位于人力资源经理之上，对他们来说，股票价格高于包括公平待遇在内的其他因素[59]。

　　与之相反，日本人力资源经理认为工作保障更重要，将其列为第二重要的因素；而他们的美国同行竟将其排在第 9 位。这个明显的区别象征着组织导向型企业和市场导向型企业之间的眼光差异。尽管在内部管理上（包括部门预算和管理职位数量），两国人力资源经理的意见比较统一，差距不大。简而言之，当涉及与公司治理哲学最紧密相连的股票价格和工作保障时，两国经理人员之间存在严重分歧，但在其他问题上分歧较小[60]。

　　这些差异是否与人力资源职能结构有关呢？表 6-12 检验了两种重要的价值观：股票价格最大化和维持工作稳定。对于每一个国家和每一种价值

154

嵌入式世纪企业
治理译丛 ▸▸▸▸

观，我们将一种价值观的重要程度由低到高赋值，然后算出与每一类相关的四个变量的均值。

表 6－12   **经理人员价值观的相关关系**

	股价最大化导向				工作保障导向			
	日本企业		美国企业		日本企业		美国企业	
	低重要性	高重要性	低重要性	高重要性	低重要性	高重要性	低重要性	高重要性
有人力资源部门工作经验的比例	43 (137)	36 (88)	82 (20)	76 (117)	41 (36)	40 (189)	78 (99)	72 (39)
	r = －0.07		r = －0.15⁺		r = －0.01		r = －0.02	
有工会工作经验的比例	64 (127)	66 (83)	15 (19)	16 (114)	58 (34)	66 (177)	17 (94)	12 (39)
	r = 0.03		r = －0.02		r = －0.10		r = －0.07	
相关权力	0.92 (131)	0.95 (84)	0.80 (19)	0.90 (118)	1.03 (35)	0.92 (180)	0.94 (97)	0.77 (41)
	r = 0.06		r = 0.17*		r = －0.09		r = －0.27*	
对业务战略的影响力	1.8 (57)	2.0 (22)	3.2 (18)	4.3 (119)	1.7 (15)	1.9 (63)	4.3 (97)	3.8 (41)
	r = 0.17		r = －0.15⁺		r = 0.07		r = －0.15⁺	

注：（1）"低重要性"：回答者将该价值观视为不重要或者有点重要；"高重要性"：回答者将该价值观视为很重要或者最重要。（2）+ 表示 $p<0.10$；* 表示 $p<0.05$。

美国样本中，我们假设强大的人力资源职业背景、专业主义的测量指标，应该与对较少的股东支持和对维持工作稳定的强烈支持有关系[61]。表6－12中的数据支持假设的第一部分但不支持第二部分。我们还预测一个强势的工会和专业化信条一样影响人力资源经理的价值观，但这种假设并没有被论证。

但是，经理人员价值观和权力之间存在着某种关系。在这两个国家中，支持"股东"价值观的人力资源经理（无论是股票价值最大化，还是维持工作稳定的最小化）都认为总部人力资源部门有较大的权力，而且，持这种观点的群体规模在美国要大于日本。再回顾我们之前的发现，在美国，CFO 的问卷回复更支持股东价值并且认为他们的部门有相当大的权力。我们可以合理地推断其间的因果关系由价值观转向了权力：视股东高于员工的人力资源经理，通过表明对主宰高级管理层的财务思维定式的忠诚，为他们的部门以及他们自己赢得了权力。另一种可能是，以股东为中心的CEO（越来越多地来自企业外部并且对雇佣他们的董事会绝对忠诚）选择与自己的价值观相符的人力资源经理[62]；人力资源经理所获权力是作为可向CEO汇报的交换。两种路径都与美国人力资源经理所提出的"业务伙伴"模式一致。

也许类似的对于股东的重视正在日本企业中普及，并且那些与股东结盟的人力资源经理也能因此提高自己的权力。但是（这是关键）与股东导向相关的权力差异小于美国并且统计学上不显著，所以对于日本的经理人，较少有人采用这种价值观来使其作为自己权力最大化的激励。

至于战略性影响，美国的模式仍然是，与股东价值一致的人力资源经理和其他管理人员中，前者有较大的影响力。然而在日本经理人中，没有证据支持这种影响。事实上，那些更关注保持工作稳定性的经理人往往有更大的战略性影响，尽管这种关系在统计学上不显著。

在结束本章之前，需要重申三个问题：（1）在美国企业样本中，把握股东价值与服从股东价值的人力资源经理间存在着差异，后者更具影响力，更多地向CEO汇报工作，并且往往存在于多元化的企业中。（2）与美国相比，日本的人力资源经理采用股东价值至上而所得到的利益较少（在权力和战略影响力方面），这个事实放慢了美国企业集权化进程。导致利益较少的原因尚不明朗，虽然这很可能与日本企业和反复无常的投资者绝缘有关，或者从更微观的层面上说，与坚持长期培养企业内部资源（包括人力和社会资本）的商业战略有关。有证据显示，新的对成本最小化的关注正在日本兴起，尽管其还没有改变基本的商业战略。（3）这个问题来自于前两个问题，在两个国家，例如董事会构成的公司治理因素和人力资源结果间都存在关联。换句话说，雇佣关系在目前美国和日本关于企业责任与公司治理的争论中岌岌可危。

参考文献：

1. The actual sample size was 1, 007 in Japan and 977 in the United States. HR question-naires from 103 U. S. firms were returned as undeliverable, usually because the company had merged with another or because it did not participate in surveys. One Japanese survey was discar-

ded because of incomplete data.

2. Allen R. Janger, *The Personnel Function: Changing Objectives and Organization* (New York, 1977), 37.

3. Raghuram G. Rajan and Julie Wulf, "The Flattening Firm: Evidence from Panel Data on the Changing Nature of Corporate Hierarchies", NBER Working Paper no. 9633 (April 2003).

4. The correlation between being a CEO report and being concerned with employee job security was $-.18$ ($p < .05$).

5. Rajan and wulf, "The Flattening Firm" .

6. As described below, we created an index to measure centralization of operating decisions. For CEO reports, it was 25. 8; for others, it was 28. 2. The ratio of HR staff to employees for CEO reports was 1:211; for nonreports, it was 1:145.

7. This figure is virtually unchanged from more than twenty years ago, when it was 80 percent. See Audrey Freedman, *Managing Labor Relations* (New York, 1979), 29. The corresponding Japanese figure is 39 percent.

8. Despite the many changes that have buffeted the HR profession in the United States, this figure is not much lower than it was in the late 1960s, when it stood at 34 percent. George Ritzer and Harrison Trice, *An Occupation in Conflict: A Study of the Personnel Manager* (Ithaca, N. Y., 1969), 35. However, the Ritzer and Trice data are based on a survey of personnel managers at all levels, not just senior executives.

9. While the average sample unionization rate is 16 percent, the unionization rate for those companies spending "a lot more" time on labor relations is 25 percent.

10. This reverses a trend from earlier years. According to one study, headquarters HR staff fell 13 percent between 1990 and 1995. Susan Mohrman, Edward E. Lawler Ⅲ, and Gary McMahan, "New Directions for the Human Resources Organization", Center for Effective Organizations, University of Southern California, 1996.

11. Spin-offs are akin to the U. S. practice of an internal chargeback system for use of central HR services by divisional and business-unit "customers" as is done with information technology.

12. Outsourcing is significantly associated with use of stock options in Japan ($r = .15$, $p < .05$). Both are examples of market-oriented practices being brought in from abroad.

13. Julekha Dash, "Outsourcing Wave Hits Japanese Market", *Computerworld* 35 (6 August 2001), 13. The U. S. outsourcing data are consistent with those reported earlier in Louis Csoka, "Rethinking Human Resources", Conference Board Report no. 1124 – 95-HR (New York, 1995), 20.

14. Four of the five chi-square tests in table 6. 2 are significant.

15. We create indices of the first and of the last column in table 6. 3 and refer to them as "index of line operating authority" and "index of headquarter operating authority". They are shown in the last row of table 6. 3.

16. We ran two-sample *t*-tests with unequal variances and found five of the six differences in the Japan-U. S. means for headquarters operating authority (including the overall means) to be significant at the . 0001 level.

A Japan Productivity Center survey in 1986 asked respondents to assess the power of the headquarters HR department. The greatest levels of influence ("very strong") were found in recruitment and hiring; pay structure, including negotiations with the union; and promotion and transfer of managers. Hideo Inohara, *Human Resource Development in Japanese Companies* (Tokyo, 1990), 4. Keep in mind that a respondent's rank affects his or her sense of how centralized decisions are; managing directors perceive greater centralization than do those further down the hierarchy.

17. Robert E. Cole, "Learning from the Quality Movement: What Did Happen and Didn't Happen and Why?" *California Management Review* 41 (Fall 1998), 43 – 73. When TQM and the like were first introduced into U. S. companies there was substantially more headquarters involvement than one sees today. In 1985, the primary responsibility for introducing employee participation plans was the HR executive (58 percent) rather than the line manager (28 percent); compare these figures to those in table 6. 4. However, even in 1985 it was reported that responsibility for participation was being decentralized along with training and development. Audrey Freedman, *The New Look in Wage Policy and Employee Relations* (New York, 1985, 30).

18. For Japan, the correlation between operating authority and staff per employee is. 20 ($p <. 01$). In the United States the correlation is . 09 but not significant.

19. These stages originally were identified in Paul Marginson et al. , "The Control of Industrial Relations in Large Companies", Warwick Papers in Industrial Relations no. 45, Coventry, December 1993.

20. The findings mesh with another study, which found that only a third of U. S. HR executives said that HR had a major influence in the planning and/or negotiation of M&As but that 80 percent said they became involved once the deal had been made. Elaine McShulskis, "A Bigger Role in Mergers and Acquisitions", *HR Magazine* (January 1998), 22 – 24.

21. On investing in new sites, 35 percent of HR executives said they were involved in final decisions, whereas only 10 percent of the CFOs said that their HR executives were involved in these final decisions.

22. National Industrial Conference Board, *Personnel Administration: Changing Scope and Organization* (New York, 1966), 17. We calculated these figures in the same manner as was done in 1966, when the survey did not distinguish between "not involved" and "did not occur".

23. For the matched companies, 77 percent of HR executives said that they took part in final decisions on executive pay and selection, whereas CFOs reported an HR involvement figure of only 45 percent. On payroll budgets, 50 percent of HR executives said they were involved in

final decisions; only 23 percent of CFOs said that HR was involved.

24. For education, the correlation with full-time employment in Japan is . 14; for the U. S. , it is . 19. Both are significant at the . 05 level. For union membership, the correlation with full-time employment is . 14 and significant at the . 05 level. For the United States the correlation is . 12 but not significant.

25. See the tests of national difference shown in table 6. 6, all four of which are significant at the . 001 level.

26. See Sanford M. Jacoby, "Reply: Premature Reports of Demise", *California Management Review* 42 (Fall 1999), 168 – 79; William Baumol, Alan Blinder, and Edward Wolff, *Downsizing in American: Reality, Causes, and Consequences* (New York, 2003), 47 – 48. We ran two-sample t-tests with unequal variances and found the difference in the Japanese-U. S. means for internal labor markets to be significant at the . 001 level.

27. The correlation between managerial internal labor markets and operating centralization in Japan is . 17 ($p < . 01$).

28. The correlation between internal labor market strength (the combined supervisory-plus-nonsupervisory measure) and the change in headquarters HR staff is $- . 17$ ($p < . 05$).

29. The correlation between the combined measure of internal labor market strength and the number of board members with an HR background is . 20 ($p < . 05$).

30. The correlation between pay for performance and line-manager involvement is . 23 ($p < . 01$).

31. Rajan and Wulf, "The Flattening Firm".

32. Lucian Arye Bebchuk and Jesse M. Fried, "Executive Compensation as an Agency Problem", Harvard Law School, Working Paper 421 (April 2003).

33. Christina Ahmadjian, "Changing Japanese Corporate Governance", Working Paper no. 188, Columbia University Graduate School of Business, 2001; Hideaki Miyajima, "The Latest Report on Corporate Governance Reform, 'Progress in Corporate Governance Reforms and the Revitalization of Japanese Companies' by the Ministry of Finance's Policy Research Institute", RIETI, September 2003. The symbolic motivation for organizational reform provides one explanation why the MOF study reported on by Miyajima fails to find a significant relationship between adoption of the corporate officer system and corporate financial performance. In our own data, too, we found no evidence that use of this system is associated with employment change over the last five years; the correlation was negative and insignificant, $- . 03$ ($p = . 67$).

34. Ulrike Schaede, "Understanding Corporate Governance in Japan: Do Classical Concepts Apply?" *Industrial and Corporate Change* 3 (1994), 285 – 323.

35. We refer to "influence over strategic decisions" as defined in table 6. 5. However, strategic influence was slightly higher in firms with the corporate-officer system when using the strategy categories shown in table 6. 4.

36. James Westphal and Edward Zajac, "The Symbolic Management of Stockholders: Corporate Governance Reforms and Shareholder Reactions", *Administrative Science Quarterly* 43 (1998), 127 – 53. More generally, see W. W. Powell and P. J. DiMaggio, "The Iron Cage Revisited: Institututional Isomorphism and Collective Rationality in Organizational Fields", *American Sociological Review* 48 (April 1983), 147 – 60.

37. Korn/Ferry data as of February 2002, courtesy of Caroline Nahas and Jeremy Lawrence. If we assume that all of the non-*shikō yakuin* companies have their senior HR manager on the board, the contrast is sharp: 72 percent of Japanese firms versus 0. 7 percent of U. S. firms have their top HR executive on the board of directors.

38. See Charles Perrow, "Departmental Power and Perspectives in Industrial Firms", in Mayer N. Zald, ed., *Power in Organizations* (Nashville, 1970).

39. In the matched-pair companies, finance rated itself 8. 5 and rated HR 4. 1, while HR rated finance 8. 7 and rated itself 6. 7.

40. $r = -.29$ ($p < .01$)

41. As shown in table 6. 7, Spearman's rank correlation was insignificant, indicating that the national rankings are dissimilar.

42. We found the greatest accretion of power by planning departments occurring in companies that were unrelated diversifiers-i. e., companies having no single business contributing more than 70 percent of sales and whose businesses were mostly unrelated. These are the companies feeling the greatest pressure to divest or restructure to achieve greater synergy.

43. See also Ahmadjian, "Corporate Governance".

44. A recent study found a split among U. S. companies between those who reserved options for their top officers and those—predominantly in high tech-who shared them more widely. Joseph Blasi, Douglas Kruse, and Aaron Bernstein, *In the Company of Owners: The Truth about Stock Options (and Why Every Employee Should Have Them)* (New York, 2003).

45. In both countries, power has a significant negative association with changes in employment levels during the past five years. That is, employment cuts are associated with higher HR power levels. This could be a reflection of the prominence of HR when layoffs must be made. However, employment cuts were most prevalent in large firms, so the relationship could also be a proxy for the size-power relationship discussed below.

46. Lawrence J. White, "What's Been Happening to Aggregate Concentration in the U. S. ?" working paper, New York University, December 2001, 44; James L. Medoff and Michael Calabrese, *The Impact of Labor Market Trends on Health and Pension Benefit Coverage and Inequality*, Final Report to the U. S. Pension and Welfare Agency, 28 February 2001.

47. Data from Japanese Bureau of Statistics, courtesy of Professor Michio Nitta, Tokyo University. In our sample, the Japanese companies are smaller than the U. S. companies: Mean (median) employment was 5, 083 (2, 215) in Japan versus 18, 260 (5, 200) in the United States.

48. The classic (British) studies on firm size found an opposite result—that centralization was positively related to size—perhaps because the studies were done before the M-form approach had diffused widely in the United Kingdom See S. Pugh, D. J. Hickson, and C. R. Hinings, "An Empirical Taxonomy of Structures of Work Organisations", *Administrative Science Quarterly* 14 (1969), 115 – 26.

49. We also looked at some three-way relationships, which are not shown. In the United States, size is important and tends to trump business strategy when predicting operating authority and staffing levels. But in Japan, regardless of firm size, it is the unrelated diversifiers who have had the largest cuts in HR staff and whose HR executives report the least amount of power. This supports what was found in the case studies and fits with the received wisdom about divestment and its effects in Japan.

50. Michael Porter, Hirotaka Takeuchi, and Mariko Sakakibara, *Can Japan Compete?* (London, 2000).

51. Masayuki Morikawa, "Business Diversification of Japanese Companies", MITI Discussion Paper no. 99, Tokyo, November 1999. Thanks to Professor Yoshiji Suzuki for bringing this paper to my attention.

52. Cynthia Montgomery, "Corporate Diversification", *Journal of Economic Perspective* 8 (Summer 1994), 163 – 78. Contrast this study to R. Comment and G. Jarrell, "Corporate Focus, Stock Returns, and the Market for Corporate Control", *Journal of Financial Economics* 37 (1995), 67 – 88.

53. White, "What's Been Happening to Aggregate Concentration".

54. Personal communication from professor Tadao Kagono, Kobe University.

55. Jay Barney, "Firm Resources and Sustained Competitive Advantage", *Journal of Management* 17 (1991), 91 – 120.

56. That is, Japan relies on employee voice to judge HR performance, whereas the United States tends to rely more on retention patterns. Sanford M. Jacoby, *Employing Bureaucracy: Managers, Unions, and the Transformation of Work in American Industry*, 1900 – 1945 (New York, 1985); Richard Freeman and James Medoff, *What Do Unions Do?* (New York, 1984).

57. We created a "cost factor" comprised of labor costs and revenue per employee and a "human capital" factor comprised of employee morale and union relations. In Japan, the factors are positively associated ($r = .22$, $p < .001$) but in the United States, the association is negative, although not significant.

58. Harry C. Triandis, *Individualism and Collectivism* (Boulder, 1995); Geert H. Hofstede, *Culture's Consequences: Comparing Values, Behaviors, Institutions, and Organizations Across Nations*, 2d ed. (Thousand Oaks, Calif., 2001).

59. Observe, however, that on two key values—maximizing share price and safe-guarding employee jobs—U. S. CFOs look more like U. S. HR executives than the latter look like Japanese

HR executives. We also asked U. S. CFOs to tell us what measures were reported to headquarters for gauging business-unit performance. Employee-based measures such as sales per employee and labor costs were cited much less frequently than purely financial measures such as return on investment, profit/sales, and total sales. It would appear that, from the CFO perspective, employment costs—and employees—are relatively unimportant, and that finance is influencing the perspective of HR managers more than the other way around, a point we return to in the final chapter.

60. Sometimes it is alleged that in Japan a kind of "groupthink" ensues from strong societal norms and that in the United States shared norms are weaker. We find evidence for this claim: There is less overall variance of values in the Japanese than in the U. S. HR sample. Mean Japanese and U. S. variances are .59 and .65, respectively. Also note that the samples are significantly different (at the .0001 level) in what they reveal about the importance attached to shareholder values (stronger in the United States) and stakeholder values (stronger in Japan).

61. In Japan, variations in the percentage of an executive's career spent in HR do not have the same meaning, given the generalist career pattern that exists in many companies.

62. On these issues see Rakesh Khurana, *Searching for a Corporate Savior* (Princeton, 2002), 115.

研究总结与展望

在大型企业总部，可以期待看到全球化正在导致国别差异消失的证据，可是，日本企业的高级人力资源经理始终与美国的同行扮演着迥然不同的角色。在日本，战略决策制定和大部分人力资源职能仍然是集权的，反映了对组织导向型雇佣实践的坚持。人力资源职能在企业等级中占据较高的地位，并影响到经理人员职业生涯发展和部门预算配置等战略性决策。许多高级人力资源经理与其他具有人力资源背景的成员一起进入董事会。大多数日本经理人员依然支持利益攸关者型治理模式而不是股东导向型公司治理模式，企业别工会和终身雇佣（日本三大"神器"中的两个支柱）仍然得到了延续，至少在大型上市公司中是这样。日本三大"神器"的第三大支柱，即年资的相对重要性正在减弱，1965年日经连首次建议不强调年资在薪酬中的核心作用，尽管从长期来看，年资仍然不可或缺，而且，正如我们在前面章节中所看到的，个人业绩在薪酬体系中所占的比例仍然低于美国水平。[1]

日本企业并不能隔绝于全球治理模式和雇佣实践的变革。近些年来，人力资源部门的员工总数减少了，人力资源部门员工数占公司员工总数的比率也在减少，而且，人力资源职能正逐渐被外包。尽管从某种程度上说这反映了企业边界的缩减，但仍有迹象表明，这些裁缩可能只是针对人力资源部门而来的。与以往任何时候相比，工会的力量都弱化了，而机构投资者的力量增强了，这削弱了人力资源部门的影响力。确实，向基于绩效的薪酬制度的转变进程尚掌握在人力资源部门手中，但这一转变本身是以运营权力下放至直线经理为前提的。在其他方面也一样，直线经理和事业部/分部正被赋予更多的权力。

无论是从实践上还是法律上，公司治理的其他方面也正在发生改变。几乎1/3的日本企业采用的是内部执行官晋升体系，只有少数企业开始派发股票期权。这些创新的影响是有限的，即使如此，股东优先开始深入人心是毫无疑问的。少数日本企业人力资源经理开始奉行股东优先，有理由推断这样的经理人员在未来会越来越多。最终，人力资源经理也许需要在对股东忠诚和对终身雇员忠诚中做出选择，从而引发治理模式价值观和雇佣实践的彻底变革。

至于战略，调查数据显示，企业资源观在日本企业中依然占主导地位，**158**
不过，日本企业已经开始接受员工也是商品这种观念。全球企业雇佣实践的趋势是市场导向，日本企业的发展方向也是如此。现在，日本企业越来越依赖于职业生涯中期雇佣，越来越倾向于外部劳动力市场。与此同时，内部公平越来越不受重视，无论是年薪、单一人力资源政策还是企业别工会，其作用越来越式微。在日本企业雇佣实践的发展过程中，尽管有所反复，但这种变革仍可以视为递进的变革。在以往，强化培训、终身雇佣、强凝聚力的企业文化、相对强势的总部人力资源部门是日本企业雇佣实践的基础；而现在，基于绩效的薪酬体系，更具市场导向的雇佣政策，都被植入进来。

在削减成本并同时保留传统模式的努力中，日本企业正追求治理模式的多样化。不论是服务业还是制造业，在海外股东占较大比重的日本企业中，采取股东优先型治理模式似乎成为潮流，这得到了财经传媒的吹捧，但是，日本主流经理人员并不都认为应该予以效仿。像日本证券公司（J. Securities）这样的企业依然受到尊重，还有佳能和丰田，尽管已经全球**159**
化运营，但管理哲学却仍遵循日本企业的传统。也就是说，在视顾客为重要利益攸关者的日本企业中，公司治理改革更加温和。现在可以预期，不同公司治理模式的竞争将在日本上演。

在美国大企业中，尽管存在内部劳动力市场，组织导向型雇佣政策更为主流，在雇佣政策和薪酬制度上比日本企业更加市场化，但较 20 年前已经逊色不少。强调市场导向化，意味着权力要从总部人力资源部门向直线经理转移。从调查数据来看，总部人力资源部门在战略决策制订中的确有些话语权，但其影响力大小还值得推敲，这取决于是相信 CFO 的回复结果数据，还是相信人力资源经理的回复结果数据。至少在汇报关系方面，美国企业总部人力资源经理的地位有所提升，尽管人力资源部门在美国企业中仍然处于低位。与日本一样，美国企业也在进行分权，总部人力资源部门也在裁员，力度更大，范围更广。因此，如图 7-1 所示，美国与日本两国企业雇佣实践之间间的差距（x）在拉大（$x + \Delta$），而不是缩小。

同样情形也存在于美日两国的公司治理中[2]。10 年前，美国企业已经比日本企业更加财务导向化了。从那时起，美国企业激进地转向金融化，财务部门迅速成为企业的核心部门，而且，财务逻辑主导了其他职能部门，并促进了雇佣政策的市场化。美国企业的董事会采纳了股东优先原则，甚至要求CFO专门为董事会服务。另外，人力资源部门在董事会中几乎不受重视，尽管如此，如果董事会成员拥有人力资源背景，不管是直接的还是间接的人力资源管理经验，正如我们在此次调查研究中看到的，确实能给企业的战略决策带来变化。

美国企业的公司治理差异性也在扩大，如图 7 - 1 所示[3]。

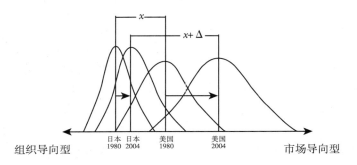

图 7 - 1　日美企业的雇佣实践

案例研究表明，在雇佣实践之外，人力资源经理和其他高层管理人员还有许多联系。如果把这些联系归结为模式的话，可以得到现代美国人力资源经理的两种角色模式：业务伙伴模式和企业资源观模式[4]。

在业务伙伴模式中，人力资源经理向 CEO 汇报工作，提交相关建议，与其他职能部门以及直线经理合作，通过分权和人力资源职能外包维持一个精简的总部机构，还避免了人力资源部门是雇员拥护者的观点出现。这种模式一般存在于多元化的美国企业中，通常与股东优先型公司治理模式紧密相关。在业务伙伴模式下，人力资源部门相对强势，人力资源经理在战略决策和业务重组中颇具话语权。案例研究中的美国汽车零部件制造公司（U. S. Parts）就是这种模式的典型代表。业务伙伴模式要求人力资源经理在诸如并购等决策上与 CEO 紧密合作，帮助 CEO 甄选经理人员。近年来，随着经理人员离职率的上升，这些显得更为重要。美国企业的雇佣实践在持续进行市场化变革，非但没有削弱反而强化了高级人力资源经理的职权。现在，总部人力资源部门监管部分人力资源职能外包工作，经常与技术员工和顾客紧密合作，共同建设全公司范围内的信息系统和商业系统。但从客观上讲，人力资源部门的参与是为了使劳动力成本最小化，而不是通过培育员工去建立竞争优势。

企业资源观模式也是美国企业人力资源经理的一种典型角色模式。这种模式支持集权化的战略决策，总部员工规模更大，强调企业专属技能的培训，企业文化中强调尊重利益攸关者的利益，美国快递公司（U. S. Package）、美国证券公司（U. S. Securities）就是如此。和日本一样，企业资源观模式还有一些混合形态，或许是为了在组织导向型和市场导向型雇佣政策之间谋求平衡，也或许是为了在总部集权和事业部自治之间谋求平衡。在企业资源观模式下，人力资源政策更强调内部公平性，例如将股票和股票期权派发给普通雇员。应该说，这种模式与员工参与管理高度相关。问题在于，尽管这些措施在追求效益上颇具优势，但依然没有在美国企业中得以普及[5]。这也从另一方面说明，与日本企业和业务伙伴模式占主导地位的同类美国企业相比，奉行企业资源观模式的美国企业，其人力资源经理的权力更小。

我们调查研究所得到的解释之一是董事会就像是人力资源部门权力大小的制动器。奉行企业资源观模式企业，大多致力于投资并培育人力资本。董事会成员中如果拥有人力资源工作背景，可能会使企业倾向于企业资源观模式，倾向于利益攸关者型治理模式。但是，由于董事会中这样的成员还没有占到决定性的大多数，也就无法为企业资源观模式提供足够的必要支持。此外，美国企业决策的财务导向是普遍存在的，这样，人力资源部门还要为员工培训项目和其他基于资源的战略争取资金预算。只有当董事会成员和股东愿意放弃某些控制权并将其移交给那些代表员工利益的部门时，企业资源观模式才可能在美国站稳脚跟[6]。

除美国人力资源经理两种典型的角色模式之外还有许多企业，他们不属于上述两种模式中的任何一种，这才是多样性的美国企业实践。在这些美国企业中，高级人力资源经理握有大权，与 CEO 关系密切，美国电子公司（U. S. Electro）、西南航空公司、服装零售商男士衣仓都是如此，这三家企业都受创始人或创始人家族成员的影响[7]。这表明，家族私有制在 CEO、雇员和人力资源经理之间创造了某种联系，这种联系抵消了奉行股东优先的董事会和 CFO 的影响。

还有一些美国企业强调股东优先，可市场导向的雇佣政策对人力资源经理没有太大影响，美国建筑能源公司（U. S. Con/Energy）就是这样。在这些企业里，人力资源部门不是其他部门的业务伙伴，被完全排除在重要决策之外，这在众多中小美国企业中比较常见[8]。

业务伙伴模式建立在劳动力成本最小化的基础之上，并不认可人力资源部门的重要性，而且，奉行业务伙伴模式的美国企业，竞争优势都在人力资源部门之外，这加剧了人力资源职能的外包进程，也给受过财务培训的经理人员进入人力资源领域留下了广阔空间。正如我们所看到的，越来越多的福利管理人员拥有财务背景而非人力资源背景。有人力资源背景的人力资源经理更多地负责员工维系工作，负责提高员工士气，而有财务背景的人力资源经理更重视成本，也许这也正是他们受重用的原因。[9]有一点是很清楚的：在美国，财务对人力资源部门的价值观和态度的影响远大于其他任何事情。

与业务伙伴模式紧密相连的是美国人力资源经理的职业化导向，他们职业生涯的大部分时间贡献给了人力资源领域。职业化是一把双刃剑，初衷是为了提高人力资源部门在劳动力市场和企业内部的地位。职业化能够帮助人力资源经理获得工作机会，还能帮助人力资源经理在企业内部获得正式权力和地位。不过，这些大多发生在人力资源管理的早期，与新兴的行为科学和社会科学相关。而现在，人力资源专家们大多数热衷于职业选择的关系建立（也就是说人脉关系），而发展较为成熟的人力资源职能（如甄选、发展、组织变革）全部由有博士学位的咨询顾问来完成。这种职能划分很专业、很细化，但显得较窄，使人力资源经理无法掌握会计和财务这两种商界通用语言。协会组织也听之任之，人力资源管理方面的研究也无甚作为。人力资源地位低下的迹象之一就是极少数的 MBA 将人力资源工作作为职业首选。

人力资源角色和地位并不十分稳固，业务伙伴模式不失为一种解决之道。在业务伙伴模式下，人力资源部门与企业主流的关系更密切，但却有丧失自身特性、能力和价值观的风险。日本企业人力资源经理的通才模式或许也是一种选择，但在美国却不太现实。要提升美国企业人力资源部门的影响力，需要人力资源经理接受基本的商业培训，还要具备深厚的本专业技术背景，富有价值信念。这应该是一种可行的解决方案，却还没有被美国企业或者商学院所采纳。在美国商学院看来，基于行为科学和社会科学的研究，人力资源协会组织应该与学术界展开更密切的合作，列示人力资源经理的竞争力质素要素。与此同时，人力资源经理应该对学术研究成果了如指掌，知道分析雇佣政策对企业业绩和股东价值的影响[10]。还有，人力资源经理应该以CFO 为榜样。在美国企业中，CFO 有职有权，部分原因是 CFO 掌握了与时俱进的技术知识。

最后，所有的人力资源协会组织应该富有社会使命感。在这个问题上，人力资源协会组织应该更加坚定地站在雇员一边，用富有社会道德的方式解决雇佣问题。考虑到当前美国公司治理模式的信心不再，强调富有社会道德的雇佣政策真是一点也不为过[11]。人力资源协会组织可以更细致地进行分工，有的专注于员工在公司治理模式中的地位，有的专注于员工代表制度。这两者在过去都曾大大提升了人力资源部门的地位。虽然提升人力资源部门地位的主要力量一直来自外部，但人力资源协会组织还是可以有所作为的，可以通过自身作用的发挥，帮助人力资源经理在企业内部发挥更大的作用。

7.1 美国的前景如何

任何关于美国人力资源部门未来发展的讨论，都必然会受到安然、环球电讯、泰科和世通公司等最近的公司治理丑闻的影响。这些企业在 20 世纪 90 年代名噪一时，但也是从那时起开始逐渐走向末路。近期，关于公司治理的讨论都与政府管制有关，这些管制能够引发美国大企业实现权力均衡转移。最新消息是，这些事件大大打击了股市和投资者的信心，击碎了美国公司治理模式尽善尽美的夸张断言。安然丑闻似乎传达了一个极其重要的信号，那就是现在人们对由 CEO 提名的董事会持怀疑态度，对由外部人士组成的小型董事会也没有多少信心。所以有人宣称，高薪和股票期权是对 CEO 的必要激励。许多财经记者，甚至一些受人尊敬的学术界人士也坚称，美国公司治理模式触发了"寻租"（通俗地说就是贪婪），这不是像 20 世纪 90 年代所宣称的，那时美国公司治理模式被誉称为一个"最优秀契约"体系[12]。

现在，监管机构的共识是，由外部人士组成的董事会将会更加高效。纽约证券交易所（SEC）和其他监管机构都要求企业朝这个方向转变。类似"一根筋"的做法曾经错误地将人力资源经理或者其他知情的内部人士（比如一名职工代表）排除在董事会之外。更相信外部董事，在于纯粹的理论假设，那就是任命独立董事可以使成本最小化。但是，独立董事即使与 CEO 没有什么瓜葛，可对企业问题并不了解，极易被 CEO 蒙蔽，还有些独立董事甚至连基本的商业原则都不太知晓[13]。

尽管如此，人力资源经理还是可以通过其他途径影响公司治理的。第一，人力资源经理可以与董事会一道甄选董事会成员，在此过程中可以影响董事道德标准、价值观的标准设定。第二，人力资源经理可以帮助培训董事会的新进成员，帮助他们融入企业。第三，人力资源经理可以借鉴日本企业的经验，帮助董事会制定约束董事的自我约束条款。第四，人力资源经理还可以从其他方面提高董事会效率，可以对董事会成员的职责和薪酬机制做出明确的界定，还可以与董事会一道挑选新的 CEO。第五，也是最重要的，外部董事应该包括具有人力资源背景的成员，他们知道赏识员工对企业团队的作用，可以带给董事会有效运作所必需的团队建设、人员甄选和薪酬设计技能。

163

安然丑闻是个警示，明星 CEO 的荣光逐渐褪色。空降 CEO，派发大量股票期权予以激励，进而很容易实现企业赢利的提升和股东价值回报，这种想当然的梦境已经黄鹤一去不复返了。[14] 可以预见，更多 CEO 来自企业内部，他们尊重同辈，更尊重利益攸关者的利益。理论上讲，没有充分的证据表明，内部人士竞逐高管职位、董事会奉行利益攸关者至上（尽管董事薪酬与企业绩效紧密相关），能让公司治理更有效。但在实践中，这已经为世界上其他国家，包括日本企业所验证[15]。

同样，未来的 CEO 也不太可能来自财务部门，他们的荣光也在消退。股市下跌和结果喜忧参半的并购活动也开始使决策中心疏远财务部门。这其中，许多人认为一些美国企业面临的困难（例如三大汽车业巨头的衰落）应该归责于财务导向，这类观点也起到了推波助澜的作用[16]。

财务部门正在衰落，这为那些在企业价值创造方面持有不同观点的人创造了机会。在业务伙伴模式下，财务部门位居各职能部门之首，也许在未来的几年中会让位于人力资源部门或其他职能部门，这些职能部门将对战略决策产生更大的影响力。至少目前，股东们正经受资产泡沫破裂所带来的折磨。对于不切实际的股票价格收益的高期待渐渐平息了，并且为资源配置决策的长效机制创造了可能，这将惠及培训、员工发展和其他人力资源项目。对于股票期权重视性的减退，部分源于给股票期权明码标价和企业的精打细算，这表明高管薪酬正逐渐回归到更加市场导向化，而不是之前的财务驱动。

像阿尔·邓拉普和杰克·韦尔奇这些大刀阔斧的业务重组者，其声誉已不再辉煌。这引发了我们的思考，是否 20 世纪 90 年代的裁员就是追求高效益使然[17]？另外一种观点却认为，那个年代的裁员是受分配所驱动的，就是试图使可能用于投资和其他利益攸关者的钱流向高管和股东的腰包。

如果公司治理选择的是其他模式，并且给内部人员更多竞逐 CEO 职位的机会，也许那个年代的裁员看上去就不会那样剧烈。企业会更多地关注内部人才的晋升，对猎头的依赖也会降低。这都会促进人力资源部门地位的提升。与此同时，财务激励会有所减少，更多的是隐形契约，历时经久的员工职业生涯发展，而且，人力资源经理将有更多的机会去影响 CEO 的甄选，可以通过推荐可能的候选人，也可以与董事会合作共同甄选未来的 CEO。正如日本企业一样，甄选 CEO 时，企业专属技能所占比重是相当大的。

当然，在股东优先型和利益攸关者治理模式取得谁优谁劣之前，美国公司的这些治理丑闻无疑会对股东优先型治理模式产生负面影响，因此，纽约证券交易所以及布什政府对公司治理的改革一直持谨慎态度[18]。把员工纳入利益攸关者治理模式中的改革呼声也不多见。在公司治理模式改革的主流建议中，与员工相关的就是防止养老金被过度用于股市投资。

但似乎可以感觉到，美国公司这些治理丑闻将引发对股东优先型治理模式的再思考。美国劳联—产联（AFL-CIO）正敦促企业拒绝再次提名董事会中可能存在的前安然董事。为了表明在这场关于公司治理模式改革浪潮中的作用，劳联—产联已经与机构投资者站在一起，向企业施加压力和影响，包括规定必须有更多的独立董事，取缔"毒丸计划"，派发股票期权，要求将CEO职位与董事会主席分离，这些举措能使董事会更加独立，还可以限制高管的薪酬水平[19]。在批评CEO高薪方面，劳联—产联已经卓有成效，其"执行官报酬监督"（Executive Paywatch）网站甚至还颇受欢迎。与其他投资者一道，劳联—产联为股东争取到了提名董事的权力，这也就为投资者挑选候选董事创造了便利。尽管企业微词颇多，可证券交易委员会还是有保留地批准了这项举措[20]。

对一些改革论者来说，劳工运动与股东活动家的联盟看上去是一条不归之路。批评家们认为，在推动公司治理改革中，工会过于重视养老基金的利益，而且工会将工人视为股东，而不是雇员，这非常危险。值得注意的是，在我们的研究结果中，美国企业董事会中有人力资源背景的成员人数在增加，相对应的是财务部门的权力在削弱，关注职业生涯发展的雇佣政策也开始深入人心。一旦董事提名程序改革的提议得到落实，也许最终会对那些关系到雇员和其他利益攸关者的决策产生有利的影响。在世通公司的破产丑闻中，董事会任命的监事理查德·C. 希里登（Richard C. Breeden）先生曾提出过多个旨在全球电信行业建立新公司治理模式的建议，其中包括向董事会薪酬委员会委派具有人力资源经验的董事。这些董事在一年中至少与高级人力资源经理会晤两次，解决棘手的问题，考虑员工对工资的抱怨，还可以充当与CEO抗衡的力量。然而，这与英国贸易工会主义者们所追求的相比，争取董事提名权力仍是一种间接的途径。在英国，贸易工会主义者一直要求雇员代表在董事会中拥有席位[21]。

与此同时，关于人力资本对企业至关重要的激进思潮开始在美国涌现。《商业周刊》最近告诉读者"在商学院所教授的公司金融课程中，理所当然地灌输着股东就是上帝的思想……但是理论与现实并不相符，在许多企业中，股东不再是传统意义上的所有者。这是因为重要的员工不是简单的被雇佣，他们俨然已经成了企业的主人[22]。"

如果这种观点流行的话，那么业务伙伴模式和股东优先型治理模式将会式微，而企业资源观模式和利益攸关者治理模式会蓬勃兴起。显然，这将会提升美国企业人力资源部门的地位。有证据表明，美国企业不再坚定奉行市场导向的雇佣政策，向组织导向型雇佣政策有所回归。例如，人力资源职能外包的发展速度较 20 世纪 90 年代所预期的相比放缓了。许多通用的管理职能，包括人力资源，现在都由企业自身完成[23]。另一种现象是，为了取得规模经济，大型跨国公司正在加强对事业部经理的控制，赋予总部更大的权力。这种再集权化说明，美国企业正在向组织导向型雇佣政策回归，甚至高科技企业也在重新考虑其过去所奉行的市场导向型雇佣政策。正处于恢复阶段的思科公司（Cisco Systems），最初为了应对科技产业的低迷而进行裁员，最近公司调整了策略，削减了收购，开始再集权化，内部文化也调整为重视团队精神和人才维系。其 90% 的员工预期未来 5 年内仍会在企业工作，而这一数据在其他的硅谷企业仅为 50%[24]。

但在美国，利益攸关者型治理模式要取代股东优先型公司治理模式，还有很长的路要走。在美国企业中，大幅裁员仍然是应对销售额下滑的主要措施。尽管雇主对如何管理雇佣关系有自己的主见，但他们倾向于劳动力成本更低，付出更少。美国公司治理模式改革的未来还不太明朗，美国企业的战略决策仍然是财务驱动，还是很难保证对企业专属技能的长期投资。并且在很多企业，人力资源职能被看做是一个非营利的摆设，与员工一样，当面临困境时理所应当被削减。正如一位人力资源经理所抱怨的那样："在企业界，没有人忠于人力资源工作[25]"。

7.2　处在十字路口的日本

美国股市受挫对日本已经产生了影响。5 年前，日本的模范企业家（外国投资者、金融传媒、经济评论家）自信地断言，道琼斯指数飙升反映了美国经济的强劲实力，他们认为美国经济的活力来源于其冒险文化、风险投资和一套优越的公司治理体系。现在，这些观点已经被越来越多的事实推翻，包括美国公司治理模式明显的弊病，以及日本经济步入复苏。后见之明是，观察者们逐渐发现，在 20 世纪 90 年代后期，美国经济受泡沫预期的影响非常之大，从硅谷到华尔街，都受到了重创，实力被削弱。那时，日本公司治理模式的渐进式改良受到了更多的尊重，亦即第 2 章中提到的渐进主义者，他们不认为股东优先及股票期权等激励手段在日本企业可行，所以，转而支持谨慎的调整，提高会计透明度，使破产过程更加顺利。

认为大型日本企业会趋同于美国企业的人，看来是大错特错了。激进的企业家在日本只占少数，大多数日本企业家还是墨守成规，幸灾乐祸地看待美国企业最近所面临的经济问题，他们绝不会步其后尘，就像现在许多欧洲企业更加坚定的去美国化一模一样[26]。日本经理人员是实用主义者，他们对什么有用感兴趣，对什么能打动空想家毫无兴趣。他们质疑日本经济衰退的原因是银根紧缩之类的宏观因素，相反，他们认为企业才是（或曾是）日本经济问题的重点。在公司治理上，日本经理人员相信，和美国公司治理模式一样，日本公司治理模式既有优点又有缺点。正如一位评论家最近所说："公司治理模式对企业业绩并没有什么直接的影响，企业业绩无关乎 CEO 是否空降。有人认为，美国企业比日本企业更尊重股东的权益，对此，我不能苟同[27]。"

这样的说法，引发了众多日本经理人员的共鸣。大多数大型日本企业宁愿固守战后所形成的公司治理体系，而不是采用美国式的由外部人士组成的董事会，也不期望外部股东持股比例过高。在1/4 任命了外部董事的日本上市公司中，超过一半的只有 1 名外部董事，并且事实上这些外部董事中许多是日式企业组织（keiretsu）内的经理人[28]。这些事实强化了我们在前几章中观察到的事实：日本企业采取的公司治理改革，象征性成分不少，日本企业只是希望表现得对外国股东更具吸引力而已。海外投资者在 20 世纪 90 年代十分显要，但现在他们的影响力正在减弱。海外投资银行正在削减他们在日本的业务，事实上，海外投资者持有的日本企业股份也略微减少了[29]。

在日本，第二次世界大战后工会势力减弱，裁员也变得越来越普遍，引人注目的是，日本独特的人力资源管理方式被保留了下来，至少是在本书所研究的大型日本企业就是如此。正如我们在案例分析和调查数据中看到的，日本企业非常谨慎地采取更加市场化的雇佣政策，集权趋势也只是把雇佣体系控制在核心雇员的范围之内，这些核心雇员是企业工会的一分子，为企业贡献了一生，接受过大量的培训，根据企业内部标准给予薪酬和晋升。虽然日本企业总部人力资源部门权力已不及全盛时期强大，但仍然占据了一个拥有特权的地位。即使是在工厂和工作机会正被转移到亚洲内陆地区的制造业，企业仍然不太情愿扩大裁员的范围。理由之一是雇主们重视公共形象，顾虑法律及工会的诸多约束限制。战后时期遗留下来的许多理念，其中之一就是企业仍然具有社会责任意识，虽然总部的日常员工总数减少了[30]。

一个相关的原因是，日本经理人员信仰这个创造了他们的体系，同时反为这个体系所禁锢。最近，佳能总裁御手洗富士（Fnjio Mifarai）说："终身雇佣的优势在于，雇员能在整个职业生涯中饱受企业文化的浸泡，因此，团队精神根深蒂固，他们愿意维护企业品牌，能够团结一致渡过难关。我相信，这样的雇佣实践是与日本文化相吻合的，是有助于日本企业经受住全球竞争考验的核心竞争力[31]。"

御手洗富士先生的观点是，佳能从与全球竞争者的差异中获得竞争优势，这种差异不仅仅在于产品差异，更在于人员差异。御手洗富士先生是众多坚称日本文化与雇佣实践完全契合的最新一代日本企业家[32]。御手洗富士先生认为，像佳能这样的大企业容易受到日本社会准则的影响，而且认为日本企业应该遵循这些社会准则。日本企业体系还有其他的特点，即使也在演变当中，但仍然坚守组织导向型雇佣政策，仍然保留有强大的人力资源部门。事实上，御手洗富士先生是日本公司治理模式的坚定拥护者[33]。

再看看日本企业的战略。一些观察家声称，日本企业不懂得如何管理企业的战略[34]。但是，从案例研究及调查数据中可以发现，典型的日本企业的确在制定并执行战略，只不过它们的方法与美国企业有所不同。首先，日本企业更加倾向于"制造"人才和技术，而不是通过并购去获得人才和技术。其次，日本企业不喜欢在企业内部保留不相关的部门，更喜欢将它们剥离出去作为附属子公司存在，这些附属子公司仍然与母公司保持紧密的联系。制造人才、管理分部是日本企业人力资源部门的重要职责，这两项职责与日本企业战略决策高度相关，然而在美国，业务单元的并购和剥离，管理多元化的商业帝国才是战略的核心内容，这些决策遵循财务导向。在战略决策中，美国企业人力资源经理只是 CFO 的副手，事实上在美国企业内部，人力资源经理是第五把手。

总而言之，大型企业的总部有三个主要功能：把业务单元视为利润中心并进行管理，发挥各业务单元之间的协同作用，为各业务单元提供集权化的服务[35]。在这些问题上，典型的日本企业和美国企业的做法依然不同。在总部与业务单元的关系上，日本企业的总部与各业务单元强调员工之间的默会知识，财务控制只不过是补充手段。以日本证券公司（J. Securities）为例，总部人力资源员工会定期走访遍布全球的各地雇员。这种非财务的控制方法得到了轮岗人员和众多土生土长的人力资源经理的支持，他们都促进了企业内部信息网络的建设。这些特点还使得总部能够更顺利发挥各业务单元之间的协同作用。而且，企业总部高管非常熟悉各个业务单元的业务程序和市场特点。对人力资源部门来说，这意味着人力资源经理了解与总部同处一地的员工。同时，正如我们看到的，日本企业不是典型的 M 型企业，分部比较弱势，归为总部管理，这又进一步拉近了总部与分部之间的距离。最后，日本企业总部为同处一地的分部提供全方位的服务。在日本企业中，企业体系和战略决策是集权化的，不仅仅人力资源部门是这样，其他职能部门（例如营销和研发）也是这样，因此，也就实现了规模效应和范围效应。

美国企业的总部与此不同，与同处一地的业务单元比较疏远。总部规模较小，员工往往是局外人或者新人。美国企业战略决策的制定更多地取决于数据或财务指标。美国企业中的事业部往往是并购而来，而非从内部组建，所以各业务单元之间的协同很困难。这也是导致美国企业并购活动业绩平平的原因之一。1995—2001 年，高达 61% 的美国企业并购导致了之后的股价下跌[36]。在美国，总部人力资源的核心职能与其说是发挥事业部之间的协同作用，还不如说是为总部提供服务，以及负责全公司范围内的福利管理、员工信息管理等。

这并不是说日本的企业体系更好。日本企业总部运营的优势，再加上内部培养人才和培训企业专属技能的战略，促进了协同作用的发挥，加强了信息共享，提高了执行的速度。至于美国企业，分权化和通用技术培训，让各事业部能够更灵活地应对市场，能有效地降低成本，快速实现业务重组。像美国汽车零部件制造公司（U. S. Part）这样的企业，可以在一刹那间卖掉一间工厂。同样，美国企业体系助长了新生企业希望最终被大企业并购的风气。应该说，美日两个国家的企业体系颇具互补性，所以，在两个国家中，实施变革要比颠覆现状更困难。

在日本，公司治理仍是一个值得讨论的话题，这与日本企业的制度相关，与日本经济结构相关，如内部董事、交叉持股、利益攸关者至上的管理哲学等，也与日本的企业制度相亲，如经连会、主银行、顾客和供应商关系，甚至与总部人力资源部门也有关系。内部董事让位于外部董事，看上去是一个不痛不痒的变革，却触及了现行企业战略决策的核心，也触及了高管激励的命脉。同样，交叉持股与薪酬结构（日本企业通过拆分来降低劳动力成本）、避免裁员（日本企业通过组织人员调换）这两个措施有关。企业拆分和组织人员调换都需要集权化的总部人力资源部门。而且，在公司治理上，利益攸关者之间唇亡齿寒的关系并不代表着日本体系的优越性。日本公司治理模式的不足在 20 世纪 90 年代就有所显现。与美国相比，日本公司治理的透明度较低，破产非常困难，因此，股东价值回报就不高。

尽管有人尝试着将美日两国企业体系的利弊进行比较，分清谁优谁劣，事实上，没人知道如何进行这样的比较和判断。日本的企业体系，尽管也有缺点，可是，优点也不少，可以发挥各分部之间的协同作用，能生产出高质量的产品，能够持续改进产品质量和生产流程。与之相反，美国的企业体系，尽管也有自己的缺陷，可是能够有效地支持创新投资，能快速降低成本，富有冒险精神。美日两国的企业存在许多互补性，形成了经济学家所说的"多重均衡"，不同的企业体系却能得到差不多的经济产出，结果是两个国家都出现了模式变革缓慢的现象，深受路径依赖的制约。不仅如此，当实现多重均衡和最优企业边界之际，企业的经营运行就处于最优状态[37]。在那样一个世界里，没有理由不相信，完善企业系统必然推动经济向最佳状态靠拢。应该说，争论美国还是日本企业体系更具优越性的经济学说法，其实是相当牵强的[38]。

最后，在讨论模式趋同中，我们不能忘却御手洗富士先生的忠言：日本企业是从差异化中建立竞争优势。日本的企业体系（公司治理、战略、人力资源和其他）能够促进组织学习，能够形成产品和生产的专属技能，不易为其他企业所效仿。相反，美国企业更强调灵活性和流动性，强调通用技能而不是企业专属技能，能在新兴产业中迅速配置资源。每个国家在各自商业机构开辟的领域中拥有优势，各种所得来源于两个国家的体制差异，以及企业在此基础上的国际竞争能力。这也就是美日两个发达国家之间贸易的比较竞争优势理论。全球化的世界经济也不是没有可能在产业层面或国别层面出现模式趋同[39]。

171　　历史演进是否命中注定了呢？路径依赖理论遵循进化论的思想，认为发展的起点也许是随机的，但却决定着之后的终点，而且随着时间的推移，发展与演化的路径还是与起点相关。起点不同的国家，发展路径会有所不同，对相似环境的反应也不同。只要各安其位，各循其道，效率上的结果或许是殊途同归的，因此，模式趋同也就无足轻重了。如果效率上的结果相差很大，而且差距一直存在的话，那么，落后者最终将不得不效仿领先者，或许是形式上的改良，或许是功能上的改革，抑或是彻底的颠覆。因此，竞争可以对历史决定论进行检验，发展路径是可以改变的，尽管改变发展路径会导致接连不断的经济问题，一旦改变发展路径会影响利益攸关者各方利益且与国别比较竞争优势相关时，改变发展路径所引发的经济问题将很难处理[40]。

这对日本意味着什么？在20世纪90年代末期，在将近十年的缓慢增长之后，许多人认为日本注定将摒弃战后所形成的发展路径，并向经济如日中天的美国模式靠拢。但是，随着美国股市跌至20世纪30年代以来的最低点，以及巨大的贸易赤字和预算赤字，美国模式优越论开始受到质疑。经济学家保罗·克鲁格曼（Paul Krugman）和美联储主席格林斯潘等人看到了美国经济目前的问题，还看到了日本经济泡沫破灭后通货紧缩所导致的经济发展停滞，并认为两者之间是并行不悖的。如果日本对美国模式不假思索进行模仿，注定会是一出闹剧，如历史重演一般。所以，主导模式不再唯一，即使它曾经有的话。与此同时，当前日本经济形势比20世纪80年代以来的任何时候都要好，增长率为正，企业利润丰厚且资产回报相当可观。日本经济的繁荣越来越多地依靠其与东亚的贸易，尤其是与中国的，而不再是那么依靠对美贸易和来自美国的指导[41]。

除了生产率和增长率等"效率"成果，国家经济还创造了"分配"成果，那就是财富和收入的分配。在欧洲大陆和日本，平均收入差异小于美国，经理人员与生产工人之间的收入差距也小得多[42]。传统观点认为，欧洲和日本偏爱耐心资本，投资效率不高，增长速度不快，事实证明却恰恰相反[43]。

收入和财富的分配或许是外生变量，这是因为政府会通过转移支付来介入收入的再分配过程（如所得税征收和社会保障）。政府介入实际上是试图改变收入分配的结果，让收入更平均。当然，收入和财富的分配也可以是内生变量，通过集体性薪酬谈判来保障工人和雇员的收入，欧洲的莱茵模式就是这样。集体薪酬谈判是内生因素，与其他因素（如培训、限价、产品竞争）是互相关联的[44]。有研究认为，日本企业中也存在集体薪酬谈判。内生变量是一个国家社会和准则的体现。信奉平等主义的国家会将集体薪酬谈判深植入其经济制度中，这也是欧洲大陆企业和日本企业目前薪酬差距不大的重要原因[45]。

一国经济在较长时间遇到问题，就容易引发发展路径的转型，收入再分配也会有所调整。为了实现发展路径的转型，可以采取保守的政治措施，如打压或支持工会，或者通过巧妙的方式引导公共舆论，进而使社会信条和准则发生改变。这些改变还有赖于企业家的推动，他们强调集体主义，认为"国家需要变得更加竞争化"，追求效率，在此之下进行收入再分配。有时，这些企业家们真的认为所倡导的改革可以带来高效率，尽管调整收入再分配可以提高效率的说法是缺乏证据的，至少关系是模糊不清的。

20世纪80—90年代之间美国企业有所变革，为了应对日益加剧的竞争，美国公司希望通过公司治理和雇佣政策的高速发展来提高效率[46]，但是，美国企业之所以大范围进行重组，其内在逻辑也有明显的调整收入分配的想法，结果是：风险从雇主向雇员转移，留存收益从普通员工向经理人员和股东们转移，而且，股东优先取代了管理资本主义。20世纪90年代美国企业的变革尚不能完全说明美国正在进行发展路径的转型，但确实说明美国经济正脱离20世纪30—40年代所形成的基本道路和政策体系。在原政策体系下，员工薪酬并不由市场行情所决定，社会准则和信条略带几分平等主义的色彩[47]。现在，正如早些时期（例如镀金年代（Gilded Age）① 以及 20 世纪 20 年代）的收入分配调整一样，当前美国的收入财富分配变得极端地不平衡[48]。因此，美国公司治理的变革应该纳入美国社会不平等的研究当中[49]。

与罗斯福新政一样，战后的日本也将收入分配作为社会改革的重点，目标是让男性成年雇员成为企业长久的利益攸关者，同时限制经理人的薪酬，以及股东从留存收益中分割的红利水平。20 世纪 50 年代和 60 年代，为了配合这些收入分配调整的目标，大型日本企业调整了其战略和雇佣实践。现在，与他们的美国同行一样，日本企业家声称要关注效率，事实上，投资者真正想的是分割到手更多的红利，高管人员真正想的是分割到手更多的薪酬。显然，这就有冲突：在日本，一窝蜂的变革被证明是难以实现的。与美国相比，日本企业与社会准则的联系更加紧密，且已嵌入其中。

战略决策、雇佣实践和公司治理相互影响，形成一个整体，决定着企业是选择组织导向还是市场导向。把美日两个国家的调查数据放在一起，就可以得到如图 7 - 1 所示的正态分布。相比于美国，日本依然有着更加错综复杂的企业体系，其正态分布曲线的方差较小。不过，和历史上一样，两国分布曲线存在交叉重叠，这主要归因于行业因素而不是国别因素。在同一行业内，技术相当，人员交流频繁，因此差异就较小。我们经常听到日本企业效仿美国企业的做法；反之，并没有多少人认可美国企业也在效仿日本企业的做法，但这也确实存在（如质量管理），美国企业效仿日本企业的做法对资源基础观也是贡献良多。

日本企业近几年来发生了很大的改变，雇佣政策更加市场化，更加倾向于股东优先型公司治理模式，但是，由于惯性和社会准则的制约，日本企业的这些转变速度是相当缓慢的。在大型日本企业中，人力资源经理的职权有所削弱，但仍然十分重要，传统雇佣政策和公司治理体系尽管有所弱化，但仍然根深蒂固。正因为如此，在我们的研究中，许多日本企业表现出混合特征，部分原因是日本企业只是渐进性的改良而不是彻底的变革。

美国企业也在朝着市场导向这个方向前进，如图 7 - 1 所示，只不过速

---

① 译者注：镀金年代指美国在 1878—1889 年期间的发展。工业的成长与移民潮成为美国历史上在这个时期的特征。钢铁的生产量急剧增加，而西部资源，例如木材、金子、银子，也因为要改善交通系统而需求量大增。铁路的发展，让西部丰富的资源得以源源不断运到东部。当时对钢铁与石油也有很大的需求。工业化的结果让许多人创造了相当大的财富，例如约翰·洛克菲勒（John D. Rockfeller）因为石油致富、安德鲁·卡内基（Andrew Carnegie）因为钢铁而致富等。因为这些人靠着买低卖高的手段赚取大量财富，所以他们都被称为是"强盗大亨"（Robber Baron）。之所以把这个时代称为镀金时代，是因为有许多人在这个时期里成为巨富，也因为富有，而过着金色的生活。

度更快，走得更远。在美国企业中，人力资源经理重新定义了自己的角色，成为直线经理的业务伙伴以及 CEO 的顾问，即业务伙伴模式，但是，在企业战略和公司治理中，员工的重要性有所降低，这让人力资源经理变成了一个相当不稳定的职位。类似于日本企业的企业资源观模式在美国只取得了有限的进展。在美国，过去 20 年中股东优先型公司治理模式反而有所加强。

这些都说明，两国之间的差距非但没有缩小反而拉大了。这解释了为什么近年来在日本发生的变化给观察家们留下了深刻的影响。在我们拜访日本的过程中，这些观察家从不同的参考角度，将日本的过去和现在进行了对比。在他们眼中，这个体系转变的速度之慢简直令人抓狂。当然，如果在未来，美国或日本的经济都急剧恶化的话，这些趋势或许还会掉转。至少在现在，一些美国经理人员在 20 世纪 90 年代后期的放任行为已经使美国模式的荣景不再。公众对美国模式有了更清醒的认识，知道引入美国模式还需要引入一系列的制度和法规。

因此我们面临一个悖论：美国和日本的企业一样，都正变得更加市场导向化，这符合模式趋同理论。趋同的还包括美国企业效仿日本企业的内部资源管理方法。不过，以均值来计量的国别差异一直存在，在事实上国别差异变得更大了，这是对趋同的批判。

简而言之，我们有理由支持这样一个结论，趋同确实正在发生，但模式多样性持续存在并且在现代全球经济中依然重要。

参考文献：

1. Kazuhiko Murata, "Personnel Management in Japanese Business Enterprises", *Hitotsubashi Journal of Commerce and Management* 25 (1990), 35 – 46.

2. On this point, we replicated a survey question recently asked of Japanese corporate directors and put it to CFOs in the United States: "Do you agree that corporations are the property of shareholders, and employees are merely one of the factors of production?" In Japan, 9 percent of directors agreed with this question; in the United States, 67 percent of CFOs agreed. The split is striking. For Japan, see International Industrial Relations Association (IIRA) twelfth World Congress, Special Seminar, *Corporate Governance and Industrial Democracy* (Tokyo, June 2000), 105.

3. The survey data show that standard deviations for operating authority, HR power, and executive values are larger in the United States than in Japan.

4. Thus, the contemporary U. S. distribution shown in figure 7. 2 actually is bimodal, with one small, and one much larger, hump. For further evidence on this point, based on structural

equation modeling of the survey data, see Sanford M. Jacoby, Emily Lau, and Kazuro Saguchi, "Corporate Governance, Business Strategy, and Employment Relations in Japanese and U. S. Corporations: A Structural Analysis", working paper, UCLA, 2004.

5. Christopher L. Erickson and Sanford M. Jacoby, "The Effect of Employer Networks on Workplace Innovation and Training", *Industrial and Labor Relations Review* 56 (January 2003), 203 – 43.

6. For a theoretical elaboration on the point that motivating employees to invest in firm-specific human capital may require ceding a role to them in corporate governance, see John Roberts and Eric Van den Steen, "Shareholder Interests, Human Capital Investment, and Corporate Governance", working paper, Stanford Graduate School of Business, April 2000.

7. Charles O' Reilly and Jeffrey Pfeffer, *Hidden Value: How Great Companies Achieve Extraordinary Results with Ordinary People* (Boston, 2000).

8. David Barstow and Lowell Bergman, "At a Texas Foundry, an Indifference to Life", *New York Times* (8 January 2003).

9. Forrest Briscoe, J. Maxwell, J. and Peter Temin, "HR versus Finance: Who Controls Corporate Health Care Decisions?" working paper, Sloan School of Management, MIT, 2002.

10. See, for example, Sandra Waddock and Samuel B. Graves, "Performance Characteristics of Social and Traditional Investments", *Journal of Investing* 9 (Summer 2000), 27; Mark Huselid, "The Impact of Human Resource Management Practices on Turnover, Productivity, and Corporate Financial Performance", *Academy of Management Journal* 38 (June 1995), 635 – 73.

11. Golin/Harris International, "American Business Faces a Crisis of Trust", February 2002.

12. Lucian Arye Bebchuk, Jesse Fried, and David I. Walker, "Managerial Power and Rent Extraction the Design of Executive Compensation", *University of Chicago Law Review* 69 (2002), 751 – 846.

13. A group of corporate directors from major U. S. companies attended an accounting workshop at the University of Chicago. Only 32 percent were able to supply correct answers to a basic accounting test. One of the questions asked for a definition of "retained earnings". Fewer than 20 percent answered it correctly. Andrew Ross Sorkin, "Back to School, But This One Is for Top Corporate Officials", *New York Times* (3 September 2002).

14. A recent study by the Federal Reserve Bank of New York reported that "there is presently no theoretical or empirical consensus on how stock options affect... firm performance". John Core, Wayne Guary, and David Larcker, "Executive Equity Compensation and Incentives: A Survey", Federal Reserve Bank of New York, *Economic Policy Review* (April 2003), 27 – 50.

15. Eugene F. Fama, "Agency Problems and the Theory of the Firm", *Journal of Political Economy* 88 (1980), 288 – 307.

16. Micheline Maynard, *The End of Detroit: How the Big Three Lost Their Grip on the American Car Market* (New York, 2003).

17. Jeff Madrick, "Welch's Juice", *New York Review of Books* (14 February 2002), 16 – 18.

18. Mike McNamee, "Pitt's Accounting Fix Leaves a Lot Broke", *Business Week* (4 February 2002).

19. Sheila McNulty, "Unions Urge Gropus to Act on Enron Directors", *Financial Times* (26 January 2002); Kathy M. Kristof, "Shareholders Join Others in Calling for Reductions in CEO Packages", *Los Angeles Times* (2 June 2002), C1; P. Plitch, "Investors Seek Proxy Election Reform", *Los Angeles Times* (17 February 2003), C3.

20. "Board, Interrupted", *Business Week* (13 October 2003), 114 – 15.

21. Sheila McNulty, "Unions Urge Groups to Act on Enron Directors", *Financial Times* (26 January 2002); Kathy M. Kristof, "Shareholders Join Others in Calling for Reductions in CEO Packages", *Los Angeles Times* (2 June 2002), C1; P. Plitch, "Investors Seek Proxy Election Reform", *Los Angeles Times* (17 February 2003), C3; Richard C. Breeden, "Restoring Trust: Report to the Honorable Jed Rakoff, U. S. District Court for the Southern District of New York, on Corporate Governance for the Future of MCI Inc.," August 2003; Brendan Barber, "Unions Must Have a Voice on the Board", *Guardian* (21 December 2002).

22. Peter Coy, "High Turnover, High Risk", *Business Week* 50 (Spring 2002), 24.

23. "Out of the Back Room", *Economist* (1 December 2001), 55 – 56.

24. Michael Goold and Andrew Campbell, *Designing Effective Organizations: How to Create Structured Networks* (San Francisco, 2002); "Cisco's Comeback", *Business Week* (24 November 2003), 116 – 24.

25. "Human Resource Positions Get Cut", *Wall Street Journal* (August 28, 2001), 1.

26. Charles Kupchan, *The End of the American Era: U. S: Foreign Policy and the Geopolitics of the Twenty-first Century* (New York, 2002).

27. Yoshi Nakamura, "Corporate Governance in Japan", *Japan Economic Currents* 11 (August 2001), 1 – 4.

28. "Revised Commercial Code Introduces U. S. -Style Corporate Governance", *JIL Labor Bulletin* (1 May 2003), 2 – 4; "More Listed Companies Inviting Outside Directors on Board", *Nikkei Weekly* (13 October 2003), 3.

29. Tokyo Stock Exchange, 2001 *Shareownership Survey* (Tokyo, 2002), table 2.

30. Japan offers less generous unemployment benefits than can be found in Europe, although the benefits are on par with those of the United States. Hence it is not unemployment insurance that is the main explanation of U. S. -Japanese differences in layoff activity by employers but instead the factors mentioned in the text. "U. S. Unemployment Insurance: A Safety Net with Holes", Clearinghouse on International Developments in Child, Youth, and Family Policies, Columbia University, issue brief, December 2001.

31. "Culture Is Our Core Competency", *Nikkei Weekly* (18 March 2002), 1. Canon derives 70 percent of its sales outside Japan. Despite its profitability, Canon's traditional approach to corporate governance has earned it the enmity of foreign investment analysts like Goldman Sachs. See Richard Katz, *Japanese Phoenix: The Long Road to Economic Revival* (Armonk, N. Y., 2003), 323.

32. Byron K. Marshall, *Capitalism and Nationalism in Prewar Japan: The Ideology of the Business Elite*, 1868 – 1941 (Stanford, 1967).

33. "Canon President Defends Current Japanese Structure", *Nikkei Weekly* (30 June 2003), 9.

34. Michael Porter, Hirotaka Takeuchi, and Mariko Sakakibara, *Can Japan Compete?* (London, 2000).

35. Andrew Cambell, Michael Goold, and Marcus Alexander, "The Value of the Parent Company", *California Management* Review 38 (Fall 1995), 75 – 97.

36. A year after the deal, the losers' average return was 25 percentage points below their industry peers. "Mergers: Why Most Big Deals Don't Pay Off", *Business Week* (14 October 2002), 63. Despite these facts, foreign financial analysts in Japan continue to be infatuated with M&As as the solution to what ails Japan. See the remarks by Jesper Koll of Merrill Lynch in Katz, *Japanese Phoenix*, 230.

37. Ronald Lipsey and Kelvin Lancaster, "The General Theory of Second Best", *Review of Economic Studies* 24 (1956), 11.

38. Charles E. Lindblom, *The Market System: What It Is, How it Works, What to Make of It* (New Haven, 2001).

39. Ronald J. Gilson, "Globalizing Corporate Governance: Convergence of Form of Function", *American Journal of Comparative Law* 49 (Spring 2001), 329 – 59. On the link between human capital and business strategy in the world economy, see Margarita Estevez-Abe, Peter Hall, and David Soskice, "Social Protection and the Formation of Skills: A Reinterpretation of the Welfare State", in Peter A. Hall and David Soskice, eds., *Varieties of Capitalism: The Institutional Foundations of Comparative Advantage* (Oxford, 2001), 145 – 83. An example of functional convergence are the different methods by which Japanese and U. S. companies get rid of incompetent presidents. Another example is the methods that U. S. and Japanese manufacturers have adopted to reduce labor costs without cutting wage rates: layoffs and outsourcing in the United States, bonus reductions, early retirement, and *kogaisha* spin-offs in Japan. Steven N. Kaplan, "Top Executive Rewards and Firm Performance: A Comparison of Japan and the U. S. ," *Journal of Political Economy* 102 (1994), 510 – 46; Truman F. Bewley, *Why Wages Don't Fall during a Recession* (Cambridge, Mass., 2000).

40. For a more optimistic appraisal of the possibilities for discontinuous change, see Christopher L. Erickson and Sarosh Kuruvilla, "Industrial Relations System Transformation", *Indus-*

trial and Labor Relations Review 52 (October 1998), 3 - 21.

41. Paul Krugman, "Mind the Gap", *New York Times* (16 August 2002); "Greenspan Says Fed Ready to Fight Deflation", *International Herald Tribune* (21 May 2003).

42. Richard B. Freeman and Lawrence F. Katz, "Introduction and Summary", in Freeman and Katz, eds. , *Differences and Changes in Wage Structure* (Chicago, 1995), 1 - 21; Larry Mishell, Jared Bernstein, and John Schmitt, *The State of Working America* 2001 (Ithaca, N. Y. , 2001).

43. Philippe Aghion et al. , "Inequality and Economic Growth: The Perspective of the New Growth Theories", *Journal of Economic Literature* 37 (1999), 1615 - 60; Alberto Alesina and Dani Rodrik, "Distributive Politics and Economic Growth", *Quarterly Journal of Economics* 109 (1994), 465 - 90.

44. Geoffrey Garrett, *Partisan Politics in the Global Economy* (Cambridge, 1998); Clair Brown, Yoshifumi Nakata, Michael Reich and Lloyd Ulman, *Work and Pay in the United States and Japan* (New York, 1997).

45. Mark J. Roe calls this "social democracy", but the broader designation of egalitarianism makes the theory fit both Europe and Japan. Roe, *Political Determinants of Corporate Governance* (Oxford, 2003). Also see Emmanuel Saez and Thomas Piketty, "Income Inequality in the United States, 1913 - 1918", NBER Working Paper no. 8467 (September 2001), on social norms and fluctuations in the distribution of income.

46. For a spirited statement of this view, but one that ignores distributional issues, see Raghuram Rajan and Luigi Zingales, *Saving Capitalism from the Capitalists: Unleashing the Power of Financial Markets to Create Wealth and Spread Opportunity* (New York, 2003). For evidence that downsizing is associated with a shift of income from workers to owners but *not* with improved productivity, see William J. Baumol, Alan S. Blinder, and Edward N. Wolff, *Downsizing in America: Reality, Causes, and Consequences* (New York, 2003).

47. Sanford M. Jacoby, "Risk and the Labor Market: Societal Past as Economic Prologue", in Ivar Berg and Arne Kalleberg, eds. , *Sourcebook of Labor Markets: Structures and Processes* (New York, 2001), 31 - 60.

48. The richest fifth in the United States earn 11 times more than the poorest fifth, whereas the ratio in Japan is 4. 3. In 1998, the very rich—the top 0. 01 percent of U. S. taxpayers—received more than 3 percent of all income in America; this group includes the prime beneficiaries of the institutional changes of the 1990s. Kevin Phillips, *Wealth and Democracy: A Political History of the American Rich* (New York, 2002), 124; "Radical Birthday Thoughts", *Economist* (28 June 2003), 8; Paul Krugman, "For Richer", *New York Times* (20 October 2002).

49. These factors are not independent, however. Were unions stronger, they would undoubtedly restrain corporate governance and public policy from favoring shareholders over all others. For proof, consider the recent negotiations at American Airlines. American's unions gave

the nearly bankrupt company over $1 billion in labor concessions, while top management secretly arranged for executive-retention bonuses and pension protections. When the arrangements were revealed, the unions angrily forced the CEO to rescind them. The CEO subsequently tendered his resignation. "Carty Resigns as AMR Chief over Pension Gaffe", *Wall Street Journal* (25 April 2003). On the standard factors, see Lawrence Katz and David Autor, "Changes in the Wage Structure and Earnings Inequality", in Orley Ashenfelter and David Cards, eds., *Handbook of Labor Economics* (Amsterdam, 1999), 1463 – 1555.

致　谢

　　写这本书的想法可以追溯到 20 世纪 70 年代后期，那时我还是美国加州大学伯克利分校的一名研究生。在那个年代，经济学博士研究生被建议不要阅读学科之外的文献，因为会被认为是妨碍领悟新古典主义的真谛和破坏经济学这门学科的独立性。读书被认为是浪费时间，还会耽误博士学位的进度，那是一个经济学效仿工程学的年代，在三年内拿到博士学位被认为是"最佳"。可是，这些学科之外的书籍却强烈地吸引着我。我的学业顾问劳埃德·厄尔曼（Lloyd Ulman）老师不仅读书还写书，而且，我可以在图书馆闭馆后进入劳动关系学院（Institute of Industrial Relations）的图书馆，在那里，可以遍览社会学、历史学和政治科学的藏书。我记得，当时偶然看见罗纳德·道尔所著的《英国工厂和日本工厂的比较研究》[①] 一书，这是关于产业关系的著作，与我过去所看的书完全不一样。这本书通俗易懂，但根底雄厚，既有实地调查的基础，又有深厚的历史根基——大大开阔了我的眼界。我认识到，除了那些经济学家们所考虑的普遍性因素，市场结构是由时间和空间的偶然性所创造的。这引发了我进一步了解我们现在所说的"模式多样性"的兴趣，尤其是进一步了解日本。

　　接下来，我花了差不多一年的时间研究日本的经济史和产业组织。最终形成了我的论文题目，即《关于美国和日本雇佣关系的比较性历史研究》。可是，有一个大挑战横亘在面前：我不懂日语。我拜访了许多教员，问他们要花多长时间才能熟练地阅读日文资料。一致结论是：大约五年。这可不是一个好消息。我对选择走这条路感到极为苦恼，但最终决定继续这篇比较性论文的撰写，主要是关于美国企业方面的研究。我确实曾发表了一篇文章，那是我第一篇公开发表的文章，在那篇文章中总结了我对日本的研究。[②]

　　现在回想起来，那既是一个好决定也是一个糟糕的决定。说好，是因为

---

　　① 译者注：Ronald Dore，*British Factory-Japanese Factory*：*The Origins of National Diversity in Industrial Relations*，University of California Press，1973.

　　② Sanford M. Jacoby，"The Origins of Internal Labor Markets in Japan," *Industrial Relations* 18（Spring 1979），184 – 96.

我认识一位年轻的哈佛历史学家安德鲁·戈登（Andrew Gordon），当时他正在写关于日本现代雇佣体系的博士论文，其中涵盖了大部分我想要涉及的内容；说不好，是因为我一直后悔当时没有坚持走研究日本企业的道路。这么多年来，我一直通过旅行和研究对日本保持着兴趣。1987 年，当时北海道大学的 Takashi Mori* 教授拜访了我，并提出想将我的第一本书翻译成日文。由于这一次以及接下来的翻译工作，我结识了许多日本朋友和同事。

176

1998 年，安德鲁·戈登了解了我对日本的兴趣后，建议我申请 Abe 奖学金。我当时写的申请书后来成为了这本书的基础。那笔奖学金由全球合作关系中心和社会科学研究委员会（the Center for Global Partnership and the Social Science Research Council）授予，使我能够多次前往日本，以及进行大量的美国实地调查。但我的日语仍然不太好，所以需要一个合作者。很幸运的是，我的一位朋友建议我与东京大学经济学院的 Kazuro Saguchi 教授取得联系。我向他介绍了这个项目，并且他同意与我一起工作。我们是幸运的组合！我们共同在日本进行了实地访问，Saguchi 教授独立设计了在日本的问卷调查、他就这个项目提出了许多想法。没有他和他的智慧及慷慨，这个项目也就不可能完成。

除了 Abe 奖学金，加州大学的劳动和雇佣研究所、加州大学洛杉矶分校安德森学院的国际商务教育和研究中心、加州大学洛杉矶分校学术评议会、东京大学的日本经济国际研究中心、日本同志社大学技术、企业及竞争力研究所也都给予了此项目极大的支持。与其他帮助一样，这些资金允许我雇佣一名杰出的研究助手，那就是埃米莉·M. 内森（Emily M. Nason），她为问卷编号并负责行政事务。在日本，我的实地采访由当时还是横滨国立大学的研究生 Lai Yong Wong 译为英文。加州大学洛杉矶分校的一批优秀的本科生和研究生也为我充当了助手，他们是 Keiju Minatani，Jenna Allen，Rosemary Eap，Kim Nguyen 和 Sarah Prehoda。同样还要感谢的是 Nick Frankovich 和 Richard Isomaki，他们帮助我将手稿交付排版。

许许多多的人都为这个项目贡献了他们的时间和想法。首先，要感谢那些经理们（大部分都是匿名的），在实地调查中接收了访问。他们非常通情达理，从繁忙的工作安排中抽出时间回答问卷。还要感谢数以百计的回答我们长长问卷的人们。我还要感谢其他使这个项目得以完成的人，他们是：Takashi Araki, Barak Berkowitz, Frank Balkwin, Vickie Chen, Chris Erickson,

---

* 译者注：由于外国人名中含有英文人名、日文人名等，为避免错译，产生歧义，故保留英文版人名。

Eve Fielder, Nate Furuta, Andrew Gordon, Takeshi Inagami, Kenichi Ito, Mariko Kishi, Archie Kleinartner, Kazuo Koike, Leo Lawless, John Logan, Dan Mitchell, Don Morrison, Caroline Nahas, Keisuke Nakamura, Yoshifumi Nakata, Michio Nitta, Marleen O'Connor. Naoto Ohmi, William Ouchi, Jenifer Riss, Eric Rutledge, Hiroki Sato, Teiichi Sekeguchi, Hiromichi Shibata, Haruo Shimada, Fujikazu Suzuki, Yoshiji Suzuki, Kazuo Takada, Masayasu Takahashi, Satoshi Takata, Yoko Tanaka, Yuji Tsutsumi, Kenji Wada, Yoshihiko Wakumoto, Bruce Wilison, Yoshiaki 和 Hironori Yano。还要特别感谢 Peter **177** Dougherty，很荣幸由他来担任我的编辑，他是一位聪明的顾问。

当然，我的家人苏珊（Susan）、亚历山大（Alexander）和玛格丽特（Margaret），他们承受了我定期的消失（去做研究），十分感谢他们的宽容和爱。

谨以此书献给我的老师们。我的启蒙老师（Florenence Kaiden, Harris Weinstein and Gloria Cioppa）、我本科时期的老师（David Gordon and Bennett Harrison, Michael Wachter）以及我研究生时期的老师（David Brody, Clair Brown, Michael Burawoy, Nicholas Crafts, Michael Reich, George Strauss and Lloyd Ulman）。除此之外还有许多。正如中国谚语所说的："师傅领进门， **178** 修行在个人"。

主要词汇索引